D. Mücken, A. Teske, F. Rehbein, B. te Wildt (Hrsg.)
Prävention, Diagnostik und Therapie von Computerspielabhängigkeit

Dorothee Mücken, Annette Teske,
Florian Rehbein, Bert te Wildt (Hrsg.)

Prävention, Diagnostik und Therapie von Computerspielabhängigkeit

PABST SCIENCE PUBLISHERS
Lengerich, Berlin, Bremen, Miami,
Riga, Viernheim, Wien, Zagreb

Bibliografische Information der Deutschen Nationalbibliothek
Die Deutsche Nationalbibliothek verzeichnet diese Publikation in der Deutschen Nationalbibliografie; detaillierte bibliografische Daten sind im Internet über <http://dnb.ddb.de> abrufbar.

Das Werk, einschließlich aller seiner Teile, ist urheberrechtlich geschützt. Jede Verwertung außerhalb der engen Grenzen des Urheberrechtsgesetzes ist ohne Zustimmung des Verlages unzulässig und strafbar. Das gilt insbesondere für Vervielfältigungen, Übersetzungen, Mikroverfilmungen und die Einspeicherung und Verarbeitung in elektronischen Systemen.

© 2010 Pabst Science Publishers, D-49525 Lengerich

Konvertierung: Claudia Döring
Druck: Pinted in the EU by booksfactory.de
ISBN 978-3-89967-608-2

Inhaltsverzeichnis

Vorwort 7

1 **Internationale Perspektiven zur Prävention, Diagnostik und Therapie von Computerspielabhängigkeit**

1.1 Diagnostik, Intervention und Psychotherapie von Internet- und Computerspielabhängigkeit in den USA
Klaus Wölfling & Sebastian Giralt 11

1.2 Forschungs- und Behandlungsimpulse aus Großbritannien zum Störungsbild der Computerspielabhängigkeit
Florian Rehbein 27

1.3 Situationsanalyse der Diagnostik, Therapie und Prävention von Computerspielabhängigkeit in den Niederlanden
Annette Teske & Dorothee Mücken 39

1.4 Medienkonsum und Medienabhängigkeit aus der schwedischen Perspektive
Annette Teske 61

1.5 Diagnostik, Therapie und Prävention von Medienabhängigkeit in Deutschland im Umriss
Bert te Wildt & Dorothee Mücken 82

2 **Behandlungssituation und Behandlungskosten von Medienabhängigkeit und pathologischem Glücksspiel in Deutschland**
Felix Wedegärtner & Carolin Wedegärtner 101

3 Dokumentation der Arbeitsgruppenarbeit des Fachverbands „Medienabhängigkeit" zur Entwicklung von Positionspapieren zur Prävention, Diagnostik und Therapie von Computerspielabhängigkeit

3.1 Prävention von Computerspielabhängigkeit
Dorothee Mücken & Arnhild Zorr-Werner 117

3.2 Diagnostik von Internet- und Computerspielabhängigkeit
Bert te Wildt & Florian Rehbein 142

3.3 Behandlung bei Medienabhängigkeit
Annette Teske 154

4 Anhang

4.1 Diagnostische Testverfahren 185
– Die Internetsuchtskala (ISS):
Psychometrische Eigenschaften und Validität
Andre Hahn & Matthias Jerusalem 185
– Computerspielabhängigkeitsskala – KFN-CSAS-II
Florian Rehbein, Mathias Kleimann & Thomas Mößle 205
– Skala zum Onlinesuchtverhalten bei Erwachsenen (OSVe-S)
Klaus Wölfling, Kai W. Müller & Manfred E. Beutel 212

4.2 Auswahl von Buchpublikationen zum Thema Medienabhängigkeit 216

4.3 Autorenverzeichnis 218

5 Nachruf 223

Vorwort

Die Struktur und der Inhalt des vorliegenden Sammelbandes *Prävention, Diagnostik und Therapie von Computerspielabhängigkeit* gehen auf das gleichnamige erste Symposium des Fachverbandes Medienabhängigkeit e.V. zurück, das im Oktober 2009 in Hannover stattfand.
Der Fachverband Medienabhängigkeit wurde in 2008 in Schwerin gegründet und stellt einen Zusammenschluss von Fachkräften und Wissenschaftlern verschiedener Disziplinen und Institutionen dar. Unter Berücksichtigung internationaler Perspektiven widmete sich die erste Mitgliedertagung diagnostischen, therapeutischen und präventiven Ansätzen zum Umgang mit Computerspielabhängigkeit. Das Tagungsziel bestand darin, sich durch Impulsreferate mit dem Stand der Wissenschaft und der Versorgungssituation repräsentativer Länder wie den USA, Großbritannien, Niederlande, Schweden sowie Deutschland auseinanderzusetzen, um daraufhin gemeinsam und unter Berücksichtigung eigener praktischer Erfahrungen Positionspapiere zu den drei Teilbereichen zu verfassen. Nach den internationalen Eindrücken und Einblicken wurden von den Tagungsteilnehmerinnen und Teilnehmern in den drei Workshops die ersten Positionspapiere des Fachverbands Medienabhängigkeit zur *Diagnostik, Behandlung* und *Prävention* von Computerspielabhängigkeit entwickelt. Darüber hinaus wurde auf der Grundlage eines weiteren Impulsreferates die überaus wichtige Frage erörtert, wie eine optimale Versorgungssituation im Hinblick auf die Beratungs- und Behandlungsstrukturen von Medienabhängigkeit in Deutschland aussehen und finanziert werden könnte.
Wir sind der Meinung, dass die im Rahmen dieses Sammelbandes dokumentierten fachlichen Auseinandersetzungen sowie die Resultate der gemeinsamen Prozesse im Rahmen der Workshops einen wesentlichen Zugewinn zum Thema Computerspielabhängigkeit darstellen. Mit dem vorliegenden Sammelband möchten wir dies nun weiteren Fachkräften, die in Forschung und Praxis mit dem Thema Computerspielabhängigkeit konfrontiert sind, zur Verfügung stellen.
An dieser Stelle möchten wir uns herzlich bei allen beteiligten Mitgliedern bedanken, ohne deren aktives Mitwirken, deren Engagement und deren Diskussionsbereitschaft insbesondere die Erarbeitung der ersten Positions-

papiere des Fachverbands Medienabhängigkeit nicht möglich gewesen wären. Insbesondere möchten wir uns auch bei Klaus Wölfling und Felix Wedegärtner bedanken, da sie neben ihren Impulsreferaten am Symposium auch bereit waren, einen Beitrag für den Sammelband auszuarbeiten und zur Verfügung zu stellen.

Die ausgearbeiteten Beiträge sind im Sammelband in Anlehnung an die Dramaturgie des Symposiums zusammengestellt. Im ersten Kapitel finden sich zunächst die Impulsreferate der verschiedenen Länder vereinigt. Der Beitrag zur Versorgungssituation und Behandlungsstruktur bildet den zweiten Teil. Daraufhin werden im dritten Kapitel die vertiefenden Beiträge der Workshops zur Diagnostik, Behandlung und Prävention von Computerspielabhängigkeit dargestellt. Im Anhang findet sich eine Literaturliste von Büchern zum Thema, die wir nach bestem Wissen und Gewissen zusammengestellt haben. Darüber hinaus freuen wir uns besonders, dass die Autoren von drei etablierten diagnostischen Testverfahren zur Erfassung von Internet- beziehungsweise Computerspielabhängigkeit ihre psychometrischen Instrumente zur Verfügung gestellt haben, um sie den Leserinnen und Lesern zugänglich zu machen. Bei André Hahn, Thomas Mößle, Klaus Wölfling und ihren Kolleginnen und Kollegen möchten wir uns hierfür ganz herzlich danken. Wir schließen mit einem Nachruf auf den ersten Vorsitzenden des Fachverbands Medienabhängigkeit, Günter Mazur, dem dieser Band gewidmet ist.

Dorothee Mücken
Florian Rehbein
Annette Teske
Bert te Wildt

1 Internationale Perspektiven zur Prävention, Diagnostik und Therapie von Computerspielabhängigkeit

1.1 Diagnostik, Intervention und Psychotherapie von Internet- und Computerspielabhängigkeit in den USA

Klaus Wölfling & Sebastian Giralt

Das Internet ist ein weltumspannendes Netz von Informationen jeglicher Art, die von fast jedem beliebigen Ort und zu jeder beliebigen Zeit abgerufen oder eingespeist werden können – und es verdichtet sich unaufhaltsam. Die Möglichkeiten des Cyber-Universums scheinen grenzenlos und die Fülle der Inhalte unendlich. Sinnvoll genutzt ist dieses Medium, dessen visualisierende Plattformen neben dem Computer mittlerweile auch sogenannte Smartphones und Spielkonsolen sind, eine Bereicherung des menschlichen Daseins und ein hilfreiches Werkzeug. Wissens-, Spiel-, Kommunikations- und Konsumplattformen sind anhand eines Bildschirms und geeigneter Hard- und Software beliebig verfüg- und nutzbar. Ein großer Teil der Menschen schafft es, sich des Internets zu bedienen und es für sich nutzbar zu machen, ohne das *real-life*, das echte Leben, zu vernachlässigen und sich darin nicht mehr zurechtzufinden oder gar Beruf und Beziehung zu gefährden. Jedoch sind die Hinweise, dass es einem Teil der Internetnutzer nicht gelingt, ihren Internetkonsum zu kontrollieren, und sie ein problematisches bis süchtiges Internet- und Computernutzungsverhalten entwickeln, nicht mehr von der Hand zu weisen, und so birgt das World Wide Web seit einigen Jahren auch, vor allem in den hoch technologisierten Industrienationen, Probleme. Der amerikanische Psychologe Greenfield (1999) nannte verschiedene Variablen, die die Sogwirkung des Internets auf die problematischen und abhängigen Internetnutzer ausmachen. So fand er bei der Mehrzahl der abhängigen Internetnutzer bei Nutzung des Internets *Intense Intimacy* (intensiviertes Intimitätserleben), *Disinhibition* (Enthemmung), *Loss of boundaries* (Verlust von Grenzen), *Timelessness* (Zeitlosigkeit/Verlust des Zeitgefühls) und *Feeling of Loss of Control* (Gefühle des Kontrollverlusts). Hierbei offenbaren sich bereits in der Nomenklatur erste Reibungspunkte, die auf unterschiedliche Definitionen, Begrifflichkeiten und Herangehensweisen im Bereich Medienabhängigkeit hinweisen. So wurden im Laufe der Jahre in den USA verschiedene Bezeichnungen wie *Compulsive Computer Use* (zwanghafte Computernutzung; Black, Belsare & Schlosser, 1999), *Pathological Internet Use* (pathologische Internetnutzung; Davis, 2001), *Problematic Internet Use* (problematische Internetnutzung; Caplan, 2003), *Internet Dependency* (Internetsucht; Scherer, 1997) und sogar *Internetomania* (www.persona lmd.com, 1998) für das Phänomen postuliert.

Inzwischen spricht man in den USA beziehungsweise im angloamerikanischen Raum im Allgemeinen von *Internet Addiction* (Internetabhängigkeit; Goldberg, 1996), welche neben den klassischen Aktivitäten im World Wide Web (Internet-Recherche, E-Mailing, Chatten, Online-Pornographie, Online-Shopping) auch die exzessive beziehungsweise süchtige Computerspielnutzung beinhaltet. Dabei spielen die oben genannten klassischen Internetaktivitäten bei den süchtigen Computerspielern eine eher untergeordnete Rolle.

Die Ärzteschaft der American Medical Association in den Vereinigten Staaten lehnte es 2007 noch ab, die exzessive Computerspielnutzung als Sucht zu klassifizieren (www.aerzteblatt-studieren.de, 26.06.2007) und diesen Symptomkomplex als Diagnosekategorie für das DSM-V vorzuschlagen. Aktuell wird in den USA die Debatte darüber geführt, ob es sich beim oben umschriebenen Symptombündel eher um eine Abhängigkeitserkrankung (Internet Addiction) oder eher um einen pathologischen Computergebrauch (Pathological Computer Use, PCU) im Sinne einer Impulskontrollstörung handelt. Gegner der Einordnung des exzessiven Computergebrauchs zu Suchterkrankungen begründen ihre Haltung vor allem mit der Stigmatisierung, die ein Betroffener als Suchtkranker zusätzlich erleiden müsste. Außerdem seien der Computer und alle sonstigen Aktivitäten, die man mit und an ihm vollziehen könne, der Kern des Syndroms und nicht nur bloße Online-Aktivitäten. Der Begriff *Internet-Abhängigkeit*, wie er derzeit im angloamerikanischen Raum benutzt wird, sei deshalb missverständlich und bedürfe einer Revision. Die Diskussion um die Begrifflichkeiten erschwert zusätzlich eine potenzielle Aufnahme der Diagnose in das DSM, jedoch soll bei der kommenden Revision des DSM-V die *Internet- und Computerspielsucht* vorerst im Appendix geführt werden. Da zurzeit weder *Internet Addiction* noch *PCU* in der revidierten Fassung des DSM – IV kodiert sind, müssen amerikanische Psychiater bei der Behandlung der Störung häufig alternative Diagnosen vergeben. Oft wird sich mit der Diagnose von komorbiden Störungen wie zum Beispiel der *Major Depressive Disorder* beholfen. Ebenso wird PCU häufig behelfsmäßig als *Anxiety Disorder, Not Otherwise Specified* oder *Impulse Disorder, Not Otherwise Specified* kodiert (Pies, 2009).

In den USA glaubten in 2009 insgesamt 73.7% der Befragten (n = 3481) gemäß einer Online-Erhebung des National Institute on Media and the Family (NIMF), dass *Video Game Addiction* kein echtes Problem darstellt (NIMF, 2009). Die Befragung („Glauben Sie, dass Videospielabhängigkeit ein echtes Problem ist?") war kurz nach der Veröffentlichung einer Studie von Gentile (2009, in Kooperation mit NIMF) durchgeführt worden, deren Ergebnisse darauf hindeuten, dass ca. 1/3 der Kinder und Jugendlichen Symptome einer Computerspielabhängigkeit zeigen. Einen Überblick über verschiedene Studien in unterschiedlichen Nationen und die darin enthaltenen Prävalenzschätzungen zur Internetabhängigkeit stellten Shaw und Black (2008) vor. Dabei konstatierten sie, dass die Bevölkerung in den USA Internetabhängigkeit vor allem deshalb nicht wahrnehme, weil viele der daraus resultierenden negativen Konsequenzen (zum Beispiel soziale Isolation, eheliche und finanzielle Probleme) dem sozialen Umfeld verborgen blieben. Die drei großen Studien, die in den USA durchgeführt wurden und in der programmatischen Übersichtsarbeit berücksichtigt sind, unterscheiden sich nicht nur in der Größe der Stichproben stark. Auch die ermittelten Prävalenzzahlen divergieren erheblich. Während Greenfield (1999) in der größten Erhebung von einer Prävalenz der Internetsucht von 5.7% bei n = 17.251 online befragten Personen im Alter zwischen 8 – 85 Jahren ausgeht, geben Morahan-Martin und Schumacher (2000) ein Jahr später eine Prävalenz von 8.1% bei n = 277 befragten Studenten im Grundstudium an. In einer 2006 veröffentlichen Studie, bei der n = 2513 Erwachsene telefonisch befragt wurden, errechneten Aboujaoude und Kollegen (2006) eine Prävalenz für Internetabhängigkeit mit diagnostischer Relevanz zwischen 0.3 und 0.7%. Auch die Frage, welches Geschlecht in den USA häufiger betroffen ist, konnte anhand des Überblicks von Shaw und Black (2008) nicht eindeutig beantwortet werden. Greenfields Ergebnisse (1999) deuten darauf hin, dass ebenso viele Männer wie Frauen an Internetabhängigkeit leiden. Morahan-Martin und Schumacher (2000) sehen auf der anderen Seite Studenten männlichen Geschlechts als häufiger betroffen an. In der Erhebung von Aboujaoude und Kollegen (2006) wurde diese Frage nicht berücksichtigt. Im weltweiten Vergleich (aufgeführt sind auch Studien aus China, Korea, Taiwan, der Schweiz, Norwegen, Finnland und Italien) zeigt sich jedoch ein männliches Übergewicht in den aufgeführten Prävalenzschätzungen. Ähnliche Ergebnisse wurden in einer Kooperationsstudie, an der sich amerikanische und chinesische Forscher beteiligten, nachgewiesen. Hierbei wurde festgestellt, dass männliche Teilnehmer (chinesisch und amerikanisch) signifikant häufiger an Symptomen leiden, die auf eine Internetabhängigkeit hinweisen. Vergleicht man beide Nationen unabhängig von den Geschlechtern miteinander, fällt jedoch auf, dass die befragten Chinesen durchweg eine höhere signifikante Ausprägung in den abgefragten Kriterien aufwiesen (Zhang, Amos & McDowell, 2008).

Im Gegensatz dazu bezweifelt Block, dass in den Vereinigten Staaten überhaupt verlässliche Schätzungen zur Prävalenz der Störung existieren. Diese Aussage begründete er 2008 in einem Leitartikel im American Journal of Psychiatry damit, dass in den USA Spiele und virtueller Sex vor allem privat in häuslicher Umgebung genutzt würden. Daher würden Erhebungen zur Messung und Erfassung des Phänomens durch Scham, Leugnung und Bagatellisierung verzerrt (Block, 2008). Zusätzlich werde die Problemstellung durch häufig vorhandene Komorbiditäten verkompliziert, da ca. 86% der Internetabhängigen mindestens eine weitere Diagnose aus dem Kriterienkatalog des DSM-IV aufwiesen. Folglich sei es wenig wahrscheinlich, dass Therapeuten und Forscher die Internetabhängigkeit als Störung entdeckten, wenn sie nicht speziell danach suchten. Schon Black und Kollegen (1999) postulierten, dass 52% der Computerabhängigen die Kriterien mindestens einer Persönlichkeitsstörung erfüllten. Zu den häufigsten gehörten die Borderline-, die Antisoziale und die Narzisstische Persönlichkeitsstörung. Als ebenfalls häufig komorbid auftretend wurden Störungen der Impulskontrolle angegeben (Black et al., 1999). Auch nach Pies (2009) ist es der bisherigen Datenlage nach nicht geklärt, ob es sich bei der Internetabhängigkeit um das äußere Erscheinungsbild einer anderen, darunter liegenden psychischen Störung oder tatsächlich um ein eigenständiges Krankheitsbild handelt. Er argumentiert zum einen, dass zwei Kernsymptome einer Sucht – Entzug und Toleranzentwicklung – bisher nicht anhand physiologischer Parameter nachgewiesen worden seien. Zum anderen vergrößere die Tatsache, dass betroffene Internetabhängige häufig zusätzlich weitere komorbide Diagnosen erhielten, das diagnostische Dilemma und ließe die Frage nach der Kausalität unbeantwortet. Jedoch leugnet Pries (2009) in seinem Artikel nicht, dass die zunehmende Forschung deutliche Hinweise darauf liefert, dass Internet- und Computerspielabhängige einem signifikanten Risiko ausgesetzt sind und professioneller Hilfe bedürfen. Bevor man aber Internet- und Computerspielabhängigkeit als eigenständiges Krankheitsbild ansehen könne, sollte entweder die genetische Weitergabe der Krankheit nachgewiesen oder deren Ätiologie, Pathophysiologie beziehungsweise pathologische Anatomie als nachhaltig verstanden eingestuft werden. Eine dritte Alternative stelle in diesem Zusammenhang die verlässliche und stabile Vorhersage des Verlaufs und der Ansprache auf gezielte Behandlung über verschiedene Bevölkerungsgruppen hinweg dar (Pies, 2009).

Die Gründe für das Entstehen von Internetabhängigkeit sind nach Shaw und Black (2008) noch weitestgehend unerforscht, wobei Vermutungen von Wissenschaftlern sich diesbezüglich auf psychologische, neurobiologische und kulturelle Einflüsse beziehen, die miteinander in Zusammenhang stehen. Davis (2001) zufolge lässt sich die Entstehung und Aufrechterhaltung von Internetabhängigkeit anhand der *Cognitive Behavioral Theory* erklären, wobei das Modell zwischen spezifischem und generalisiertem pathologischem Internetgebrauch unterscheidet. Der spezifische pathologische Internetgebrauch bezieht sich auf bestimmte missbräuchliche Aktivitäten im Internet wie Online-Glücksspiel, -shopping und -pornographie, die, wie Davis (2001) hervorhebt, jedoch in Abwesenheit des Internets ebenfalls vorhanden sein könnten. Die generalisierte pathologische Internetnutzung hingegen bezieht sich auf Verhaltensweisen, die ohne das Internet nicht möglich wären. Darunter fallen Aktivitäten wie Chatten, e-Mailing und im Internet surfen. Die *Cognitive Behavioral Theory* sagt dabei aus, dass dysfunktionale Kognitionen den Auslöser für eine pathologische Internetnutzung darstellen können. Zu diesen Kognitionen zählen u. a. Selbstzweifel, auf das Selbst bezogenes Grübeln, geringe Selbstwirksamkeitserwartung und generelle negative Selbstbewertung. Mit den dysfunktionalen Kognitionen des generalisierten pathologischen Internetgebrauchs geht dysfunktionales Verhalten einher, welches sich in zwanghaftem Internetgebrauch zeigt und zu negativen Konsequenzen unterschiedlicher Art führt. Dazu zählen Leistungseinbußen bei der Arbeit und in der Schule, Probleme in wichtigen Beziehungen, Lügen bezüglich des Ausmaßes des Internetgebrauchs und das Nutzen des Internets, um eigene Probleme beziehungsweise aversive Emotionen zu verdrängen. Mit der Zeit nehmen Kognitionen und Verhaltensweisen an Intensität zu, mit der Folge, dass sich auch die negativen Konsequenzen zuspitzen und zunehmen. Dies führt zu einer weiteren Verringerung des Selbstwertes und zunehmender sozialer Zurückgezogenheit. Die Verschlimmerung der Symptome des generalisierten pathologischen Internetgebrauchs verschärft mögliche vorhandene Psychopathologien und mündet schließlich in einen Teufelskreis (Davis, 2001).

Einen weiteren Ansatz zur Ätiologie der Internetabhängigkeit liefert Caplan (2003). Die *Social Skills Deficit Theory* beruht auf defizitären sozialen Fähigkeiten auf Seiten des Internetabhängigen und wird anhand zweier Annahmen gestützt. Die erste besagt, dass einsame und depressive Individuen ihre sozialen Kompetenzen implizit negativ bewerten. Die zweite Hypothese bezieht sich auf die spezielle Form der computergestützten Kommunikation, die solchen Menschen als besonders attraktiv erscheint, die ihre eigenen sozialen Kompetenzen als unzureichend ansehen. Mit dieser besonderen Art der Kommunikation hat der Nutzer die Möglichkeit, flexibler im Zusammenhang mit der Selbstpräsentation zu reagieren als im *face-to-face* Kontakt. Beispielsweise kann die Person Informationen über sich selbst wesentlich einfacher zurückhalten, auslassen oder bearbeiten, von denen sie denkt, sie seien negativ oder selbstschädigend. Auf der anderen Seite kann der Internetnutzer positive Aspekte seiner Person hinzufügen, übertrieben darstellen oder bestimmte Eigenschaften besonders hervorheben. Demnach ist das Internet ein Ort, bei dem die Nutzer den Eindruck, den andere über sie haben, kontrollieren und beeinflussen können. Die Präferenz für eine computergestützte Kommunikation mag nach Caplan (2003) daraus entstehen, dass diese Art der Kommunikation als einfacher (zum Beispiel werden weniger, gut ausgefeilte soziale Fähigkeiten und Fertigkeiten in der Interaktion benötigt), weniger riskant (zum Beispiel höhere Anonymität, gesteigertes Gefühl des persönlichen Selbstbewusstseins und verringertes Gefühl des öffentlichen Selbstbewusstseins) und aufregender als die *face-to-face* Kommunikation wahrgenommen wird. Nach Shaw und Black (2008) konzentrieren sich Theorien, die neurobiologische Aspekte von Internetsucht berücksichtigen, vor allem auf Defizite in Neurotransmittersystemen, wobei verstärkt auf Serotonin und Dopamin fokussiert wird. Aufgrund von beobachteten Ähnlichkeiten zwischen Interabhängigkeit und Zwangsstörungen seien betroffene Patienten mit SSRIs (selektive Serotonin-Wiederaufnahmehemmer) behandelt worden (Baldwin, 2005). Dopamin hingegen wird nach Shaw und Black (2008) auf theoretischer Basis eine Rolle im Zusammenhang mit Belohnungsabhängigkeit zugesprochen, die wiederum Verhaltenssüchte (zum Beispiel Pathologisches Glücksspiel, Internetabhängigkeit) fördern soll. Bisher seien jedoch keine direkten Zusammenhänge zwischen oben genannten Neurotransmittern und der Entstehung von Internetabhängigkeit gefunden worden (Shaw & Black, 2008). Schließlich führen Shaw und Black (2008) kulturelle Mechanismen zur Ätiologie der Internetabhängigkeit auf. Diese werde ausschließlich aus Ländern wie den USA berichtet, in denen Computer grundsätzlich erschwinglich seien. Internetabhängigkeit in unterentwickelten Ländern sei dabei schwer vorstellbar.

In seinem oben erwähnten Artikel unterscheidet Block (2008) dennoch mindestens drei Subtypen der Internetabhängigkeit, die sich in exzessivem Spielen, e-Mailing und der übermäßigen Beschäftigung mit sexuellen Inhalten äußern. Diese Erscheinungsformen werden von jeweils vier Merkmalen charakterisiert. Diese bestehen erstens aus der exzessiven Nutzung, die auch häufig mit dem Verlust des Zeitgefühls oder der Vernachlässigung von grundlegenden Trieben assoziiert wird. Zweitens nennt Block Entzugserscheinungen bei verhindertem Konsum, die sich in Wut, Anspannung und Depressionen äußern, wenn der Computer nicht erreichbar ist. Ein weiteres Merkmal der Internetabhängigkeit ist drittens die Toleranzentwicklung, die das Bedürfnis nach einer besseren und leistungsfähigeren Computerhardware, mehr Software oder einer erhöhten Computernutzungszeit beinhaltet. Viertens sind es nach Block die negativen psycho-sozialen und körperlichen Effekte. Diese lassen sich im Zusammenhang mit der Internet- und Computernutzung mit zunehmenden Konflikten, Lügen, Leistungsabfall und Müdigkeit zusammenfassen (vergleiche Van den Bulck, 2004, S. 101-104).

In der oben bereits erwähnten Studie gingen Aboujaoude und Kollegen (2006) von acht potentiellen Markern für pathologische Internetnutzung aus. Sie stellten fest, dass 5.9% der regelmäßigen Internetnutzer angaben, ihre Partnerbeziehung leide unter ihrem exzessiven Internetkonsum. 8.7% der Befragten versuchten, den nicht notwendigen Aufenthalt im Internet zu verstecken. 3.7% der Befragten waren gedanklich mit dem Internet beschäftigt, wenn sie offline waren. 13.7% der befragten Internetnutzer gaben an, es falle ihnen schwer, dem Internet für mehrere aufeinander folgende Tage fernzubleiben. Weitere 8.2% nutzen der Erhebung zufolge das Internet, um Probleme zu verdrängen oder negative emotionale Zustände zu erleichtern. 12.3% der Teilnehmer hatten in der Vergangenheit versucht, den Internetkonsum zu kontrollieren beziehungsweise zurückzufahren, wovon ca. 94% erfolgreich waren. 12.4% der Teilnehmer hielten sich oft bis sehr oft länger als ursprünglich geplant im Internet auf.

Bei einer vergleichenden Studie zwischen Amerika und China (Zhang et al., 2008) griffen die Studienleiter auf fünf Kriterien der Internetabhängigkeit mit leicht veränderten Schwerpunkten zurück. Sie gingen davon aus, dass eine solche Abhängigkeit in erster Linie von negativen Konsequenzen durch den Internetkonsum, dem sozialen Rückzug des Betroffenen, dem Versuch, den Konsum zu verheimlichen, einer ausgeprägten virtuellen Intimität im Gegensatz zur Intimität im realen Lebensraum und einem zwanghaften Nutzungsverhalten gekennzeichnet wird.

Im Zusammenhang mit den unterschiedlichen Diagnosekriterien einer Sucht sind auch immer die dazu entwickelten Instrumente von Interesse. Diese sollen zum einen Therapeuten und Psychologen helfen, die Diagnosestellung von einer objektiven Perspektive aus zu betrachten. Zum anderen können mit diesen Instrumenten innerhalb der Forschung objektive Messungen durchgeführt werden. In einer frühen Publikation stellt Turkle (1997) einen von ihr entwickelten Screening Test (SIGNS) zur Diagnostik von Computerspielsüchtigen vor. SIGNS ist auf Basis des bekannten und häufig eingesetzten Verfahrens CAGE (*Cut down drinking* [Verringerung des Alkoholkonsums], *Annoyance* [Ärger darüber, von anderen auf den Alkoholkonsum angesprochen zu werden], *Guilt* [Schuldgefühle aufgrund des Alkoholkonsums], *Eye opener* [morgendliches Alkoholtrinken, um funktionsfähig zu sein und Entzugserscheinungen beziehungsweise Nachwirkungen entgegenzuwirken]) zur Prädiagnose von Alkoholabängigkeit entstanden. Turkle (1997) setzt in ihrem Instrument auf fünf verschiedene Symptome, die auf eine mögliche Internet- oder Computerspielabhängigkeit hinweisen können. Diese werden in einer einfachen Ja-nein-Dichotomie beantwortet. *Sleep-pattern disturbance* bezieht sich auf eine verzögerte Schlafphase, also einen verschobenen Schlaf-Wach-Rhythmus. *Irritability before and after computer use* berücksichtigt eine mögliche Gereiztheit vor und nach der Nutzung des Computers. *Guilt and attempts to hide/purge computer use* würdigt Schuldgefühle und Versuche, den Computerkonsum zu verheimlichen beziehungsweise dessen Spuren zu beseitigen. *Nightmares and dreams about computer use* geht auf (Alp-)Träume ein, die Computernutzung beinhalten. *Social avoidance* bezieht sich auf die Neigung des Computernutzers, virtuelle Kontakte „echten" sozialen Kontakten vorzuziehen. Der Fremd- und Selbsttest birgt den entscheidenden Vorteil, dass die Klassifikation unabhängig vom Inhalt der pathologischen PC-Nutzung erfolgt (Turkle, 1997).

In den USA kommen eine Reihe weiterer Testverfahren zum Einsatz. Allen voran der „weltweit am häufigsten eingesetzte" (Petersen et al., 2009, S. 8) Internet Addiction Test (IAT; Young, 1998). Young entwickelte diesen mit 20 Fragen umfangreichen Fragebogen („How often do you find that you stay online longer than you intended?") für ihr Selbsthilfebuch *Caught in the net* (Young, 1998). Der IAT beinhaltet Items, die mit pathologischem Internetgebrauch assoziiert werden. Unter anderem decken sie psychische Abhängigkeit, zwanghaften Gebrauch und Entzugserscheinungen ab. Des Weiteren fragen die Items mögliche Probleme mit der Schule, der Schlafarchitektur, der Familie und mit dem Zeitmanagement ab (Yang et al., 2005).

Anhand der von Beard und Wolf (2001) modifizierten und vorgestellten Kriterien zur Internetabhängigkeit, stellte Beard (2005) ein strukturiertes Interview vor, anhand dessen die Diagnose des süchtigen Internetkonsums vorgenommen werden soll (Beard, 2005; Beard & Wolf, 2001).

Wie oben bereits erwähnt, veröffentlichte Gentile in 2009 eine Studie, in der er n = 1178 amerikanische Jugendliche im Alter von 8 – 18 Jahren explizit via Internet zu ihrem Videospielkonsum befragte. Dabei setzte er einen von ihm entwickelten Fragebogen Symptom-Checklist ein, bei dem sich die Autoren aus Mangel an klaren Richtlinien zur Messung von süchtigem Computerspielverhalten entschieden hatten, den Teilnehmern die Möglichkeit „ja", „nein" oder „manchmal" zur Beantwortung der Frage zu geben. Dieser beinhaltete 11 computerspielbezogene Items, die aus den im DSM-IV festgelegten Kriterien des Pathologischen Glücksspiels abgeleitet waren. Zusätzlich bezogen sich die Items auf die Kerncharakteristiken anderer bekannter Definitionen von Süchten wie zum Beispiel von Brown (1991). Diese beinhaltet unter anderem *Salience* (der Konsum dominiert

das Leben des Süchtigen auf kognitiver oder der Verhaltensebene; Gentile, 2009).
Mit seiner Studie konnte Gentile (2009) auf epidemiologische und vor allem phänomenologische Erkenntnisse verweisen. So fand er heraus, dass ca. 8% der Computerspieler ein pathologisches Spielverhalten aufwiesen. Des Weiteren zeigte sich, dass süchtige Spieler doppelt so viel Zeit am Computer spielend verbrachten und durchschnittlich schlechtere Leistungen in der Schule erbrachten als nicht-pathologische Computerspieler. Diese Effekte blieben auch dann stabil, nachdem Geschlecht, Alter und wöchentliche Anzahl an Computerspielstunden kontrolliert wurden. Zudem fand sich in der Studie der Hinweis darauf, dass süchtige Computerspieler häufiger komorbid an Aufmerksamkeitsdefiziten leiden. Dies wurde mit einem Item ermittelt, welches das Vorhandensein zum Beispiel einer ADHS-Diagnose erfragte. Die Ergebnisse unterstreichen nach Gentile (2009), dass das Konstrukt Internetabhängigkeit reliabel gemessen werden kann und valide ist. Außerdem wird deutlich, dass Internetabhängigkeit nicht gleichbedeutend ist mit vermehrtem Spielkonsum (Gentile, 2009).
Eine weitere Studie, die sich phänomenologisch dem süchtigen Computerspielverhalten widmet, wurde von Peters und Malesky (2008) veröffentlicht. Sie untersuchten hoch involvierte Spieler von Online-Rollenspielen (MMORPGs) anhand des Spiels *World of Warcraft* im Hinblick auf Involvierungsgrad und den Zusammenhang mit Faktoren wie Spielzeit, Gewissenhaftigkeit, Neurotizismus und Extraversion. Die Autoren machten pathologische Online-Rollenspieler vor allem an gesteigerter Spielzeit und erhöhtem Neurotizismus aus.
Zur Behandlungslage in den USA gibt es bisher wenig empirisch fundierte wissenschaftliche Forschung. Sogenannte *Randomized Controlled Trials* (RCT), die die Effektivität eines Behandlungskonzepts anhand kontrollierter Variablen testen, sind bisher nicht erschienen beziehungsweise durchgeführt worden. Häufig wird bei den RCT's eine Gruppe von Betroffenen, die die in Frage kommende Behandlung erhalten haben, mit einer Kontrollgruppe von Personen verglichen, die an keiner oder einer Placebobehandlung teilnahmen. Außerdem gibt es nur wenige Therapeuten, die auf die spezifische Behandlung der Erkrankung spezialisiert sind. Vielmehr ist den meisten Psychotherapeuten die Internet- und Computerspielabhängigkeit als solche unbekannt. Folglich wissen die meisten Therapeuten nicht, auf welche Weise und zu welchen Inhalten sie die meist jugendlichen Be-

troffenen befragen sollen. Entsprechend ist der größte Teil der Psychotherapeuten auch nicht in der Lage, einen Behandlungsplan aufzustellen, um eine Internet- und Computerspielsucht wirksam zu bekämpfen.
Eine Ausnahme bildet dabei eine Studie auf pharmakologischer Basis an 19 Probanden mit der Diagnose *Compulsive-impulsive Computer Usage Disorder* (CI-CUD; Hadley, Baker & Hollander, 2006). CI-CUD beinhaltet nach Ansicht der Wissenschaftler typische Symptome von Internetabhängigkeit (exzessiver Internetgebrauch bei Auftreten negativer Konsequenzen in den Bereichen Beruf, Schule, Beziehungen und sozialen Aktivitäten). Weiterhin zeigten die Betroffenen Symptome von Impulskontroll- beziehungsweise Zwangsstörungen und substanzbezogenen Süchten. Die Probanden erhielten im Zeitraum von 10 Wochen Escitalopram, ein SSRI, das unter anderem zur Behandlung von Depressionen und Zwangsstörungen eingesetzt wird. Danach folgte eine neunwöchige Phase, in der die Probanden zufällig auf jeweils eine Medikamenten- und eine Placebogruppe verteilt wurden. In der ersten Phase zeigte sich eine signifikante Abnahme der Zeit, die von den Patienten vor dem Computer für nicht-essentielle Internetaktivitäten aufgebracht wurde. Diese Effekte zeigten sich auch in der zweiten Phase, allerdings konnte diesbezüglich kein Unterschied zwischen der Interventions- und der Placebogruppe gefunden werden. Die Autoren führten diese Erkenntnis auf einen allgemeinen Placeboeffekt zurück (Hadley, Baker & Hollander, 2006).
Unter der Leitung von Dr. Kimberly Young agiert *netaddiction.com*, ein Zentrum für Internetsucht, dass sich auf problematische Verhaltensweisen in den Bereichen *Cybersex/Cyberporn, Online Affairs, Online Gambling, Online Gaming* und *Compulsive Surfing* spezialisiert hat. Neben Ratschlägen und Informationen auf der Website im Sinne von Psychoedukation und Prävention, wird Beratung am Telefon oder per Onlinechat und Therapie im persönlichen Setting angeboten. Der Internetauftritt von netaddiction.com bietet Interessierten auch die Möglichkeit, einen Selbsttest auszufüllen. Für die therapeutische Behandlung werden verschiedene Techniken eingesetzt. Dabei handelt es sich unter anderem um kognitiv-behaviorale Techniken, mit deren Hilfe beispielsweise das gegenteilige Verhalten eingeübt wird. Des Weiteren sieht das Behandlungsprogramm externale Stopper vor, wie zum Beispiel Programme, die den PC nach einer bestimmten voreingestellten Zeit selbstständig herunterfahren oder die Ausschaltzeit signalisieren. Ebenso werden Zeitgrenzen mit dem Patienten abgesprochen und

festgelegt. Eine weitere Hilfestellung bietet das Identifizieren und Festlegen von Prioritäten bei notwendigen Internetaktivitäten und für jede einzelne Internetsession. Als eine permanente visuelle Unterstützung der Behandlung soll der Patient Merkzettel gut sichtbar an den Bildschirm anbringen, die zum einen die fünf größten Probleme thematisieren, die durch Internet- und Computerspielabhängigkeit verursacht werden. Zum anderen sollen diese Listen die fünf wichtigsten Vorteile einer Internet- und Computerspielabstinenz beinhalten. Schließlich besteht ein Teil der Behandlung darin, dass der Therapeut gemeinsam mit dem Patienten alternative Verhaltensweisen erarbeitet, die es dem Patienten ermöglichen, dem Computer fernzubleiben oder sich sogar aktiv von ihm zu lösen. Young versucht zielorientiert mit den Patienten zu arbeiten, da die vollständige Abstinenz vom Internet heutzutage kaum möglich und nicht praktikabel ist.

Weitere Hilfe erhalten Eltern durch das NIMF. Dessen Internetauftritt bietet neben Ratschlägen und Informationen zu Erziehung und Medienkompetenz, ein vorgefertigtes Dokument, anhand dessen betroffene Eltern Veränderungen des Computernutzungsverhaltens ihrer Kinder dokumentieren und Veränderungsziele und -gründe niederschreiben können. Mögliche Hindernisse und Hürden können genauso festgehalten werden wie Aktivitäten zur Belohnung bei erreichten Zielen. Das Formblatt erhält endgültig einen Vertragscharakter durch die für die Unterschriften vorgesehen Platzhalter, die mit „Unterschrift Eltern" beziehungsweise „Unterschrift Kind" gekennzeichnet sind.

Im Zusammenhang mit dem (präventiven) Schutz der Nutzer auf Seiten der Hersteller und Entwickler von Computerspielen, Spielkonsolen und Softwareprogrammen hat sich vor allem der Softwareentwickler Microsoft hervorgetan. Dieser stellt die Präventions- und Interventionsseite *GetGameSmart.com* zur Verfügung. Dabei handelt es sich um eine Datenbank, in der Psychologen und Psychotherapeuten, die sich in der Einzeltherapie mit dem Phänomen beschäftigen, anhand bestimmter Suchkriterien ausfindig gemacht werden können. Des Weiteren werden ratsuchenden Eltern Ratschläge zur Erziehung in den Bereichen Medienkompetenz und Suchtprävention im Umgang mit ihren Kindern (zum Beispiel „Greifen Sie frühzeitig ein, bevor Ihnen die Dinge aus den Händen gleiten", „Ermutigen Sie zu anderen Aktivitäten …" oder „Wenn nichts anderes hilft, greifen Sie zum kalten Entzug.") verfügbar gemacht. Ein weiteres wichtiges Feature der Website sind die detaillierten Anleitungen zur Einrichtung von Produkten der Firma Microsoft, die von den Eltern auf altersgerechte Nutzung programmiert werden können. Die Programme befähigen die Eltern, spezifisch Internetseiten auszuwählen, die das Kind sehen darf beziehungsweise deren Zugriff ihm verweigert wird. Außerdem können die Eltern entscheiden, mit wem ihr Kind online über Chat-Programme in Verbindung tritt, und erhalten einen detaillierten Bericht über die Online-Aktivitäten ihres Kindes, welche Seiten es gesehen hat (oder versucht hat zu öffnen) und welche blockiert wurden. Zu den Produkten, die entsprechend programmiert werden können, gehören die Betriebssysteme Windows Vista, Windows 7 sowie die Spielkonsole Xbox.

Ein verbreiteter Ansatz in den USA ist es, Jugendliche im Sinne eines erlebnispädagogischen Ansatzes aus dem virtuellen Kosmos in die Natur zurückzuführen. Hierfür steht exemplarisch das „Restart – internet addiction recovery program" (www.netaddictionrecovery.com). „Restart" wirbt auf seiner Homepage für das Programm mit „stay 45 days in a safe natural family setting designed to feel like ‚home'" (www.netaddictionrecovery.com) und in Interviews gibt die leitende Psychotherapeutin und Mitbegründerin Dr. Hilarie Cash an, „den kalten Entzug" zu praktizieren und „keinerlei Technologie" zur Verfügung zu stellen (www.sueddeutsche.de, 21.09.2009). Stattdessen soll beispielsweise die Beschäftigung mit und die Pflege von Tieren und Outdoor-Aktivitäten den Internet- und Computerspielsüchtigen den Weg aus der Sucht weisen. Patienten mit Internet- und Computerspielabhängigkeit haben häufig ihre Strukturen und den Sinn für geordnete Tagesabläufe verloren. Daher gehört es zu dem 45-Tage-Programm, ihnen Regelhaftigkeit zurückzugegeben, zum Beispiel durch Tagespläne, individuelle Beratung und einem 12-Punkte-Plan zur Suchtbehandlung. Die Teilnahme an dem Behandlungsprogramm kostet den Patienten 14.500 $ (Harvey, 2009).

In Anlehnung an den Behandlungsansatz der *Anonymen Alkoholiker* wurde das Projekt OLGA (On-line Gamers Anonymous, www.olganon.org) ins Leben gerufen. Die Website bietet neben Informationen zur Sucht eine ausführliche Darstellung des 12-Schritte-Programms, welches für süchtige Teilnehmer vorgesehen ist. In der Tradition der *Anonymen Alkoholiker* sind diese Schritte größtenteils in Beziehung zu religiösen Inhalten und Prinzipien gesetzt (zum Beispiel Schritt 2 „Prinzip Hoffnung: Kam zu der Erkenntnis, dass eine Macht, die größer ist als wir selbst, unsere geistige Gesundheit wiederherstellen könnte."). Außerdem bietet sich die Möglichkeit, sich anhand eines Kalenders auf der Website für Online-Meetings und face-to-face Gruppen zu verabreden. Dazu findet sich eine detaillierte Anleitung für regionale Gruppen, die sich in regelmäßigen Abständen treffen möchten. Eine Suchmaske für Psychotherapeuten wird ebenfalls zur Verfügung gestellt und schließlich können Ratsuchende und Betroffene Foren, Social Networks und weiterführende Links nutzen.

Literatur

Aboujaoude, E., Koran, L., Gamel, N., Large, M. & Serpe, R. (2006). Potential markers for problematic internet use: a telephone survey of 2,513 adults. CNS Spectrums, 11 (10), 750-755.

Baldwin, D. S., Anderson, I. M. & Nutt, D. J. et al. (2005). Evidence-based guidelines for the pharmacological treatment of anxiety disorders: recommendations from the British Association for Psychopharmacology. Journal of Pharmacology and Experimental Therapeutics, 19, 567-96.

Beard, K. W. (2005). Internet Addiction: A Review of Current Assessment Techniques and Potential Assessment Questions. CyberPsychology & Behavior, 8 (1), 7-14.

Beard, K. W. & Wolf, E. M. (2001). Modification in the proposed diagnostic criteria for internet addiction. Cyberpsychology & Behavior, 4, 377-383.

Black, D. W., Belsare, G. & Schlosser, S. (1999). Clinical features, psychiatric comorbidity, and health-related quality of life in persons reporting compulsive computer use behavior. Journal of Clinical Psychiatry, 60 (12), 839-844.

Block, J. J. (2008). Issues for DSM-V: internet addiction. American Journal of Psychiatry, 165 (3), 306-307.

Brown R.I.F. (1991). Gaming, gambling and other addictive play. In Kerr J.H. & Apter M.J. (Eds.), Adult place: A reversal theory approach (pp.101-118). Amsterdam: Swets & Zeitlinger.

Caplan, S. E. (2003). Preference for online social interaction: a theory of problematic internet use and psychosocial well-being. Communication Research, 30, 625-48.

Davis, R. (2001). A cognitive-behavioral model of pathological internet use. Computers in Human Behavior, 17, 187-195

Gentile, D. A. (2009). Pathological video game use among youth 8 to 18: A national study. Psychological Science, 20, 594-602.

Goldberg, I. Internet addiction disorder 1996 [online]. Ersichtlich bei URL: http://www.cog.brown.edu/brochure/people/duchon/humor/internet.addiction.html.

Greenfield, D. N. (1999). Internet Addiction: A New Clinical Phenomenon and Its Consequences. In Young, K. (Ed.), American Behavioral Scientist, 48 (4), 2004.

Greenfield, D. N. (1999). Psychological characteristics of compulsive Internet use: a preliminary analysis. CyberPsychology and Behavior, 2, 403-412.

Hadley, S. J., Baker, B. R. & Hollander, E. (2006). Efficacy of escitalopram in the treatment of compulsive-impulsive computer use disorder 1975. Biological Psychiatry, 59, 261.

Harvey, M. (18.09.2009). Heavensfield centre opens its doors to America's internet addicts www.timesonline.co.uk. Ersichtlich bei URL:http://technology.timesonline.co.uk/tol/news/tech_and_web/gadgets_and_gaming/article6839222.ece. [Geöffnet: 02.04.2010].

"Internetomania" sign of psychiatric illness [online]. Ersichtlich bei URL: http://www.personalmd.com/news/a1998060503.shtml. [Geöffnet: 02.04.2010].

Morahan-Martin, J. & Schumacher, P. (2003). Loneliness and social uses of the Internet. Computers in Human Behavior, 19, 659-671.

National Institute on Media and the Family (2009). Do you think Video game addiction is a problem? Ersichtlich bei URL: http://www.micropoll.com/akira/mpresult/499062165350 [Geöffnet: 02.04.2010].

Peters, Ch. S. & Malesky, L. A. (2008). Problematic Usage Among Highly-Engaged Players of MMORPGs. Cyberpsychology & Behavior, 11 (4), 481-484.

Petersen, K. U., Weymann, N., Schelb, Y., Thiel, R. & Thomasius, R. (2009). Zwischenbericht an das BMG: Pathologischer Internetgebrauch – eine Übersicht zum Forschungsstand.

Pies, R (2009). Should DSM-V designate „Internet Addiction" a mental disorder? Psychiatry, 6 (2), 31-37.

Shaw, M. & Black, D. W. (2008). Internet addiction: definition, assessment, epidemiology and clinical management. CNS Drugs, 22 (5), 353-365.

Scherer, K. (1997). College life on-line: healthy and unhealthy internet use. Journal of College Student Development, 38, 655-65.

Turkle, S. (1997). Life on the Screen: Identity in the Age of the Internet. New York, NY: Touchstone.

Van den Bulck, J. (2004). Media Use and Time In Bed In Secondary-School Children. Sleep, 27 (1), 101-104.

www.aerzteblatt-studieren.de (26.06.2007). US-Mediziner: Computerspielsucht nicht erwiesen. Ersichtlich bei URL: http://www.aerzteblatt studieren.de/doc.asp?docid=105871 [Geöffnet: 02.04.2010].

www.netaddictionrecovery.com. Ersichtlich bei URL http://www.netaddictionrecovery.com/programs/treatment-program.html [Geöffnet: 02.04.2010].

www.olganon.org. Ersichtlich bei URL: http://www.olganon.org/ [Geöffnet: 02.04.2010].

www.sueddeutsche.de (21.09.2009). USA: Hilfe für Computersüchtige "Wir machen auf kalten Entzug". Ersichtlich bei URL: http://www.sueddeutsche.de/computer/978/488375/text/ [Geöffnet: 02.04.2010].

Yang, C.-K., Choe, B.-M., Baity, M., Lee, J.-H. & Cho, J.-S. (2005). SCL-90-R and 16PF Profiles of Senior High School Students With Excessive Internet Use. Canadian Journal of Psychiatry, 50, 407-414.

Young, K. S. (1998). Caught in the net – How to recognize the signs of internet addiction – and a winning strategy for Recovery. New York: Wiley.

Zhang, L., Amos, C. & McDowell, C. (2008). Comparative study of Internet Addiction between the United States and China. Cyberpsychology & Behavior, 11 (6), 727-729.

1.2 Forschungs- und Behandlungsimpulse aus Großbritannien zum Störungsbild der Computerspielabhängigkeit

Florian Rehbein

Auch ein Blick nach Großbritannien kann zu einem vertieften Verständnis von Computerspielabhängigkeit beitragen. Zwar werden hier bislang keine größeren Primärpräventions- oder Sekundärpräventionsprogramme zum Schutz vor Computerspielabhängigkeit angeboten und auch spezialisierte Einrichtungen zur Behandlung von Computerspielabhängigkeit haben sich noch nicht etablieren können. Jedoch stehen dieser bislang eher geringen gesundheitspolitischen Berücksichtigung des Themas bemerkenswerte Forschungsanstrengungen gegenüber, die vornehmlich von Mark Griffiths und Kollegen von der *Gaming Research Unit* der psychologischen Abteilung der Nottingham Trent University geleistet werden. Diese Arbeitsgruppe publiziert seit Mitte der 1990er Jahre regelmäßig und speziell zum Thema Computerspielabhängigkeit. Eine weitere britische Forschergruppe, auf die in diesem Überblicksartikel ebenfalls kurz eingegangen werden soll, ist die Arbeitsgruppe um John Charlton vom *Department of Psychology and Life Sciences* der University of Bolton. Aus der britischen Forschung ergeben sich nicht nur Hinweise für die Ätiologie und Diagnostik von Computerspielabhängigkeit, sondern auch Implikationen für deren Behandlung, auf die in diesem Kapitel ebenfalls kurz eingegangen werden soll. Da in Großbritannien gerade der Schwerpunktforschung zur Computerspielabhängigkeit ein besonderer Verdienst zuteil wird, soll ein Schwerpunkt auf eine Darstellung dieser Forschungsimpulse gelegt werden.

Nosologische Einordnung

Mark Griffiths zählt zu den Pionieren auf dem Gebiet der Erforschung von Computerspielabhängigkeit. Bereits in einem Ende der 1990er Jahre erschienenen Artikel sprechen sich Griffiths und Hunt (1998) dafür aus, dass bei der Erfassung von pathologischer Computerspielnutzung auf die klinischen Kriterien einer Abhängigkeit zurückgegriffen werden müsse: „If computer games are dependence-forming or addictive in a nonmetaphorical sense, they must be compared using clinical criteria against other addictions and dependencies" (Griffiths & Hunt, 1998, S. 476)[1]. Griffiths und Kollegen knüpfen damit an ein Verhaltenssuchtkonzept an, in welches sie das abhängige Computerspielen als interaktiv-mediale Tätigkeit ebenso wie das pathologische Glücksspiel einschließen. Griffiths hält auch aktuell an der Einordnung pathologischen Computerspielens als Abhängigkeitserkrankung fest und grenzt diese von anderen interaktiv-medialen Abhängigkeitsformen ab (Griffiths & Davies, 2005). Dem Begriff „Internetabhängigkeit" steht er skeptisch gegenüber, da dieser nicht deutlich genug mache, auf welches Objekt sich die Abhängigkeit tatsächlich bezieht: „Put very simply, a gambling addict or a computer game addict who engages in their chosen behavior online is not addicted to the Internet. The Internet is just the place where they engage in the behavior" (Griffiths & Davies, 2005, S. 360).

Griffiths betont in Übereinstimmung mit anderen internationalen Autoren die Notwendigkeit, ein abhängiges Spielen von einem exzessiven, jedoch in nicht pathologischer Weise betriebenen, Spielverhalten zu unterscheiden: „Excessive activity and addictive activity are two very different things (although admittedly they do overlap on occasions). The difference between healthy excessive enthusiasms and addictions is that healthy excessive enthusiasms add to life, whereas addictions take from it" (Griffiths, 2009, S. 29). Um diese Konzepte nicht nur theoretisch voneinander abgrenzen zu können stellt Griffiths in einer aktuellen Publikation zwei Personen mit einer exzessiven Spielzeit von bis zu 14 Stunden täglich vor, die sich in Hin-

---

[1] Die in diesem Kapitel innerhalb des Textes aufgeführten Zitate wurden im englischsprachigen Original beibehalten, um den Bedeutungsgehalt der Argumentationen möglichst unverändert zu lassen.

blick auf ihre Spielmotivation und die psychosozialen Auswirkungen des Spielens ganz grundsätzlich unterscheiden (Griffiths, 2010). Nur im Falle einer der beiden exzessiv spielenden Personen kommt Griffiths zu dem Schluss, dass das Spielen in psychisch abhängiger Weise betrieben werde (Griffiths, 2010). Die Wichtigkeit, nicht primär die Spielzeit zur Bewertung des Spielverhaltens heranzuziehen, betonen auch Charlton und Danforth (2007, S. 1533): „Thus, it is possible that exactly the same degree of computer use exhibited by two people might be considered either pathological or non-pathological depending upon the impact that this has upon their life".

Bei der Einordnung von Computerspielabhängigkeit als Verhaltenssucht stützt sich Griffiths insbesondere auf strukturelle Ähnlichkeiten, die sich zwischen Glücksspiel- und Computerspielangeboten auffinden lassen. Diese Ähnlichkeiten seien so augenscheinlich, dass sogar argumentiert werden könne, dass es sich bei Computerspielen um eine nicht-finanzielle Form des Glücksspiels handelt (Griffiths, 1991). Fisher und Griffiths formulieren die folgenden Übereinstimmungen, die sich zwischen Videospielen und Glücksspielautomaten auffinden lassen (Fisher & Griffiths, 1995):

– Anforderung, auf softwaregesteuerte Stimuli zu reagieren
– Mentale Anforderungen hinsichtlich Konzentration und Hand-Augen-Koordination
– Schnelle Abfolge der Spielereignisse und Herausstellung einer Beeinflussbarkeit des Ablaufs durch die Fähigkeiten des Spielers (in Computerspielen auch echte Einflussnahme)
– Akustische und visuelle Vermittlung von Belohnungsreizen (z.B. Lichter, Farben, Soundeffekte)
– Steigerung der Belohnungsanreize im Spielverlauf (höhere Geldbeträge beim Glücksspiel, höhere Punktzahlen im Computerspiel) zur Verstärkung des Verhaltens
– Unmittelbares Feedback über den Spielerfolg (Punkte- oder Geldkonto)
– Möglichkeiten zum sozialen Vergleich, Wettbewerb und sozialer Bestätigung

Vor dem Hintergrund zahlreicher in den letzten Jahren aufgekommener Onlinerollenspielkonzeptionen, bei denen virtuelle Spielgegenstände mit echter Währung gekauft werden können, um die Gewinnchancen des eigenen Avatars (z.T. temporär) zu steigern, gewinnen die von Fisher und

Griffiths bereits 1995 formulierten Parallelen zwischen Glücksspielen und Computerspielen sicherlich an Bedeutung.

Ätiologie

In neueren Veröffentlichungen beschränkt sich die Arbeitsgruppe um Griffiths nicht mehr darauf, Gemeinsamkeiten zwischen Glücksspiel und Computerspiel herauszuarbeiten, sondern betont zunehmend die Bedeutung spielstruktureller und personengebundener Risikomerkmale für die Entstehung von Computerspielabhängigkeit. So weisen Griffiths und Wood (2000, S. 211) darauf hin, dass die Art der Belohnungsvergabe in Computerspielen oftmals dem Prinzip der intermittierenden Verstärkung folgt, indem der spielenden Person nicht bekannt ist, wann die nächste Belohnung erfolgen wird. In einer aktuellen Veröffentlichung werden erste Impulse zu der Frage gegeben, welche spielstrukturellen Merkmale in besonderer Weise auf ein erhöhtes psychotropes Abhängigkeitspotential schließen lassen (vgl. King, Delfabbro, & Griffiths, 2009). Diese Überlegungen knüpfen unmittelbar an die Erkenntnis an, dass sich verschiedene Spiele im Hinblick auf ihr Abhängigkeitspotential unterscheiden können und so aktuell gerade Onlinerollenspiele verstärkt von abhängigen Spielern genutzt werden. King et al. schlagen einen ersten Katalog von Merkmalen vor, denen eine besondere Relevanz zukommen könnten (vgl. Tabelle 1). Die Autoren weisen jedoch darauf hin, dass die Merkmale noch nicht empirisch auf ihre Relevanz hin untersucht wurden und demnach nicht eingeschätzt werden kann, welche tatsächlich ein besonderes Abhängigkeitspotential der Spiele erklären können (King, et al., 2009).
Darüber hinaus überprüfte die Arbeitsgruppe um Griffiths die Annahme, dass Personen mit bestimmten Persönlichkeitsmerkmalen eine besondere Anfälligkeit für die Entwicklung einer Computerspielabhängigkeit aufweisen könnten. In einer Onlinebefragung von N = 123 Student(inn)en im Alter von durchschnittlich 22 Jahren zeigte sich, dass insbesondere Personen mit aktuell erhöhter Ängstlichkeit und erhöhten Werten auf einer Sensation Seeking Skala höhere Werte auf dem eingesetzten Messinstrument zur Erfassung von Computerspielabhängigkeit (Game Addiction Scale; Lemmens, Valkenburg, & Peter, 2009) aufweisen (Mehroof & Griffiths, 2009). Auch erhöhter Neurotizismus, eine stärker ausgeprägte ängstliche

Tab. 1: Merkmalskomplexe von Spielen mit erhöhtem Abhängigkeitspotential nach King, Delfabbro und Griffiths (2009, frei übersetzt aus dem Englischen)

Merkmalskomplexe	Einzelmerkmale
Soziale Merkmale	Kommunikationstools Unterstützung der Bildung von Spielergruppen Ranglistenplatzierungen Soziale Unterstützung (z.B. in Foren)
Merkmale der Steuerung und Kontrolle	Steuerung Art der Speicherung des Spielstands Umfang der gleichzeitig zu bewältigenden Aufgaben Linear vs. Nonlinear
Narrative Merkmale und Merkmale der Identität	Eigene Gestaltungsmöglichkeiten in Hinblick auf den Avatar Elemente der Vermittlung der Hintergrundgeschichte Spielgenre
Merkmale der Belohnung und Bestrafung	Art und Umfang der Belohnungen Art und Umfang der Bestrafungen Unterschwellige Belohnungsstrukturen Intermittierende Belohnungsstrukturen Faktoren negativer Verstärkung Schwierige Spielsituationen (z.B. Bosskämpfe) Attraktivität des erneuten "Durchspielens" Dauer der gesamten Spielhandlung Belohnungsintervalle
Merkmale der Präsentation	Grafik und Sound Markenname Problematische Inhalte (z.B. Gewalt, Drogenkonsum) In-Game-Werbung

Persönlichkeitsstruktur und Aggressivität sagen eine erhöhte Abhängigkeitssymptomatik voraus. Die geringe Rücklaufquote (25 %) sowie die kleine, nicht repräsentative Stichprobe schränken die Aussagekraft der Untersuchung jedoch ein.

Zusammenfassend lässt sich damit feststellen, dass Griffiths und Kollegen sowohl psychostrukturelle Merkmale auf Seiten des Spiels als auch Risikomerkmale auf Seiten des Spielers als relevant erachten, um die Entstehung einer Computerspielabhängigkeit erklären zu können. Ein integratives ätiopathologisches Modell der Entstehung von Computerspielabhängigkeit können sie jedoch wie auch andere Forschergruppen bislang nicht vorweisen.

Diagnostische Kriterien und Instrumente

Griffiths und Kollegen (vgl. etwa Griffiths & Davies, 2005) legen sechs Kriterien für die Diagnostik einer Computerspielabhängigkeit zugrunde, die sich an die Diagnosemerkmale des pathologischen Glücksspiels sowie stoffgebundener Suchterkrankungen anlehnen (vgl. Tabelle 2).

Der Arbeitsgruppe um Griffiths ist es bislang jedoch nicht gelungen, ein anerkanntes Diagnoseinstrument zu entwickeln, um Computerspielabhängigkeit in Übereinstimmung mit den postulierten Diagnosekennzeichen erfassen zu können. Die frühe Version eines Instrumentes enthält lediglich acht Fragen, die mit ja oder nein zu beantworten sind (vgl. Tabelle 3). Ab einer Bejahung von vier Fragen wird von einer Computerspielabhängigkeit ausgegangen. Auffallend ist hierbei zunächst, dass das Instrument nicht in vollständiger Übereinstimmung mit den von Griffiths selbst postulierten Diagnosekriterien steht, indem hier zum Teil abweichende Begrifflichkeiten verwendet werden. Zudem erscheint die inhaltliche Validität einiger Itemformulierungen fragwürdig. Die Konzeption des Instrumentes mit dichotomem Antwortformat sowie die Zuordnung eines einzelnen Items pro Dimension erfüllen zudem nicht die gängigen Standards psychologischer Testdiagnostik, weshalb dem Instrument von Griffiths und Davies (2005) allenfalls der Status einer Checkliste zukommen kann. Die methodischen Defizite in der Erfassung von Computerspielabhängigkeit können möglicherweise darauf zurückgeführt werden, dass das Instrument von Griffiths seit Ende der 1990er Jahre nicht mehr überarbeitet wurde und somit auch

Tab. 2: Diagnostische Kriterien der Computerspielabhängigkeit (Video Game Addiction) nach Griffiths und Davies (2005, S. 359, 360, frei übersetzt aus dem Englischen)

Kriterium	Erläuterung nach Griffiths & Davies (2005)
Einengung des Denkens und Verhaltens (Salience)	Spielen wird zur wichtigsten Aktivität und dominiert das Denken (ständige gedankliche Beschäftigung), Fühlen (Verlangen) und Handeln (Reduktion realer sozialer Kontakte).
Stimmungsregulation und Einsatz als Coping-Strategie (Mood modification)	Erleben eines Kicks bzw. Hochgefühlzustands beim Spielen oder auch gegenläufig das Erleben einer beruhigenden Wirkung oder eines Gefühls von Betäubung.
Toleranzentwicklung (Tolerance)	Kontinuierliche Erhöhung der Spielzeit, um die angestrebte Stimmungsregulation erreichen zu können.
Entzugserscheinungen (Withdrawal symptoms)	Unangenehme psychische oder physische Erlebniszustände in Folge eines Abbruchs oder einer Reduktion des Spielens, z.B. Zittern, Stimmungsschwankungen, Gereiztheit.
Negative Konsequenzen (Conflict)	Interpersonelle Konflikte, Konflikte mit anderen Aktivitäten (z.B. Beruf, Schule, Sozialleben, Hobbies) oder innerpsychische Konflikte (Schuldgefühle, Gefühl, die Kontrolle verloren zu haben).
Rückfall (Relapse)	Tendenz zur Wiederaufnahme alter Spielgewohnheiten und insbesondere die plötzliche Wiedereinstellung eines zeitlich extremen Spielverhaltens nach Phasen von Abstinenz oder Kontrolle.

Tab. 3: *Skala zur Erfassung von Computerspielabhängigkeit und zugeordnete diagnostische Kriterien (Griffiths & Hunt, 1998, S. 476 & 477)*

Kriterium	Operationalisierung
salience	Do you frequently play most days?
tolerance	Do you frequently play for longer periods of time?
euphoria	Do you play for excitement or a 'buzz'?
chasing	Do you play to beat your personal high score?
relapse	Do you make repeated efforts to stop or decrease playing?
withdrawal	Do you become restless if you cannot play?
conflict	Do you play instead of attending to school?
conflict	Do you sacrifice social activities to play?

kaum von den Entwicklungen anderer Forschergruppen profitiert hat. Aktuelle Impulse zur Erfassung von Computerspielabhängigkeit lieferten die britischen Forscher Charlton und Danforth (2007). In einer Onlinebefragung von 508 Nutzern des Onlinerollenspiels *Asheron's Call* verwendeten die Autoren 29 Items, die sowohl Abhängigkeit als auch einfache (nicht pathologische) Spielleidenschaft abbilden sollten. Charlton und Danforth verfolgten hierbei das Ziel, mittels Faktorenanalyse die eingesetzten Items einem Faktor Abhängigkeit und einem Faktor Spielleidenschaft zuzuordnen. Während sich negative Konsequenzen, Einengung des Verhaltensspielraums, Entzugserscheinungen und Kontrollverlust/Rückfall eindeutig dem Faktor Abhängigkeit zuordnen ließen, traf dies nicht auf Items zur Stimmungsregulation und Einengung des Denkens zu, die stärker dem Faktor Spielleidenschaft zuzuordnen waren. Es zeigte sich, dass die Anzahl der als abhängig identifizierten Personen zwischen 2 und 39 Prozent schwankte, je nachdem, welche Kriterien berücksichtigt wurden. Charlton und Danforth (2007) betonen in diesem Zusammenhang die Wichtigkeit, die Diagnostik von Computerspielabhängigkeit auf die Kernkriterien auszurichten, um zu verhindern, dass die Verbreitung des Störungsbildes überschätzt wird.

Griffiths und Kollegen setzen inzwischen ein Instrument ein, welches in den Niederlanden entwickelt wurde: Die Game Addiction Scale von Lemmens, Valkenburg und Peter (2009; zum Einsatz der GAS in einer aktuellen Publikation unter Beteiligung von Griffiths vgl. Mehroof & Griffiths, 2009). Das Instrument besteht aus 21 Items und deckt die postulierten Diagnosekriterien von Griffiths und Kollegen vollständig ab, wobei mit einer zusätzlichen Kategorie „Problems" negative Konsequenzen, die sich nicht auf soziale Probleme „Conflicts" beziehen, als eigenständige Dimension geführt werden (vgl. Kapitel Niederlande). Damit wird gerade den schädigenden Folgen des abhängigen Verhaltens ein größerer Stellenwert eingeräumt.

Vor kurzem fasste Griffiths (2009, S. 29) allgemein bestehende Mängel diagnostischer Instrumente zur Erfassung von Computerspielabhängigkeit zusammen, die auch für sein eigenes Instrument gelten. So erfassten die meisten Instrumente nicht den Kontext der Computerspielnutzung sowie Schweregrad und zeitliche Dauer der Symptomlage. Infolgedessen sei eine Überschätzung der Prävalenz von Computerspielabhängigkeit zu beklagen. In diesem Zusammenhang stellt Griffiths die Forderung auf, dass bei der Entwicklung zukünftiger Diagnoseinstrumente diesen Mängeln begegnet werden müsse (Griffiths, 2009). Somit kann für Großbritannien konstatiert werden, dass gerade in den letzten Jahren eine selbstkritische und produktive Methodendiskussion eingetreten ist, die zukünftig vielversprechende Neuentwicklungen in Hinblick auf die Diagnostik von Computerspielabhängigkeit erwarten lässt.

Prävalenz

Bislang liegen keine repräsentativen Zahlen zur Häufigkeit von Computerspielabhängigkeit in Großbritannien vor (Griffiths, 2009, S. 29). Griffiths weist folglich auch auf die dringende Notwendigkeit der Etablierung zuverlässiger Inzidenz- und Prävalenzwerte hin (vgl. Griffiths & Meredith, 2009).

Eine bekannte ältere Untersuchung einer Stichprobe mit 387 Jugendlichen liegt von Griffiths und Hunt (1998; 1995) vor. Sie ermittelten mit 20 Prozent einen sehr hohen Anteil von Personen, die ein abhängiges Spielverhalten aufweisen. Dieser Befund kann insbesondere vor dem Hintergrund als bemerkenswert gelten, dass die Studie Mitte der 1990er Jahre durchgeführt wurde, also noch lange vor der flächendeckenden Verbreitung von

Internetzugängen in Privathaushalten sowie der Existenz von Onlinerollenspielen.
Griffiths räumt inzwischen ein, dass die damals ermittelten Zahlen zu hoch waren und die meisten früheren Studien das Phänomen überschätzen. Diese neue Ausrichtung ist sicherlich auch vor dem Hintergrund zu sehen, dass von verschiedener Seite Kritik an den hohen und damit unglaubwürdig erscheinenden Prävalenzzahlen laut wurde, die in einigen Studien veröffentlicht wurden (Charlton & Danforth, 2007; Wood, 2007). Dennoch steht in Großbritannien eine Ermittlung aktueller und national-repräsentativer Prävalenzzahlen noch aus.

Behandlung

Griffiths und Meredith (2009) liefern eine Bestandsaufnahme der aktuellen Versorgungslage von computerspielabhängigen Personen, die sich allerdings nicht im Speziellen auf die Situation in Großbritannien bezieht. Dabei weisen die Autoren zunächst darauf hin, dass in der akademischen Literatur bislang keine publizierten Studien zu Behandlungsprogrammen von Computerspielabhängigkeit vorliegen. Als besonders vielversprechend könnten nach Griffiths und Meredith (2009) jedoch verhaltenstherapeutische Ansätze, möglicherweise in Kombination mit medikamentöser Therapie, gelten. Unter Berücksichtigung des Umstands, dass abhängige Spieler häufig durch eine dritte Partei zur Aufnahme von Behandlung und Beratung angehalten werden (z.B. durch besorgte Eltern, Partner, etc.), erscheine zudem als kognitiver, klientenzentrierter Ansatz in Beratungssituationen das *Motivational Interviewing* naheliegend zu sein, um Ambivalenzen in der Veränderungsmotivation aufzulösen. Hinsichtlich all dieser Zugangswege weisen die Autoren jedoch darauf hin, dass Evaluationsstudien zur Wirksamkeit noch ausstünden und bislang nur Einzelfallstudien erste Hinweise darüber geben können, wie therapeutische Settings wirksam gestaltet werden können (Griffiths & Meredith, 2009).
Somit könnten sich verschiedene therapeutische und Beratungszugänge als wirksam erweisen, um exzessives Spielverhalten und Computerspielabhängigkeit zu begegnen. Insgesamt lässt sich damit auch von Seiten der briti-

schen Forschung ein hoher Bedarf an Therapieevaluationsstudien konstatieren.

Literatur

Charlton, J. P., & Danforth, I. D. W. (2007). Distinguishing addiction and high engagement in the context of online game playing. Computers in Human Behavior, 23 (3), 1531-1548.

Fisher, S. E. & Griffiths, M. D. (1995). Current trends in slot mashine gambling: Research and policy issues. Journal of Gambling Studies, 11, 239-247.

Griffiths, M. D. (1991). Amusement machine playing in childhood and adolescence: A comparative analysis of video games and fruit machines. Journal of Adolescence, 14 (1), 53-73.

Griffiths, M. D. (2009). Diagnosis and Management of Video Game Addiction. Lesson, 3 (12), 27-42.

Griffiths, M. D. (2010). The role of context in online gaming excess and addiction: Some case study evidence. International Journal of Mental Health and Addiction, 8 (1), 119-125.

Griffiths, M. D. & Davies, M. N. O. (2005). Does Video Game Addiction Exist? In Jeffrey H Goldstein & Joost Raessens (Eds.), Handbook of Computer Game Studies (pp. 359-368). Boston: MIT Press.

Griffiths, M. D. & Hunt, N. (1998). Computer game „addiction" in adolescence? A brief report. Psychological reports, 82, 475-480.

Griffiths, M. D. & Hunt, Nigel (1995). Computer Game Playing in Adolescence: Prevalence and Demographic Indicators. Journal of Community & Applied Social Psychology, 5, 189-193.

Griffiths, M. D. & Meredith, A. (2009). Videogame Addiction and its Treatment. Journal of Contemporary Psychotherapy, 39 (4), 247-253.

Griffiths, M. D. & Wood, Richard T. A. (2000). Risk Factors in Adolescence: The Case of Gambling, Videogame Playing, and the Internet. Journal of Gambling Studies, 16 (2-3).

King, D., Delfabbro, P., & Griffiths, M. D. (2009). Video Game Structural Characteristics: A New Psychological Taxonomy. International Journal of Mental Health and Addiction.

Lemmens, J. S., Valkenburg, P. M. & Peter, J. (2009). Development and Validation of a Game Addiction Scale for Adolescents. Media Psychology, 12, 77-95.

Mehroof, M. & Griffiths, M. D. (2009). Online Gaming Addiction: The Role of Sensation Seeking, Self-Control, Neuroticism, Aggression, State Anxiety, and Trait Anxiety. CyberPsychology & Behavior, 13, 1-4.

Wood, R. T. A. (2007). Problems with the Concept of Video Game "Addiction": Some Case Study Examples. International Journal of Mental Health and Addiction, 6 (2), 169-178.

1.3 Situationsanalyse der Diagnostik, Therapie und Prävention von Computerspielabhängigkeit in den Niederlanden

Annette Teske & Dorothee Mücken

Die Niederlande – ein kleines Land im Nordwesten Europas mit einer hohen Bevölkerungsdichte. Welchen Stellenwert haben die modernen Medien in diesem Land? Spricht man dort von dem Phänomen Computerspielabhängigkeit bzw. Mediensucht? Wie wird mit dem Thema umgegangen? Wird dort Forschung zu diesem Thema betrieben?

Die modernen Medien haben sich in den vergangenen 20 Jahren rasant entwickelt und uns immer mehr Nutzungsmöglichkeiten eröffnet. Heute sind Medien aus unserem Lebensalltag nicht mehr wegzudenken, vielmehr sind sie nahezu unentbehrlich geworden. Während diese Entwicklung in der deutschen Bevölkerung sehr kritisch beobachtet wird und die Verbreitung von Mobiltelefonen, Computern und Internet zögerlich vorangeschritten ist, fiel es den Niederländern vergleichsweise leichter, sich auf die Nutzung der modernen Medien einzulassen. So zählen niederländische Jugendliche zu den aktivsten Internetnutzern der Welt. Ihre Internetnutzung stieg zwischen 2006 und 2009 im Durchschnitt um ungefähr 2 Stunden wöchentlich, wobei Jungen mehr Zeit vor dem PC verbringen als Mädchen (Van Rooij et al., 2009). Die erhöhte Computernutzung durch Jungen wurde auch in Deutschland festgestellt. Besonders beliebte Internetanwendungen sind bei den Jugendlichen: You tube (ca. 90%), Surfen im Internet (ca. 85%), Kommunikation über MSN (ca. 82%), das Pflegen von Internetprofilen (ca. 80%) und Downloaden (ca. 78%).

Insgesamt zeigten sich die Niederländer sehr aktiv in der Anschaffung moderner Medien und der jeweiligen neuesten technischen Entwicklungen.

So besaßen 43 von 100 niederländischen Haushalten im Jahr 2001 einen Computer, womit die Niederlande im europäischen Vergleich den vierten Platz belegten (David, 2003). Zudem haben die Niederlande im Vergleich mit anderen europäischen Ländern eine sehr hohe Internetdichte. 2002 wurden in 65% der Haushalte ein Internetzugang verzeichnet, europaweit konnte nur in Dänemark eine höhere Internetdichte festgestellt werden. Man kann spekulieren, dass es dem allgemeinhin verbreiteten Bild des „niederländischen Naturells" entspricht, neue Entwicklungen unvoreingenommen anzunehmen: Der Niederländer gilt in der Regel als offen, tolerant, innovativ und unkonventionell.

Die schnelle Verbreitung des Internets lässt sich aber vor allem auf die Infrastruktur des Landes zurückführen. Die Niederlande sind mit 385 Einwohnern pro Quadratkilometer das Land mit der größten Bevölkerungsdichte in Europa. Wo viele Menschen dicht aufeinander leben, ist es leichter den Ausbau der technischen Infrastruktur voranzutreiben als in dünn besiedelten Gebieten. Auch die Beschaffenheit des Landes, flach und übersichtlich, erleichtert die mediale Vernetzung. Darüber hinaus wird die Vernetzung mit Breitbandzugängen deutlich gefördert. 2001 besaßen die Niederländer mit einer Dichte von 2,71 pro 100 Einwohnern im europäischen Vergleich die meisten Breitbandzugänge. Zusammenfassend lässt sich über den Medienkonsum in den Niederlanden Folgendes feststellen: Die Niederländer sind medial gut ausgestattet, nutzen die Möglichkeiten der modernen Medien gern und die Vernetzung wird zudem staatlich gefördert.

Trotz der intensiven Mediennutzung und derumfangreichen Medienausstattung scheint sich die niederländische Bevölkerung vor den Problemen, die mit der medialen Vernetzung einhergehen, nicht zu verschließen. Diverse Zeitungsartikel der letzten Jahre setzen sich kritisch mit den negativen Konsequenzen der Mediengesellschaft auseinander und auch die Problematik Medienabhängigkeit wird bereits seit mehreren Jahren in der Öffentlichkeit diskutiert. Die Universität von Amsterdam hat eigens ein Forschungszentrum, *Center for research on children, adolescents and the media* (CcaM), eingerichtet, um die Rolle von Medien im Kindes- und Jugendalter zu erforschen und anhand der Forschungsergebnisse Präventionsmaßnahmen einzuleiten. Das Forschungszentrum hat sich zum Ziel gesetzt, mit seinen Untersuchungen nicht nur eine wissenschaftliche Zuhörerschaft zu erreichen, sondern die gesamte Bevölkerung über die Rolle der Medien im Leben von Kindern und Jugendlichen zu informieren und auf negative

Folgen des Medienkonsums aufmerksam zu machen (www.cam-ascor.nl, 2010).
Auch die spezifische Thematik Computerspielabhängigkeit findet in den Niederlanden in der Öffentlichkeit, aber auch seitens des Suchthilfesystems und der Wissenschaft Beachtung. So zeichnet sich eine Privatklinik in Amsterdam dadurch aus, als erste europäische Klinik Computerspielsüchtige zur Behandlung aufgenommen zu haben. 2007 publizierte die niederländische Nachrichtenseite www.dag.nl 2007 ein Interview mit dem Klinikleiter Keith Bakker, in dem die Ernsthaftigkeit des Problems hervorgehoben und anhand von Fallbeispielen illustriert wird (Ophorst, 2007). Des Weiteren wird die Frage nach der Verantwortlichkeit für das Suchtpotential von Computerspielen in den Niederlanden öffentlich diskutiert. Im Februar 2010 war in der niederländischen Tageszeitung *De telegraaf* ein Artikel zu lesen, in dem der Computerspielindustrie vorgeworfen wurde, sich ihrer Verantwortlichkeit zu entziehen, da sie keinen Beitrag zur Prävention von Computerspielsucht leiste (De telegraaf, 2010). Van Rooij et al. (2010) gehen mit ihren Forderungen an die Übernahme von Verantwortung seitens der Computerspielindustrie noch einen Schritt weiter. Sie plädieren für eine zweigliedrige präventive Vorgehensweise: Distribution von Informationen an die Konsumenten und Implementation von Signalfunktionen in die Spieler durch die Industrie. Für die Distribution von Informationen über das Abhängigkeitsrisiko von Computerspielen und die möglichen Folgen der Abhängigkeit wird u.a. die Reformation des europäischen Systems zur Altersfreigabe *PEGI* vorgeschlagen. Neben den bisher bestehenden Informationen zu Gewalt, Pornografie und Ideologien sollten Van Rooij et al. (2010) zufolge auch Informationen über das Abhängigkeitsrisiko von Computerspielen in den Kriterienkatalog von *PEGI* mit aufgenommen werden. Darüber hinaus fordern sie von der Computerspielindustrie, dass diese ihre Konsumenten über die Gefahr einer Abhängigkeitsentwicklung informiert, Hilfsangebote präsentiert und Spieler, die durch ihr exzessives Spielverhalten, z.B. bei Onlinespielen, auffallen, direkt anspricht und individuell auf Hilfsangebote aufmerksam macht.
Mithilfe derartiger Publikationen und Meinungsäußerungen wird die niederländische Bevölkerung zunehmend für die Problematik *Medienabhängigkeit* sensibilisiert.
Neben der öffentlich geführten Debatte um die negativen Folgen des Medienkonsums findet in den Niederlanden auch auf wissenschaftlicher Ebe-

ne eine intensive Auseinandersetzung mit der Problematik statt. Bezüglich der empirischen Forschung zu der spezifischen Thematik Medienkonsum und Suchtentwicklung heben sich zwei Institute besonders hervor: die *Fakultät für Gesellschafts- und Verhaltenswissenschaften der Universität von Amsterdam*, welcher das CcaM unterstellt ist, und das *Wissenschaftliche Büro für Forschung* (IVO) in Rotterdam. Zu den bekannten Forschern an der Universität Amsterdam zählen J.S. Lemmens, P.M. Valkenburg und J. Peter. Am IVO in Rotterdam setzen sich vor allem Dr. G-J. Meerkerk, A.J. van Rooij und R. J. J. M. van den Eijnden mit der Thematik auseinander. Die Forschung zum pathologischen Medienkonsum läuft an beiden Instituten bereits seit mehreren Jahren und findet auch international Beachtung. Hierbei fällt auf, dass sich die zwei Institute bei ihrer Forschung auf unterschiedliche pathologische Mediennutzungsmuster konzentrieren. Während an der Universität von Amsterdam vorrangig die deutlich eingegrenzte Problematik Computerspielabhängigkeit (niederländisch *Gameverslaving*) erforscht wird, untersucht das IVO in Rotterdam den exzessiven Internetkonsum (niederländisch *Excessief en Compulsief Internetgebruik*). Anhand ihrer Forschungsergebnisse kommt die Forschungsgruppe des IVO zu dem Schluss, dass sich vor allem die Nutzung von Onlinespielen, Onlinesex und Onlinekommunikation zu exzessiven und compulsiven Verhaltensweisen entwickeln kann (Eijnden et al., 2007). Die spezifischen Nutzungsmuster werden jedoch nicht getrennt untersucht, sondern von der Forschungsgruppe unter dem Begriff *Excessief en Compulsief Internetgebruik* zusammengefasst. Neben dem unterschiedlichen Fokus bezüglich der pathologischen Nutzungsmuster, die an den zwei Instituten erforscht werden, geht aus der von den Forschungsgruppen verwendeten Terminologie eine weitere bedeutende Differenz hervor: Die Zuordnung zu einem Spektrum der psychischen Erkrankungen anhand der weltweit gängigen Klassifikationssysteme für psychische Erkrankungen ICD-10 und DSM-IV. Beide Forschungsgruppen vertreten die These, dass der pathologische Medienkonsum eine ernst zu nehmende psychische Erkrankung ist und eigenständig auftreten kann. Mit ihrer Forschung wollen sie dazu beitragen, die Aufnahme des Phänomens *Gameverslaving* bzw. *Compulsief en exzessief internet gebruik* in den ICD-10 und den DSM-IV voranzutreiben. Allerdings wird anhand der Terminologie deutlich, dass die Forschungsgruppen hierbei eine unterschiedliche Zuordnung gemäß der Klassifikationssysteme favorisieren. Die Forschungsgruppe der Universität Amsterdam verwendet den

Terminus *Gameverslaving*, was für eine Zuordnung zu den Abhängigkeitserkrankungen spricht. In seinem Buch *Gameverslaving – Probleemgebruik herkennen, begrijpen en overwinnen* begründet Lemmens (2007) die Zuordnung vom pathologischen Computerspielen zu den stoffgebundenen Abhängigkeitserkrankungen damit, dass Computerspielabhängige eine starke psychische Abhängigkeit vom Spielen am Computer aufweisen, die in ihrer Phänomenologie mit den Verhaltensmerkmalen stoffgebundener Abhängigkeitserkrankter vergleichbar ist. Lemmens (2007) zufolge ist nicht die körperliche Abhängigkeit bei stoffgebundenen Süchten ausschlaggebend für die Entwicklung und vor allem die Aufrechterhaltung des Suchtverhaltens, sondern vielmehr die psychische Abhängigkeit, da diese nach dem körperlichen Entzug fortbesteht. Dementsprechend ist seiner Ansicht nach die Stoffgebundenheit nicht der ausschlaggebende Faktor zur Klassifikation eines Verhaltens als abhängig. Verhaltensweisen, wie Computerspielen, können ebenso zur Abhängigkeit führen wie das Einnehmen von Suchtmitteln.

Die Forschungsgruppe des IVO in Rotterdam hingegen verwendet den Terminus *Compulsiver und exzessiver Internetgebrauch* zur Umschreibung des von ihnen erforschten Phänomens. Sie distanzieren sich hiermit von dem Abhängigkeitsbegriff und beschreiben die pathologische Internetnutzung als compulsive und obsessive Verhaltensweise (Eijnden et al., 2007). In einem Artikel von Van Rooij et al. (2010) wird der problematische Computerspielkonsum mit dem Pathologischen Glücksspiel verglichen. Beide Verhaltensweisen zeichnen sich anhand von Studien durch hohe Übereinstimmungen aus (Van Rooij et al., 2010). Meerkerk (2007) legt sich in seiner Doktorarbeit mit dem Titel *Bezeten van het internet* bezüglich der Zuordnung des Phänomens *Compulsiver und exzessiver Internetgebrauch* anhand der gängigen Klassifikationssysteme nicht eindeutig fest. Als Optionen der Zuordnung benennt er einerseits das bereits bestehende Krankheitsspektrum der Impulskontrollstörungen oder die Klassifikation von Compulsivem Internetgebrauch als Verhaltenssucht, wobei Verhaltenssüchte als psychisches Krankheitsspektrum bisher nicht in die Klassifikationssysteme für psychische Erkrankungen ICD-10 und DSM-IV (Meerkerk, 2007) mit aufgenommen worden sind.

Bei der Revision des DSM-IV im Jahr 2007 entschied sich die *American Medical Association* (AMA) gegen die Aufnahme eines Krankheitsbildes *Computerspielabhängigkeit* oder *Compulsiver und exzessiver Internetge-*

brauch. Um eine Aufnahme des Phänomens bei der nächsten Revision diskutieren zu können, sei mehr Forschung in diesem Bereich notwendig. Dieser Aufforderung der AMA kommen beide niederländischen Forschungsinstitute nach und verfolgen mit ihrer Forschung das Ziel, die Erstellung eines Kriterienkatalogs zur Klassifikation des Phänomens und die Entwicklung eines validen Diagnoseinstruments zu forcieren. Hierfür wurden an beiden Instituten Kriterien für die Klassifikation entwickelt. Übereinstimmend haben sich die Forschungsgruppen bei der Erstellung ihres Kriterienkatalogs an den gängigen Kriterien für Pathologisches Glücksspiel und die Stoffgebundenen Abhängigkeitserkrankungen nach DSM-VI und den bereits von dem britischen Wissenschaftler Griffiths (2004) entwickelten Kriterien der *video game addiction* orientiert. Griffiths, der an der Nottingham Trent Universität bereits seit vielen Jahren Forschung zum Pathologischen Glücksspiel betreibt, legt aufgrund der hohen Übereinstimmung zwischen den Verhaltensweisen pathologischer Glücksspieler und Computerspieler für beide Gruppen dieselben Diagnosekriterien zugrunde. Beide Verhaltensweisen zeichnen sich demzufolge trotz der Stoffungebundenheit durch deutlich süchtige Verhaltensmerkmale aus. Die von Griffiths (2004) entwickelten Kriterien der *video game addiction* wurden von der Forschungsgruppe der Universität Amsterdam (Lemmens, 2007) für die Entwicklung eines ersten Selbstbeurteilungsbogens zum Computerspielverhalten zunächst vollständig übernommen. Aus diesem Grund liegen der Checkliste zur Erfassung des Computerspielverhaltens folgende sechs Kriterien der Computerspielabhängigkeit zugrunde:

1. Anziehungskraft
Computerspielen ist eine wichtige Aktivität im Leben des Betroffenen. Diese Aktivität dominiert sein Denken, seine Emotionen und sein Handeln. Auch wenn der Betroffene nicht am Computer spielt, ist er gedanklich auf die nächste Gelegenheit, spielen zu können, ausgerichtet.

2. Gefühlsregulation
Mithilfe des Spielens versucht der Betroffene seine Stimmung zu verbessern oder negative Gefühle zu unterdrücken. Das Bekämpfen negativer Gefühle spielt für den Abhängigen die übergeordnete Rolle.

3. Toleranzentwicklung
Der Betroffene verbringt zunehmend mehr Zeit mit dem Spielen am Computer oder braucht immer mehr neue Spiele, um seine Bedürfnisse zu befriedigen.

4. Entzugserscheinungen
Wenn dem Spielen am Computer ein Ende gesetzt wird, durchlebt der Betroffene eine Reihe unangenehmer Gefühle wie Stimmungsschwankungen, Irritation und depressive Symptome.

5. Konflikte
Das Spielen verursacht soziale oder innere Konflikte. Zumeist sind zwischenmenschliche Beziehungen betroffen oder frühere Interessen und andere wichtige Aktivitäten, wie Schule, Beruf etc., werden vernachlässigt.

6. Rückfall
Der Betroffene kann seinen Computerspielkonsum aus eigener Initiative nicht oder nur schwer regulieren. Nach einer Zeit der Enthaltung fällt er in frühere Konsummuster zurück.

Ein Jahr später modifizierte Griffiths (2005) aufgrund neuer wissenschaftlicher Erkenntnisse seine Kriterien zur Erfassung von Computerspielabhängigkeit. Aus den von ihm auf Basis der DSM-IV-Kriterien für Pathologisches Glücksspiel entwickelten sechs Kriterien wurden sieben. Das Kriterium *Konflikte*, welches in der alten Fassung sowohl interpersonale als auch innerpsychische Konflikte in einer Dimension zusammenfasste, wurde in zwei Kriterien auseinanderdividiert. Die modifizierte Version von Griffiths (2005) und Griffiths und Davies (2005) enthält neben den bereits beschriebenen Kriterien *Anziehungskraft, Gefühlsregulation, Toleranzentwicklung, Entzugserscheinungen* und *Rückfall* das Kriterium *Konflikte* sowie das Kriterium *Probleme*. Mit dem Kriterium *Konflikte* werden jegliche interpersonalen Konflikte beschrieben, die aus dem Computerspielverhalten des Betroffenen resultieren. Die Konflikte können sich sowohl auf Streitigkeiten und Verleugnung als auch auf Lügen oder bewusste Täuschung des Gegenübers zugunsten des Computerspielverhaltens beziehen. Mit dem zusätzlichen Kriterium *Probleme* werden negative Konsequenzen im Lebensalltag aufgrund des Computerspielverhaltens, wie Vernachlässigung von

Schule, Arbeit oder sozialen Aktivitäten, erfasst. Aber auch innerpsychische Konflikte und subjektive Gefühle von Kontrollverlust werden dem Kriterium *Probleme* zugeordnet. Die modifizierte Version der Kriterien einer Computerspielabhängigkeit (Griffiths, 2005 und Griffiths & Davies, 2005) wurde von Lemmens und seinen Kollegen an der Universität von Amsterdam in späteren Untersuchungen aufgegriffen, so dass auch sie ihrem Kriterienkatalog für die Klassifikation von *Computerspielabhängigkeit* die Dimension *Probleme* hinzufügten. Anhand des derzeitigen Forschungsstandes werden von den Forschungsgruppen der *Nottingham Trent Universität* und der *Universität von Amsterdam* dieselben sieben Kriterien zur Erfassung des Phänomens *Computerspielabhängigkeit* angewandt: Anziehungskraft, Gefühlsregulation, Toleranzentwicklung, Entzugserscheinungen, Rückfall, Konflikte und Probleme. Anhand dieser Kriterien soll Lemmens et al. (2009) zufolge das Vorliegen einer Computerspielabhängigkeit bei einer Person erfasst werden können.

Meerkerk und seine Kollegen am IVO in Rotterdam orientierten sich bei der Entwicklung von Kriterien für die Klassifikation der Diagnose *Exzessiver und Compulsiver Internetgebrauch* ebenfalls an den Kriterien für Pathologisches Glücksspiel nach DSM-IV, für Stoffgebundene Abhängigkeitserkrankungen nach DSM-IV sowie den ursprünglichen 6 von Griffiths (2004) entwickelten Kriterien der *video game addiction*. In einer Studie verglichen Meerkerk, Laluan und Eijnden (2003) diese Kriterien mit den Resultaten einer qualitativen Untersuchung an 17 Internetabhängigen, die sich selbst so bezeichneten. Die Untersuchung wurde in Form eines Interviews durchgeführt. Die Teilnehmer hatten sich auf eine Annonce in der Zeitung gemeldet. Die Auswertung der Interviewantworten ergab, dass Kontrollverlust, die Unfähigkeit, die Zeit am Computer aus eigener Initiative zu begrenzen, von allen Betroffenen als Hauptproblem genannt wurde. Als zweiter wichtiger Faktor wurde die gedankliche Fixierung und die Einengung des Verhaltensraumes auf den Computerkonsum, auch dann wenn der Betroffene nicht online ist, angegeben. Des Weiteren berichteten viele der interviewten Personen von Entzugserscheinungen in Form von Anspannung und Unruhe, wenn sie nicht online sind. Zusätzlich wurden die Faktoren intrapsychische Konflikte aufgrund subjektiv wahrgenommener Zeitverschwendung, wenn die Computernutzung nicht die gewünschte Befriedigung erbringt, und Konflikte mit dem sozialen Umfeld benannt. Der Einsatz von Computerspielen als Problemlösestrategie oder zur Verbesserung der Stimmung wurde zwar von allen Betroffenen verneint, dennoch ist insgesamt ein hohes Maß an Lebensunzufriedenheit zu verzeichnen, wie sich aus der Auswertung weiterer diagnostischer Instrumente herauskristallisierte. Die Faktoren *Toleranz* und *Verleugnung des Computerkonsums* wurden von den Interviewten nicht genannt und scheinen bezüglich der subjektiven Wahrnehmung einer Abhängigkeitsentwicklung keine Rolle zu spielen. In Anlehnung an dieses Resultat der Befragung wurde der Faktor Toleranzentwicklung in den von Meerkerk et al. (2007) entwickelten Kriterienkatalog nicht mit aufgenommen. Dagegen wurde der Faktor *Verleugnung der Internetnutzung* von der Forschungsgruppe trotz der Interviewauswertung beibehalten. Die Entscheidung hierfür beruhte auf der Erkenntnis, dass mit dem Kriterium *Verleugnung der Internetnutzung* eine Dimension der pathologischen Internetnutzung erfasst wird, die ansonsten in keiner anderen Dimension enthalten ist, aber inhaltlich Aspekte der Dimension *Konflikte* als Kriterium der Verhaltenssucht (Griffiths, 1999) widerspiegelt. Anhand der Vergleiche zwischen den Kriterien der Stoffgebundenen Abhängigkeit laut DSM-IV, des Pathologischen Glücksspiels laut DSM-IV, der Verhaltenssucht laut Griffiths (1999) und der eigenen qualitativen Studie (Meerkerk, Laluan & Eijnden, 2003) ergeben sich der Forschungsgruppe des IVO in Rotterdam zufolge sechs Kriterien zur Klassifikation des *Exzessiven und Compulsiven Internetgebrauchs* (CIU):

1. Kontrollverlust
Der Betroffene verbringt mehr Zeit im Internet, als er sich vorgenommen hat. Versuche, die Zeit im Internet zu reduzieren, erweisen sich jeweils als erfolglos.

2. Einengung des Verhaltensraumes
Gedanklich ist der Betroffene auch dann auf seine Onlineaktivitäten fixiert, wenn er nicht online ist. Zudem zieht er die Internetnutzung anderen (Freizeit-) Aktivitäten und Interessen vor.

3. Entzugserscheinungen
Der Betroffene leidet unter Unruhe oder Anspannungszuständen, wenn er nicht ins Internet gehen kann.

4. Coping/Gefühlsregulation
Mithilfe des Internetgebrauchs versucht der Betroffene seine Stimmung zu verbessern oder negative Gefühle zu unterdrücken.

5. Konflikte
Der Internetgebrauch verursacht Konflikte mit wichtigen Bezugspersonen, wodurch Gefühle von Schuld oder einem schlechten Gewissen bei dem Betroffenen ausgelöst werden.

6. Verleugnung der Internetnutzung
Zugunsten des Internetkonsums wird das Umfeld belogen oder Internetaktivitäten verheimlicht.

Beim Vergleich der von Lemmens et al. (2009) vorgeschlagenen Kriterien zur Diagnostik von *Gameverslaving* mit den von Meerkerk et al. (2007) entwickelten Kriterien zur Diagnostik des *Exzessiven und compulsiven Internetgebrauchs* lassen sich hohe Übereinstimmungen feststellen. Lemmens et al. (2009) behalten allerdings die Dimension der *Toleranzentwicklung* bei, welche Meerkerk et al. (2007) aufgrund ihrer Untersuchungsergebnisse verworfen haben. Dafür haben Meerkerk et al. (2007) die Dimension *Verleugnung der Internetnutzung* als Kriterium mit aufgenommen, welche im Kriterienkatalog von Lemmens et al. (2009) keine Beachtung findet. Weiterhin benennen Lemmens et al. (2009) die Dimension *Rückfall* als Kriterium der Computerspielabhängigkeit, Meerkerk et al. (2007) greifen dagegen *Kontrollverlust* als Kriterium auf. In einer Gegenüberstellung der Diagnosekriterien für Stoffgebundene Abhängigkeitserkrankungen und Pathologisches Glücksspiel laut DSM-IV, der Kriterien für Behavioral Addiction nach Griffiths (2004) und der Kriterien von Compulsivem Internetgebrauch ordnen Meerkerk et al. (2007) die Dimension *Rückfall* als Bestandteil der von ihnen als Kontrollverlust benannten Dimension ein.

Zur Veranschaulichung sind die Kriterien für Stoffgebundene Abhängigkeitserkrankungen und Pathologisches Glücksspiel laut DSM-IV, die Kriterien für Gameverslaving nach Lemmens et al. (2009) und die Kriterien für Compulsiven Internetgebrauch nach Meerkerk et al. (2007) in der folgenden Tabelle einander gegenübergestellt.

Tabelle: Gegenüberstellung von Abhängigkeitskriterien

Kriterien der Abhängigkeit (nach DSM-IV)	Kriterien des Pathologischen Glücksspiels (nach DSM-IV)	Kriterien des "Compulsive Internet Use" (Meerkerk et al., 2007)	7 Dimensionen der "Gameverslaving" (Lemmens, 2007):
Entzugserscheinungen	Unruhe und Gereiztheit beim Versuch, das Spiel einzuschränken oder aufzugeben	Entzugserscheinungen	Entzugserscheinungen
Kontrollverlust	Wiederholte erfolglose Versuche, das Spiel zu kontrollieren, einzuschränken	Kontrollverlust	Rückfall
Toleranzentwicklung	Steigerung der Einsätze		Toleranzentwicklung
	Spielen, um Problemen oder negativen Stimmungen zu entkommen	Coping (Gefühlsregulation)	Gefühlsregulation
			Konflikte
Einschränkung wichtiger beruflicher, sozialer oder Freizeitaktivitäten	Gefährdung oder Verlust wichtiger Beziehungen, von Arbeitsplatz und Zukunftschancen	Konflikte/Probleme in anderen Lebensbereichen	Probleme
Konsum länger als beabsichtigt			Anziehungskraft
Hoher Zeitaufwand für den Konsum	Starke Eingenommenheit vom Glücksspiel (z.B. starke gedankliche Beschäftigung mit Geldbeschaffung)	Einengung des Verhaltensraumes	
	Lügen gegenüber Dritten, um das Ausmaß der Spielproblematik zu vertuschen	Verleugnung der Internetnutzung	
Fortgesetzter Konsum trotz Problembewusstsein	Wiederaufnahme des Glücksspiels nach Geldverlusten		
	Illegale Handlungen zur Finanzierung des Spielens		
	Hoffnung auf Bereitstellung von Geld durch Dritte		

Neben der Erstellung eines Kriterienkatalogs zur Klassifikation des Phänomens haben sich die Forschungsgruppen der Universität von Amsterdam und des IVO in Rotterdam zum Ziel gesetzt, ein valides Messinstrument zur Diagnostik bei Computerspielabhängigkeit bzw. Compulsivem Internetgebrauch zu entwickeln.

Lemmens (2007) veröffentlichte eine erste Checkliste zur Diagnose von Computerspielabhängigkeit in Form eines Selbstbeurteilungsbogens in seinem Buch *Gameverslaving*. Diese Checkliste besteht aus 18 Items, die auf den sechs bereits dargestellten Dimensionen von Computerspielabhängigkeit nach Griffiths (2004) basieren. Jede der sechs Dimensionen wird jeweils anhand von 3 Items erfasst. Der Befragte soll sein eigenes Nutzungsmuster von Computerspielen anhand der 18 Items auf einem zweistufigen kategorialen Antwortsystem („trifft zu" oder „trifft nicht zu") einschätzen. Das Nutzungsmuster kann als pathologisch eingeschätzt werden, wenn der Befragte mindestens zwei von drei Items aller sechs Dimensionen positiv beantwortet.

Im Vergleich dazu wird das Computerspielverhalten einer Person anhand eines Fragenkatalogs von Griffiths (2004), bestehend aus 8 Items, dann als pathologisch eingestuft, wenn mehr als die Hälfte der Fragen positiv beantwortet werden. Lemmens (2007) befürchtet durch den niedrig angesetzten Cut-off-Wert eine zu geringe Spezifität und damit die Gefahr, die Prävalenz von Computerspielabhängigkeit in der Bevölkerung zu überschätzen. Daher wählt er bei der Checkliste konservativere Kriterien bezüglich des Cut-off-Wertes. Zur Überprüfung, ob durch die konservativen Kriterien eine Überschätzung der Prävalenz vermieden werden kann, wurde die Checkliste zudem in einem Forschungsprojekt an 300 Jugendlichen getestet (Lemmens, 2006). Trotz dieser Prüfung kann, Lemmens (2007) zufolge, die Checkliste lediglich zur Orientierung bezüglich der Ursachen eines problematischen Computerspielkonsums dienen. Eine Verwendung als offizielles, valides Instrument zur Erfassung von Computerspielabhängigkeit schließt er zu diesem Zeitpunkt aus. Er begründet die eingeschränkte Nutzungsmöglichkeit damit, dass die der Checkliste zugrundliegenden Kriterien der Computerspielabhängigkeit nach Griffiths (2004) bisher nicht wissenschaftlich belegt sind. Zudem wird mit der Checkliste ausschließlich das aktuelle Nutzungsmuster des Befragten erfasst. Dadurch lässt die Auswertung der Checkliste keine Aussage darüber zu, ob einem aktuell pathologischen Nutzungsmuster eine chronische Abhängigkeit von Computerspielen zugrunde liegt, wodurch die Checkliste als Messinstrument von Computerspielabhängigkeit eine weitere Einschränkung der Anwendbarkeit erfährt.

In einer neuen Studie von Lemmens, Valkenburg und Peter (2009) wurde die bestehende 18-Item-Checkliste weiterentwickelt und validiert. Mit dieser Studie wollten die Forscher an der Universität von Amsterdam auf die Forderung der American Medical Association nach mehr Wissen über das Phänomen Computerspielabhängigkeit und einem validen Messinstrument zur Erfassung der Problematik reagieren. Hierbei legten die Forscher aus zwei Gründen ihren Fokus auf jugendliche Computerspieler. Zum einen spielen Jugendliche im Allgemeinen häufiger Computer- und Konsolenspiele als Erwachsene, zum anderen werden Jugendliche als gefährdeter für die Entwicklung einer Abhängigkeit von Computerspielen angesehen (Griffiths & Wood, 2000). Der neuen Skala zur Erfassung von Computerspielabhängigkeit liegen die folgenden sieben Dimensionen zugrunde (Lemmens et al., 2009, Griffiths, 2005 und Griffiths & Davies, 2005): *Anziehungskraft, Gefühlsregulation, Toleranzentwicklung, Entzugserscheinungen, Rückfall, Konflikte* und *Probleme*. Zur Erfassung der sieben Dimensionen der Computerspielabhängigkeit wurden 21 Items kreiert. Jede der sieben Dimensionen wird anhand von jeweils 3 Items gemessen. Der Betroffene soll anhand der Items seinen Computerspielkonsum selbst beurteilen. Im Gegensatz zu dem früheren von Lemmens (2007) entwickelten Fragebogen wird der Befragte aufgefordert, sich bei der Beurteilung seines Computerspielverhaltens nicht auf den aktuellen Zeitpunkt zu beziehen, sondern vielmehr die Häufigkeit des Verhaltens über den Zeitraum der letzten 6 Monate hinweg einzuschätzen. Durch die Berücksichtigung eines längeren Zeitraums wollen Lemmens et al. (2009) verhindern, dass die Prävalenz von Computerspielabhängigkeit überschätzt wird. Außerdem soll das beständige Konstrukt *Computerspielabhängigkeit* erfasst werden und keine vorübergehende, kurzzeitige exzessive Spielphase. Anders als in der ersten von Lemmens entwickelten Checkliste erfolgt die persönliche Einschätzung auch nicht mithilfe eines kategorialen Antwortsystems, sondern anhand einer 5-stufigen-Skala: *niemals, selten, manchmal, oft* und *sehr oft*. Dieser Fragebogen wurde bei zwei unabhängigen Untersuchungsgruppen bestehend aus jugendlichen Computerspielern ($N = 352$ und $N = 369$) abgenommen und auf seine Reliabilität und Validität überprüft. Hierbei stellte sich durch eine faktoranalytische Berechnung heraus, dass auch eine aus sieben Fragen bestehende Kurzfassung des Fragebogens zur Erfassung von Computerspielabhängigkeit genutzt werden kann. Beide Versionen wiesen eine hohe Reliabilität auf. Darüber hinaus konnte durch die Korrelation mit den Faktoren *Computernutzungsverhalten, Einsamkeit, Lebenszufriedenheit, Soziale Kompetenz* und *Aggressivität*, welche in der Untersuchung zusätzlich abgefragt wurden, eine hohe Konstruktvalidität festgestellt werden. Zudem wurde der Nachweis erbracht, dass alle Items dasselbe den sieben abgefragten Dimensionen übergeordnete Konstrukt *Computerspielabhängigkeit* messen. Lemmens et al. (2009) kamen aufgrund der hohen Konsistenz der Skala zu dem Schluss, dass die von ihnen entwickelte *Game Addiction Scale* ein solides und gutes Messinstrument zur Erfassung von Computerspielabhängigkeit darstellt.

Aber nicht nur die Forscher an der Universität von Amsterdam, sondern auch die Forschungsgruppe am IVO in Rotterdam bemühen sich um die Entwicklung eines validen Messinstrumentes. Meerkerk und seine Kollegen (2007) entwickelten eine Skala zur Diagnostik des Exzessiven Internetgebrauchs: die *Compulsive Internet Use Scale* (CIUS). Diese Skala besteht aus einem Selbstbeurteilungsbogen mit insgesamt 14 Items, die den Internetkonsum des Betroffenen abfragen. Mithilfe der 14 Items werden fünf der von Meerkerk et al. (2007) postulierten sechs Dimensionen des Compulsiven Internetgebrauchs erfasst:

– Kontrollverlust: in Form von 4 Items, die abfragen, ob mehr Zeit als geplant online verbracht wurde und ob es erfolglose Versuche gab, den Internetkonsum zu reduzieren
– Einengung des Verhaltensraumes: Erfasst als Gedanken an das Internet, wenn man nicht online ist, und die Bevorzugung des Internetkonsums vor anderen Aktivitäten (3 Items)
– Entzugserscheinungen: Abfrage von Unruhezuständen und Anspannung, wenn man nicht online sein kann oder darf (1 Item)
– Coping (Gefühlsregulation): Erfasst als Nutzung des Internets, um negative Gefühlszustände zu verbessern (2 Items)
– Konflikte: Abfrage von Konflikten mit wichtigen Bezugspersonen und Gefühlen von Schuld oder einem schlechten Gewissen (4 Items)

Die Dimension *Verleugnung der Internetnutzung* wurde nicht mit in die Skala aufgenommen, da sich diese Dimension anhand der in der Literatur beschriebenen Fälle und der Ergebnisse der eigenen qualitativen Studie

(Meerkerk et al., 2007) nicht als typisches Merkmal des Compulsiven Internetgebrauchs darstellte.
Auf einer 5-Punkte-Likert-Skala können die Befragten zwischen den Antwortmöglichkeiten (0) *Nie*, (1) *Selten*, (2) *Manchmal*, (3) *Oft* und (4) *Sehr oft* auswählen. Ein Compulsiver Internetgebrauch liegt Meerkerk et al. (2007) zufolge vor, wenn sich bei der Auswertung ein Wert von 28 Punkten oder mehr ergibt. 28 Punkte entsprechen auf der Skala einem Mittelwert von 2. In diesem Fall hat der Betroffene die Fragen im Durchschnitt mit *manchmal* beantwortet. Auch diese Skala zeichnet sich durch eine hohe interne Konsistenz und eine hohe Konstruktvalidität aus, so dass sie sich ebenfalls als ein valides und einfach anwendbares Messinstrument zur Erfassung eines pathologischen Internetkonsums erweist (Meerkerk et al., 2009).
Unsere niederländischen Nachbarn befassen sich folglich sehr intensiv mit der Entwicklung eines validen Messinstruments zur Erfassung von Computerspielabhängigkeit bzw. Compulsivem Internetgebrauch und haben mit der *Game Addiction Scale* und der *Compulsive Internet Use Scale* bereits zwei valide Messinstrumente entwickelt, die auch international beachtet und genutzt werden.
Neben den Bemühungen um die Erstellung eines Kriterienkatalogs zur Klassifikation des Phänomens und die Entwicklung eines validen Diagnoseinstruments sah es die Forschungsgruppe des IVO in Rotterdam ebenfalls als ihre Aufgabe an, wissenschaftliche Untersuchungen zur Prävalenz des Compulsiven Internetgebrauchs in der niederländischen Bevölkerung durchzuführen. Hierfür nahmen Meerkerk et al. (2007) die *Compulsive Internet Use Scale* bei 447 Erwachsenen ab, die als häufige Internetnutzer identifiziert werden konnten. Für die Teilnahme an der Untersuchung mussten die Personen folgende Voraussetzungen erfüllen:
– Mindestalter von 18 Jahren
– Besitz eines eigenen Internetzugangs seit mindestens 1 Jahr
– Internetnutzung zwischen 16 und 100 Stunden pro Woche

Die Auswertung der Befragung ergab innerhalb der Versuchsgruppe eine Prävalenz von 7.4%, welche die Kriterien eines Compulsiven Internetgebrauchs erfüllten. Da die untersuchten Personen einen eigenen Internetzugang besitzen und das Internet regelmäßig nutzen sollten, erfolgte anschließend, ausgehend von der Prävalenz in dieser Gruppe, eine Umrechnung auf die Gesamtbevölkerung. Daraus ergab sich eine Prävalenz von 0.9% aller niederländischen Erwachsenen, die das Internet nutzen und die Kriterien des Compulsiven Internetgebrauchs erfüllen. Das entspricht circa der Anzahl von 67.500 pathologischen Internetnutzern in der niederländischen Bevölkerung.

Untersuchungen von Van Rooij et al. (2009) unter 13-14-jährigen Schülern aller niederländischen Schulformen ergaben eine höhere Prävalenz von Compulsivem Internetgebrauch in dieser Altersklasse. Sie stellten bei ihren seit 2006 jährlich stattfindenden Studien eine stabile Prävalenz von circa 4% fest. Darüber hinaus war in allen 4 Jahren unter den Schülern der VMBO (Voorbereidend middelbaar beroepsonderwijs), was mit dem Besuch der Haupt- oder Realschule und anschließender Berufsschule verglichen werden kann, eine höhere Prävalenz zu verzeichnen als unter den Schülern der VWO (Voorbereidend wetenschappelijk onderwijs) oder HAVO *(Hoger algemeen voortgezet onderwijs)*, was mit dem Gymnasium oder Fachgymnasium vergleichbar ist. Somit scheinen sich die Jugendlichen mit einer niedrigeren Schulbildung als Risikogruppe für die Entwicklung eines Compulsiven Internetgebrauchs herauszukristallisieren (Van Rooij et al., 2009).

In Übereinstimmung mit den deutschen Forschungsergebnissen von Rehbein et al. (2009) fanden Van Rooij et al. (2009) ebenfalls eine deutlich höhere Anzahl pathologischer Internetnutzer unter den Spielern von Onlinerollenspielen als bei anderen Nutzungsmustern des Internets. Sie benennen Onlinerollenspiele daher als ein Risikonutzungsverhalten für die Entwicklung eines Compulsiven Internetgebrauchs und fordern eine besondere Berücksichtigung dieser Spielform in der zukünftigen Forschung, Behandlung und Prävention.

Wie eingangs aufgezeigt findet Computerspielabhängigkeit in den Niederlanden neben der Forschung ebenfalls in der stationären Behandlung Berücksichtigung. Einige niederländische Suchttherapiekliniken bieten spezialisierte Behandlungsansätze für Betroffene mit einer Computerspielabhängigkeit an. Die bereits erwähnte und bekannteste private Behandlungseinrichtung in den Niederlanden stellt die *Smith und Jones Klinik* in Amsterdam dar. Sie wirbt damit, weltweit das erste spezialisierte Behandlungsprogramm für Computerspielabhängige anzubieten. Der Behandlungsansatz basiert auf dem *12-Schritte Minnesota Modell* und wird mit erlebnispädagogischen Angeboten ergänzt. Die Behandlungskosten müssen von den

Betroffenen selbst übernommen werden. Die Höhe der Behandlungskosten wird vorab individuell vereinbart (www.smithandjones.nl). Darüber hinaus widmen sich zunehmend analog deutscher Bestrebungen allgemeine Suchthilfeeinrichtungen, wie zum Beispiel der große Suchthilfeträger *SolutionS*, dem Thema und bieten spezialisierte Hilfe an (www.addiction-solutions.nl). Zur inhaltlichen Orientierung veröffentlichte Lemmens (2007) folgende acht Schritte zur Behandlung von Computerspielabhängigkeit (die folgenden Punkte wurden aus dem Niederländischen von den Autoren frei übersetzt):

1. *Wissen sammeln:* Der Therapeut sollte versuchen, möglichst viel Informationen über die Computerspielabhängigkeit eines Betroffenen und die damit zusammenhängenden Probleme einzuholen.
2. *Problemanalyse erstellen:* Daraufhin kann eine fundierte Einschätzung des Schweregrads der Pathologie und der negativen Konsequenzen des Spielens am Computer stattfinden.
3. *Kontakt aufbauen:* Der Therapeut sollte sich für den Computerspielkonsum des Betroffenen interessieren und intensiv mit ihm darüber sprechen, um die Ursachen des pathologischen Konsums nachvollziehen und das Problembewusstsein des Betroffenen einschätzen zu können.
4. *Therapieziele erstellen:* Dann sollte der Therapeut in Absprache mit dem Betroffenen Therapieziele, die erreichbar erscheinen, und Interventionsmaßnahmen zur Erreichung dieser Ziele vereinbaren.
5. *Vertrauen aufbauen:* Die therapeutische Beziehung ist sehr wichtig und sollte auf ehrlichem Verständnis basieren. Ressourcenorientierte, unterstützende Arbeit ist sanktionierendem Vorgehen vorzuziehen, da die meisten Abhängigen wenig Selbstvertrauen haben. Dieses sollte durch die Interventionen aufgebaut werden.
6. *Alternative Aktivitäten entwickeln:* Das pathologische Verhaltensmuster sollte durch andere Aktivitäten und Interessen ausgewechselt werden, welche aber zur Befriedigung derselben Bedürfnisse beitragen. Hierfür eignen sich sportliche Aktivitäten, die viel Wettkampf und Spannung beinhalten.
7. *Unterstützung und Kontrolle anbieten:* Der Therapeut sollte stets offene Ohren für den Betroffenen haben. Zudem erweist es sich als hilfreich, ein Netzwerk von Familienmitgliedern und Freunden aufzubauen, die den Betroffenen bei seinem Weg aus der Abhängigkeit unterstützen.

8. *Therapieverlauf beobachten:* Fortschritte in der Therapie sollten dem Betroffenen deutlich aufgezeigt und belohnt werden, z.B. durch das Setzen von Zwischenzielen.

Zusammenfassend kann für die Behandlung von Computerspielabhängigkeit in den Niederlanden festgehalten werden, dass vereinzelt spezialisierte Behandlungsangebote vorhanden sind und die zugrundeliegenden Konzepte auf den Manualen für die Behandlung substanzgebundener Suchterkrankungen basieren. Eine Evaluation der Behandlung liegt jedoch auch in den Niederlanden bislang nicht vor.

Die große Akzeptanz moderner Medien in den Niederlanden wurde bereits erläutert. Doch geht damit ein Bewusstsein für Risiken und Gefahren der modernen Medien einher? Der Ausbau medialer Infrastruktur wird in den Niederlanden staatlich gefördert. Wie sieht es aber aus mit Präventionsangeboten zur Förderung von Medienkompetenz und zur Verhinderung von Computerspielabhängigkeit?

Die Versorgungslandschaft zur Prävention von Computerspielabhängigkeit in den Niederlanden verfügt zum einen über medienpädagogische Angebote, die sich an Kinder, Eltern und Multiplikatoren richten. Hier besteht die Zielsetzung darin, über die Möglichkeiten und Risiken des Medienkonsums zu informieren, Arbeitsmaterialien bereitzustellen sowie konkrete Hilfestellung in Form von Workshops anzubieten (www.mijnkindonline.nl, www.digivaardigdigibewust.nl/). So hat die unabhängige Stiftung *Mijn Kind online* aktuell ein Buch herausgegeben, das Lehrern Unterrichtsmaterialien zum Thema *Schüler im Internet begleiten* zur Verfügung stellt. Zum Anderen hat sich ganz aktuell ein anerkannter Suchthilfeträger in den Niederlanden, *Brijder,* mit einem Onlineangebot www.internetondercontrole.nl dem Thema angenommen. Das Internetangebot bietet neben Erfahrungsberichten von Betroffenen, Informationen zum Thema Internetsucht, einen Selbsttest sowie ein internes Forum.

Erwähnenswert bezogen auf die Prävention von Computerspielabhängigkeit in den Niederlanden sind neben den konkreten Angeboten vor allem die inhaltlichen Forderungen an die Computerspielindustrie. So hat der bereits erwähnte Wissenschaftler Gert-Jan Meerkerk gemeinsam mit seinen Kollegen des IVO – einer niederländischen Organisation mit Hauptsitz in Rotterdam, in der sich bis zu 40 Wissenschaftler zu Forschungszwecken engagieren – im Januar 2010 ein Factsheet *Videogameverslaving & maat-*

schappelijke verantwoordelijkheid van de game-industrie (auf Deutsch: Computerspielabhängigkeit und die soziale Verantwortung der Computerspielindustrie) veröffentlicht. Das achtseitige Paper informiert über Computerspielabhängigkeit, die Risiken und Gefahren von Online-Spielen und formuliert Forderungen an die Computerspielindustrie hinsichtlich ihrer sozialen Verantwortung. Die Autoren fordern einen zweiteiligen Ansatz, um Computerspielabhängigkeit entgegenzuwirken. Zum einen solle die Computerspielindustrie Verantwortung übernehmen, indem sie die Belohnungssysteme in den Computerspielen ändern und Warnhinweise bezüglich des Abhängigkeitspotentials in die Computerspiele integrieren. Zum anderen solle die Computerspielindustrie Informationen an die Computerspieler über mögliche Risiken und Gefahren vermitteln, auf konkrete Hilfsangebote aufmerksam machen und Computerspieler, die über hohe Spielzeiten auffällig werden, aktiv ansprechen, um auf das Hilfsangebot aufmerksam zu machen. Dies halten die Autoren jedoch nicht für ausreichend. Sie fordern daher darüber hinaus, dass das PEGI-System um das Kriterium *Abhängigkeitspotential* bei der Klassifizierung von Bildschirmspielen erweitert wird. Mit diesen konkreten Forderungen an die Computerspielindustrie beziehen die Wissenschaftler in den Niederlanden klare Position und können im europäischen Vergleich als Vorreiter bezeichnet werden. Es bleibt jedoch abzuwarten, inwiefern die Forderungen von der Computerspielindustrie umgesetzt werden. Erste Weichen für die Präventionsarbeit in den Niederlanden stellt aktuell der Bildungsminister, der die Förderung von Medienkompetenz fest in den schulischen Lehrplan integrieren möchte.

Zusammenfassend kann für die Niederlande festgehalten werden, dass dort wichtige Beiträge zur Forschung, Diagnostik und Prävention von Medienabhängigkeit geleistet werden. Medienkompetenz und Medienabhängigkeit sind deutlich diskutierte Themen. Die Gefahren des Medienkonsums, vor allem der Abhängigkeitsentwicklung, werden von Gesellschaft, Wissenschaft und Politik wahrgenommen. Auf wissenschaftlicher Ebene setzen sich vor allem zwei Institute mit dem Phänomen Medienabhängigkeit auseinander, die *Fakultät für Gesellschafts- und Verhaltenswissenschaften der Universität von Amsterdam* und das *Wissenschaftliche Büro für Forschung* (IVO) in Rotterdam. An beiden Instituten wird seit mehreren Jahren intensive Forschung zur Computerspielabhängigkeit (Universität Amsterdam) bzw. Exzessivem Internetgebrauch (IVO Rotterdam) betrieben, die jeweils in der Entwicklung eines Diagnoseinstruments zur Erfassung von Computerspielabhängigkeit bzw. Exzessivem Internetgebrauch, der *Game Addiction Scale* und der *Compulsive Internet Use Scale*, resultierte. In der Prävention von Computerspielabhängigkeit zeichnen sich die Niederlande im Vergleich zu anderen Ländern durch ihre klare Forderung an die Computerspielindustrie aus und führen daher eine öffentliche Diskussion, die in Deutschland bisher so deutlich nicht gewagt wurde.

Literatur

APA. (1994). Diagnostic and statistical manual of mental disorders. (4th ed.): Washington, DC, US: American Psychiatric Publishing, Inc.

David, C. (2003). Statistik der Informationsgesellschaft: PC-, Internet- und Mobiltelefonnutzung in der EU. Verfügbar unter: http://www.eds-destatis.de/de/downloads/sif/np_03_15.pdf [12.03.2003].

De telegraaf (2010). Waarschuw tegen gameverslaving. Verfügbar unter: http://www.telegraaf.nl/digitaal/games/5938035/___Waarschuw_tegen_gameverslaving___.html [18.04.2010]

Eijnden, R. van den, Van Rooij, T. & Meerkerk, G.-J. (2007). Excessief en compulsief internetgebruik: een kwalitatieve analyse. Rotterdam: IVO. Verfügbar unter: http://www.ivo.nl/download.php?file=/UserFiles/File/Publicaties/2007-12 Factsheet - Compulsief internetgebruik - een kwalitatieve analyse.pdf [17.02.2010].

Griffiths, M. D. (1999). Internet addiction: Fact or fiction? Psychologist, 12 (5), 246-250.

Griffiths, M. D. (2004). Can videogames be good for your health? Journal of Health Psychology, 9 (3), 339-344.

Griffiths, M. D. (2005). A "components" model of addiction within a biopsychosocial framework. Journal of Substance Use, 10, 191-197.

Griffiths, M. D. & Davies, M. N. O. (2005). Videogame addiction: Does it exist? In J. Goldstein & J. Raessens (Eds.), Handbook of computer game studies (pp. 359-368). Boston: MIT Press.

Griffiths M.D. & Wood T.A. (2000). Risk Factors in Adolescence: The Case of Gambling, Videogame Playing and the Internet, 16 (2-3), 199-225.

Lemmens, J. S. (2006). The appeal of violent video games to lower educated aggressive adolescent boys from two countries. Cyberpsychology & Behavior, 9 (5).

Lemmens, J.S. (2007) Gameverslaving: Probleemgebruik herkennen, begrijpen en overwinnen, Amsterdam: B.V. Uitgeverij SWP.

Lemmens, J. S., Valkenburg, P. M. & Peter, J. (2009). Development and validation of a game addiction scale for adolescents. Media Psychology, 12 (1), 77-95.

Meerkerk, G.-J. (2007). Bezeten van het Internet: Een onderzoek naar de oorzaken en gevolgen van compulsief internetgebruik (Proefschrift). Den Haag: Basement Grafische Producties. Verfügbar unter: http://www.ivo.nl/download.php?file=/UserFiles/File/Publicaties/2007-09 Pwned by the Internet (PhD thesis).pdf [17.02.2010].

Meerkerk, G.-J, Van den Eijnden, R.J.J.M., Vermulst, A.A. & Garretsen, H.F.L. (2007). The Compulsive Internet Use Scale (CIUS): some psychometric properties. In Meerkerk, G.-J. (Ed.), Bezeten van het Internet: Een onderzoek naar de oorzaken en gevolgen van compulsief internetgebruik (Proefschrift). Den Haag: Basement Grafische Producties. Verfügbar unter: http://www.ivo.nl/download.php?file=/UserFiles/File/Publicaties/2007-09 Pwned by the Internet (PhD thesis).pdf [17.02.2010].

Meerkerk, G., Laluan, A. M. E. & Eijnden, R. J. J. M. v. d. (2003). Internetverslaving: hoax of serieuze bedreiging voor de geestelijke volksgezondheid? [Internet addiction: hoax or serious threat for public mental health?] Vol 30: 154. Rotterdam: IVO.

Meerkerk, G. J., Van Rooij, A. J., Amadmoestar, S. S. & Schoenmakers, T. (2009). Nieuwe Verslavingen in Zicht. Een inventariserend onderzoek naar Aard en Omvang van 'Nieuwe Verslavingen' in Nederland (p. 66). Rotterdam: IVO. Verfügbar unter: http://www.ivo.nl/download.php?file=/UserFiles/File/Publicaties/2009-05 63 Nieuwe Verslavingen.pdf [17.02.2010].

Meerkerk, G.-J., Van Den Eijnden, R. J. J. M., Vermulst, A. A. & Garretsen, H. F. L. (2009). The Compulsive Internet Use Scale (CIUS): Some Psychometric Properties. Cyberpychology & Behavior, 12 (1).

Ophorst, R. (2007). Keith Bakker: `Gameverslaving enorm probleem`. Verfügbar unter: http://www.ditwasdag.nl/binnenland/keith-bakker-gameverslaving-enorm-155539 [18.04.2010].

Rehbein, F., Kleimann, M. & Mößle, T. (2009). Computerspielabhängigkeit im Kindes- und Jugendalter. Empirische Befunde zu Ursachen, Diagnostik und Komorbiditäten unter besonderer Berücksichtigung spielimmanenter Abhängigkeitsmerkmale, Forschungsbericht 108. Verfügbar unter: http://www.kfn.de/versions/kfn/assets/fb108.pdf [17.04.2009].

Van Rooij, A. J., Schoenmakers, T. M., Meerkerk, G. J. & Van de Mheen, D. (2009). Monitor Internet en Jongeren 2006-2009: Wat doen jongeren op internet en hoe verslavend is dit? [Monitor Internet and Youth. Activities of adolescents on the internet: how addictive are they?] (Factsheet). Rotterdam: IVO.

Verfügbar unter: http://www.ivo.nl/download.php?file=/UserFiles/File/Publicaties/2009-11 Factsheet Wat doen jongeren op internet.pdf.

Van Rooij, A. J., Schoenmakers, T. M., Meerkerk, G., Griffiths, M. & Van de Mheen, D. (2010). Videogameverslaving en maatschappelijke verantwoordelijkheid van de game-industrie (Factsheet). Rotterdam: IVO. Verfügbar unter: http://www.ivo.nl/download.php?file=/UserFiles/File/Publicaties/2010-02 Factsheet Gameverslaving.pdf [17.02.2010].

1.4 Medienkonsum und Medienabhängigkeit aus der schwedischen Perspektive

Annette Teske

Schweden – ein Land hoch oben im Norden Europas, bekannt für seine rot-weißen Holzhäuser, Elche, Köttbullar und eingelegte Heringe, aber auch für IKEA und Ericsson. Welche Rolle spielt das Phänomen *Computerspielabhängigkeit bzw. Medienabhängigkeit* in diesem Land? Um die Haltung der Schweden gegenüber den modernen Medien und den aus den Nutzungsmöglichkeiten resultierenden Problemen nachvollziehen zu können, ist es hilfreich, einen genaueren Blick auf die Infrastruktur des Landes zu werfen.

Das Land Schweden hat ca. 9 Millionen Einwohner. Mit dieser Einwohnerzahl gehört Schweden zu den am dünnsten besiedelten Ländern Europas, auf einem Quadratkilometer leben durchschnittlich 21 Menschen. Hinzu kommt, dass mit 85% der größte Teil der Bevölkerung im südlichen Drittel des Landes lebt. Wer also nicht gerade in einer der größeren Städte in Südschweden wohnt, führt mitunter ein recht isoliertes Leben.

Neben der geringen Bevölkerungsdichte trägt auch das Klima in Schweden zur Isolation der Menschen bei. Der Winter dauert mehrere Monate. Manche Orte im Norden sind dann ausschließlich mit dem Schlitten erreichbar. Oberhalb des Polarkreises geht zu dieser Jahreszeit die Sonne gar nicht mehr auf, aber auch im Rest des Landes zeigt sich das Tageslicht nur ca. 4-5 Stunden am Tag. Dunkelheit und Kälte schränken die Menschen in ihren Aktivitäten stark ein. Der Aktionsradius konzentriert sich auf die eigenen vier Wände. Der Eindruck, die Zeit vergeht kaum, kann schnell entstehen und in Langeweile, Antriebslosigkeit und depressiven Symptomen resultieren.

In diesem Zusammenhang können die modernen Medien wie Computer, Internet und Handy, mit ihren immer vielfältigeren Nutzungsmöglichkeiten, besonders attraktiv erscheinen. Der Nutzer kann eintauchen in eine farbenfrohe virtuelle Welt voller Spannung und Abenteuer. Stunden vergehen wie im Flug. Vor allem aber kann der Nutzer über lange Distanzen hinweg Kontakt zu anderen Menschen aufbauen und pflegen. Daher scheint es nicht verwunderlich, dass sich die Schweden durch eine hohe Medienaffinität auszeichnen und die medialen Angebote mit Begeisterung aufnehmen. So wurde in Schweden bereits 1990 mit 5,5 je 100 Einwohnern die höchste Rate an Mobiltelefonnutzern in der EU vermerkt, in Deutschland waren es zu diesem Zeitpunkt 0,3 je 100 Einwohner (David, 2003). Auch in Hinblick auf den Computer- und Internetbesitz befinden sich die Schweden international auf den vorderen Rängen. 2001 besaß jeder zweite Schwede einen Computer. Ein Jahr später befand sich Schweden nach Dänemark und den Niederlanden europaweit auf dem dritten Platz bezüglich der Prozentzahl an Internetanschlüssen in den Haushalten. Zudem spielen die modernen Medien auch wirtschaftlich eine wichtige Rolle in der schwedischen Gesellschaft. Mit 14,9% Marktanteilen sind Elektro- und Elektronikprodukte die zweitwichtigsten Exportprodukte Schwedens. Ericsson, einer der führenden Hersteller von Telekommunikationstechnologien, ist ein schwedisches Unternehmen und dort ein wichtiger Arbeitgeber (ca. 20.000 Mitarbeiter in Schweden).

In Anbetracht der bedeutenden wirtschaftlichen und gesellschaftlichen Funktion der modernen Medien erscheint es nachvollziehbar, dass die Auseinandersetzung mit den Schattenseiten der modernen Mediengesellschaft in Schweden eher zögerlich in Gang kommt. Viele Untersuchungen beziehen sich vor allem auf die positiven Effekte der Mediennutzung. Die schwedische Branchenvereinigung für Multimedia, Computer- und Konsolenspiele (MDTS) präsentiert auf ihrer Internetseite eine norwegische Studie des *Norsk institutt for forskning om oppvekst, velferd og aldring* (NOVA) an 1112 Kindern im Alter zwischen 7 und 12 Jahren. Aus der Studie geht hervor, dass eine aktive Mediennutzung auch mit einer aktiven alternativen Freizeitgestaltung einhergeht und zusätzlich für neue soziale Beziehungen zwischen Kindern sorgt (Kaare & Brandtzæg, 2005). In einer aktuellen Examensarbeit über die Computernutzung in der Vorschule wurden sechs Vorschullehrer aus zwei verschiedenen Kommunen interviewt. Aufgrund der Interviewauswertung kommen die Autoren zu dem Ergebnis, dass der Computer eine wichtige und positive Wirkung auf die Arbeit in der Vorschule hat (Voxblom & Warodell, 2009). Die Kinder können auf eine lustige und individuell gestaltete Weise lernen. Die Nutzung der modernen Medien trägt nach Meinung der Vorschullehrer auch zur besseren kognitiven Entwicklung bei. In einem aktuellen Onlinezeitungsartikel berichtet der Autor Filipp Norman von dem positiven Einfluss, den Computerspielen auf die Fähigkeiten des Spielers ausüben kann. Norman zufolge führt das Spielen am Computer zur Verbesserung des Sprachvermögens, der Kommunikationsfähigkeit und der Führungsqualitäten. In diesem Artikel wird allerdings auch die Gefahr einer Abhängigkeit erwähnt, vor allem durch den sozialen Druck in den Gilden bei Onlinerollenspielen (Norman, 2010).

Insgesamt zeigt sich anhand der Publikationen in Schweden eine positive Grundeinstellung gegenüber den modernen Medien. Das Thema Medienabhängigkeit (oder spezifischer Computerspielabhängigkeit) wird dagegen eher kritisch betrachtet. So wird auf der schwedischen Internetseite von Wikipedia *Internetabhängigkeit* (internetberoende) als ein Begriff erklärt, *„der von gewissen Forschern angewendet wird, um eine krankhaft übertriebene Internutzung zu bezeichnen. Der Begriff ist aber unter Forschern bisher nicht allgemein akzeptiert."* (http://sv.wikipedia.org/wiki/Internetberoende) Ingdahl (2007) schreibt in seinem Beitrag „Är du beroende av internet?" für die Internetseite eines Computermagazins, dass der übermäßigen Internetnutzung andere Ursachen zugrunde lägen wie Depressionen oder soziale Isolation. Dementsprechend gäbe es keine eigenständige Diagnose *Internetabhängigkeit*. Er beruft sich in seinem Artikel auf die Aussagen des Psychiaters Vaughan Bell. Diese These wird auch durch den Artikel *„Computerspielabhängigkeit – ein Mythos"* von Wilczek (2008) vertreten. Die abwehrende Haltung der Schweden wird zusätzlich durch Berichte aus Asien, insbesondere China, genährt, wo Medienabhängige in sogenannten Bootcamps untergebracht oder mithilfe des Einsatzes von Elektroschock behandelt werden (Reuters, 2009; Andersson, 2009). Derartige Nachrichten lösen in der schwedischen Gesellschaft, die viel Wert auf ihren Sozialstaat, Humanität und die Wahrung von Menschen- und Persönlichkeitsrechten legt, Empörung aus.

Trotz der öffentlichen Kritik an Internet- und Computerspielabhängigkeit als einem eigenständigen Störungsbild setzt sich die Diskussion um das Thema fort. Ausgelöst wird sie durch Einrichtungen und Therapeuten, die sich in ihrem Arbeitsalltag mit Betroffenen oder deren Angehörigen konfrontiert sehen. Kritische Stimmen melden sich vor allem aus dem Bereich Glücksspielsucht. Der Glücksspielsucht wurde in den vergangenen Jahren seitens der Öffentlichkeit, aber auch von staatlicher Seite viel Aufmerksamkeit gewidmet. Zunächst entstand aus einer Arbeitsgruppe, die sich aus verschiedenen landesweiten Verbänden für Glücksspielsucht gebildet hatte, im Jahr 2000 ein politisch und religiös unabhängiger *Reichsverband für Glücksspielsucht* (Spelberoendes Riksförbund). Innerhalb von 3 Jahren entwickelte der Reichsverband einen umfassenden Bericht über Glücksspielsucht in Schweden mit konkreten Vorschlägen für ein nationales Präventions- und Handlungsprogramm, welches an die Regierung überreicht und von dieser auch in großen Teilen übernommen wurde. Dadurch bekam das Thema Glücksspielsucht insgesamt einen höheren Stellenwert. Das staatliche Volksgesundheitsinstitut erhielt den Auftrag, die Aufklärung und Forschung zum Thema Glücksspielsucht voranzutreiben. Ein Blick auf die Internetseite des Volksgesundheitsinstituts bestätigt den Vormarsch im Bereich Glücksspielsucht – in den vergangenen Jahren wurden zahlreiche Forschungsberichte und Informationsbroschüren veröffentlicht. Auch in die jährlich stattfindenden Volksbefragungen zum Gesundheitsverhalten ist mittlerweile eine Rubrik zum Glücksspielverhalten integriert. Zudem wurde die Zusammenarbeit mit privaten Präventions- und Behandlungseinrichtungen für Glücksspielsucht ausgeweitet.

Inwiefern aber ist der politische und gesellschaftliche Fokus auf die Problematik Glücksspielsucht bedeutsam für den Umgang mit Medienabhängigkeit in Schweden? In Schweden sehen sich Beratungs- und Behandlungsstellen für Glücksspielsüchtige am häufigsten mit der Problematik Medienabhängigkeit konfrontiert. So wurde im Auftrag des schwedischen Instituts für Volksgesundheit *(Folkhälsoinstitut)* 1999 eine Telefonhotline für Glücksspielsüchtige und ihre Angehörigen ins Leben gerufen. Jährlich melden sich dort mehrere tausend Personen mit ihren Fragen, z.B. bezüglich der Kriterien von Glücksspielsucht, Behandlungsmöglichkeiten und Selbsthilfegruppen. In den vergangenen Jahren verzeichnete die Telefonhotline allerdings zunehmend Hilfsgesuche zum Thema Computerspielabhängigkeit. Insgesamt 184 Personen meldeten sich 2006 bezüglich dieser Problematik (Nyman, 2009). Durch die Aufmerksamkeit, die das Thema Glücksspielsucht seitens der Politik in den letzten Jahren in Schweden erhielt, steigerte sich auch gesellschaftlich der Stellenwert des Themas. Mitt-

1.4 Medienkonsum und Medienabhängigkeit aus der schwedischen Perspektive

lerweile gibt es ein gut ausgebautes Hilfsnetzwerk für die Beratung und Behandlung von Glücksspielsucht. In diesem Hilfsnetzwerk für Glücksspielsüchtige scheinen in Schweden auch Medienabhängige, vor allem Computerspielabhängige, eine Anlaufstelle für sich zu sehen. Ein weiterer Grund für die Kontaktaufnahme mit dem Hilfsnetzwerk für Glücksspielsüchtige besteht voraussichtlich darin, dass Glücksspielsucht die einzige Verhaltenssucht ist, für die neben dem Netzwerk für stoffgebundene Abhängigkeitserkrankungen, ein spezifisches Hilfsnetzwerk in Schweden besteht. Zusätzlich trägt die etwas verwirrende schwedische Terminologie zur Klassifizierung von Glücksspielsucht dazu bei, dass Computerspielabhängige und ihre Angehörigen sich an das Hilfsnetzwerk für Glücksspielsucht wenden. Das Pathologische Glücksspiel wird in Schweden *Spelberoende* (Spielabhängigkeit) genannt, d.h. aus der Terminologie geht zunächst nicht eindeutig hervor, dass spezifisch das *Spiel um Geld* gemeint ist.

Aufgrund des augenscheinlichen Bedarfs an Beratung bezüglich eines problematischen Medienkonsums wurde auch das Volksgesundheitsinstitut auf das Thema Computerspielabhängigkeit aufmerksam und beauftragte im Jahr 2007 das *Spelinstitut*, ein Privatunternehmen, welches auf die Forschung und Aufklärung zur Problematik Glücksspielsucht und die resultierenden negativen Konsequenzen für Betroffene und Angehörige spezialisiert ist, mit einer Online-Befragung zum Computerspielverhalten unter Computerspielern und ihren Angehörigen (Nilsson & Nyman, 2007). Über eine eigens für diesen Zweck designte Internetseite www.nixgame.se wurden 1381 Computerspieler zu ihrem Spielverhalten und den demografischen Gegebenheiten befragt. 86% der Befragten waren männlich und mit 41% die meisten im Alter zwischen 16 und 20 Jahren. Zudem gab die Mehrheit an zu studieren (70%) und bei den Eltern zu leben (71%). Bezüglich des Spielverhaltens wurden *World of Warcraft* (327 Befragte) und *Counterstrike* (231 Befragte) als beliebteste Spiele benannt. Insgesamt 8% der Befragten spielen mehr als 60 Stunden pro Woche am Computer. Folgende negative Konsequenzen des Spielverhaltens wurden aufgezählt:

– mehr Zeit im Internet verbringen als geplant
– Schwierigkeiten, den Computer auszuschalten
– Konflikte mit der Familie
– Lügen bezüglich der Spielzeit
– weniger Zeit in die Schule investieren

- andere Interessen vernachlässigen
- Gedanken sind auf das Spiel ausgerichtet

Die demografischen Angaben der befragten Computerspieler decken sich größtenteils mit den Angaben der Angehörigen. 70% der 754 befragten Angehörigen sind Eltern von Computerspielern. 41% der Angehörigen benannten das Alter des Betroffenen zwischen 16 und 20 Jahren und berichteten ebenfalls, dass *World of Warcraft* und *Counterstrike* die beliebtesten Spiele seien. Von 694 Angehörigen antworteten 93%, dass das Computerspielverhalten ein Problem für sie darstelle. 165 der befragten Angehörigen gaben an, dass sie bereits professionelle Hilfe bezüglich des Computerspielverhaltens in Anspruch genommen haben, wobei 33% der hilfesuchenden Angehörigen berichteten, keine Hilfe bekommen zu haben (Nilsson & Nyman, 2007).
Aufgrund dieser Studie nahm die Besorgnis seitens des Volksgesundheitsinstitutes zu. In einem Rapport zu Zielgruppenuntersuchungen wurde erstmals die Frage aufgeworfen, ob der Computer ein neues Volksgesundheitsproblem darstellt. Hierbei wurden Jugendliche als Zielgruppe mit einem problematischen Computerspielverhalten benannt, was vorrangig zur Belastung der Eltern führe. Dem Volksgesundheitsinstitut zufolge berichtet ein Großteil der Eltern, dass das Computerspiel *World of Warcraft* und die mit dem Spiel verbrachte Zeit Probleme hervorruft. „Man sitzt oft vor dem Computer. Mein Kind ist 14 Jahre und zieht den Computer Draußenaktivitäten vor, das fühlt sich nicht gut an." (http://www.fhi.se/Documents/ANTD/Handbok/Bilaga1-Rapport-fokusgruppsundersokning-malgrupperna.pdf). Aufgrund der bisherigen Erkenntnisse spricht sich das Volksgesundheitsinstitut für eine genaue Beobachtung der Entwicklungen im Bereich Medienabhängigkeit und gezielte Studien aus.
Trotz dieser Forderungen sind seitens des Volksgesundheitsinstituts jedoch keine weiteren Studien veröffentlicht worden. In Übereinstimmung mit der eher defensiven Haltung in der Gesellschaft scheint es bisher insgesamt wenig Forschung bezüglich der Problematik Medienabhängigkeit in Schweden zu geben. Flächendeckende, groß angelegte Studien bekannter Forschungseinrichtungen sind nicht bekannt. Der Mangel an Forschung zum Phänomen Medienabhängigkeit wird auch von der *Stiftelsen Ungdomsvård*, einer privaten Jugendhilfeeinrichtung, kritisiert. Die Einrichtung setzt sich bereits seit mehreren Jahren mit der Problematik auseinan-

der und hat sich nun zum Ziel gesetzt ein Forschungszentrum *Centre of Computer Game Addiction* (CCGA) zu eröffnen. Mithilfe des Forschungszentrums soll ein internationales Netzwerk zum Wissensaustausch geschaffen und diesbezügliche Forschung initiiert werden. Zudem plant die Stiftung die Umsetzung eigener Pilotstudien. Zum jetzigen Zeitpunkt sind die Untersuchungen zu diesem Thema vorrangig Abschlussarbeiten von Studenten verschiedener Studienrichtungen. Auf die Ergebnisse einiger Examensarbeiten soll im Folgenden näher eingegangen werden:

1. „Internetberoende – Det virtuella nöjet blir verklighetens problem?" (2003)
Inhalt dieser Examensarbeit ist eine Literaturstudie über die bis dahin erschienenen Publikationen (vorrangig Studien aus den USA) zum Thema Internetabhängigkeit und eine qualitative Untersuchung anhand von 3 Interviews mit exzessiven Internetnutzern. Im Rahmen der Literaturstudie wird zunächst auf die Übereinstimmungen zwischen stoffgebundenen Abhängigkeitserkrankungen und Internetabhängigkeit auf physiologischer Ebene, die 5 Typen der Internetabhängigkeit (Onlinespiele, Online-Kommunikation, Cybersex, Online-Auktionen und Informationssuche) nach Young (1999) und die Kriterien der Internetabhängigkeit eingegangen. Bezüglich der Zuordnung von Internetabhängigkeit anhand der Klassifikationssysteme *Diagnostic and Statistical Manual of Mental Disorders* (DSM-IV) und *International Classification of Diseases* (ICD-10) wird die Zuordnung zu manischem Verhalten oder zu den Abhängigkeitserkrankungen diskutiert. Eine Festlegung bezüglich der Klassifikation erfolgt allerdings nicht. Für die qualitative Untersuchung wurden 3 Personen zu ihrem Computerkonsumverhalten befragt und gebeten die schwedische Übersetzung des *Internet Addiction Test* von Young (1998b) auszufüllen. Zwei der Interviewten gaben an, ein Online-Spiel zu spielen. Der dritte Interviewpartner berichtete, vorrangig ICQ zu benutzen. Alle 3 Interviewpartner erfüllten anhand des *Internet Addiction Test* die Kriterien für einen problematischen oder bereits abhängigen Internetkonsum.

2. „Internetberoende – Ett nytt folkhälsoproblem?" (Edin 2004)
Die Examensarbeit von Edin (2004) setzt sich aus 2 Teilen zusammen, einer quantitativen Untersuchung zur Prävalenz von Internetabhängigkeit und von der Gefährdung einer Abhängigkeitsentwicklung unter Jugendli-

chen und einer qualitativen Untersuchung zu Unterschieden in der Mediennutzung bei Internetabhängigkeit. An der quantitativen Untersuchung nahmen insgesamt 847 Schüler teil, von denen 445 die neunte Klasse und 402 die Abschlussklasse auf dem Gymnasium besuchten. Die Schüler wurden mittels eines Selbstauskunftsbogens bezüglich ihres Computerkonsumverhaltens befragt. Der Fragebogen war vom *Spelinstitut* in Anlehnung an die Studien von Greenfield (1999), Young (1999) und Charlton (2002) zum Medienkonsum entwickelt worden, unterlag aber nicht explizit spezifischen Kriterien anhand eines der beiden gängigen Klassifikationssysteme (z.B. den Abhängigkeitskriterien laut ICD-10 oder DSM-IV). Die Fragen bezogen sich unter anderem auf die vor dem Computer verbrachte Zeit, die Vernachlässigung anderer Interessen zugunsten des Computerkonsums und negative Konsequenzen des Konsums, z.B. Leistungsabfall in der Schule. Die Untersuchung ergab, dass ungefähr 10% der schwedischen Jugendlichen zwischen 14 und 19 Jahren als gefährdet für die Entwicklung einer Internetabhängigkeit und 3% als bereits internetabhängig eingestuft werden können. Jungen, besonders im Alter von 14 bis 15 Jahren, scheinen sich hierbei durch eine höhere Vulnerabilität für die Entwicklung einer Internetabhängigkeit auszuzeichnen. Aufgrund der Prävalenz in dieser Studie kommt Edin (2004) zu dem Schluss, dass Internetabhängigkeit ein neues Volksgesundheitsproblem darstellt.

3. „I Avatarens Skugga – En studie om motivation, internetberoende och andra psykologiska faktorer kring MMORPG" (Rocksén 2007)

Rocksén (2007) befasst sich in ihrer Studie mit den Spielmotiven von Onlinerollenspielern, der Prävalenz von Internetabhängigkeit in dieser Zielgruppe und den möglichen Korrelationen zwischen Internetabhängigkeit, Spielmotiv, dem psychischen Gesundheitszustand und demografischen Variablen. Hierfür führte sie eine quantitative Untersuchung an Onlinerollenspielern durch. Insgesamt 210 Onlinerollenspieler beantworteten die Online-Testbatterie, bestehend aus Fragen zu demografischen Daten, einem selbst erstellten Fragebogen zur Spielmotivation (in Anlehnung an die Spielmodelle von Bartle, 1996; Foo & Koivisto, 2006; Lazzaro, 2004; Vorderer & Bryant, 2006; Yee, 2007), dem *Internet Addiction Test* von Young (1998b) und dem *Diagnostic Questionnaire* (Parson, 2006; Yee 2006) zur Messung von Internetabhängigkeit und dem SCL-90 zur Feststellung des psychischen Gesundheitszustandes. 89,5% der Untersuchungsteilnehmer waren männlich. Das Alter der Untersuchten variierte zwischen 13 und 61 Jahren, bei einem Mittelwert von 23,4 Jahren. Von den Teilnehmern gaben mit 93,3% die meisten an, *World of Warcraft* zu spielen. Die Mehrheit der Teilnehmer (60,9%) spielte zwischen 11 und 30 Stunden pro Woche am Computer, 15,2 der Teilnehmer spielten weniger als 10 Stunden pro Woche und 23,8% spielten mehr als 31 Stunden pro Woche. Anhand der Auswertung des *Internet Addiction Test* konnten 13,3% der Teilnehmer als internetabhängig oder gefährdet für eine Abhängigkeitsentwicklung eingestuft werden. Die Auswertung des *Diagnostic Questionnaire* ergab eine Prävalenz von 10,24% Internetabhängigen in der Untersuchungsgruppe. Beide Diagnostikinstrumente korrelierten mit der Höhe der wöchentlichen Spielstundenanzahl, der Kategorie Macht/Dominanz des Fragebogens zum Spielmotiv und der Subskala *Obsessivkompulsivitet* des SCL-90 (in der deutschen Version die Subskala *Zwanghaftigkeit*). Der Zusammenhang zwischen Internetabhängigkeit und einem hohen Wert auf der Subskala *Obsessivkompulsivitet* des SCL-90 unterstützt Rocksén (2007) zufolge die These, dass Internetabhängigkeit als eine Form der Impulskontrollstörung klassifiziert werden kann (Young, 1998a; Shapira et al., 2000). Zudem zeichnen sich die als internetabhängig eingestuften Teilnehmer anhand des SCL-90 durch einen insgesamt reduzierten psychischen Gesundheitszustand aus, wodurch die Annahme unterstützt wird, dass Internetabhängige häufig weitere komorbide psychische Erkrankungen aufweisen.

4. „Datormissbruk – ett sjukligt behov" (Bahceci und Särnblom 2009)
Bahcecci und Särnblom (2009) führten ihre Untersuchung zum Thema Computermissbrauch im Rahmen der Abschlussarbeit ihres Informatikstudiums durch. Die Arbeit beschäftigt sich mit der Frage nach der Definition von Computerabhängigkeit und den Ursachen der Abhängigkeitsentwicklung. Hierfür interviewten sie betroffene Computerabhängige zu ihrem Computerkonsumverhalten und den daraus resultierenden negativen Konsequenzen. Zusätzlich wurden Angehörige von Betroffenen und zwei Experten, die Betroffene beraten und behandeln, zu den Folgen des exzessiven Medienkonsums befragt. Die Ergebnisse der Interviews verglichen sie mit den Ergebnissen bisher veröffentlichter Studien zu dem Thema. Bahcecci und Särnblom (2009) kommen zu dem Schluss, dass es bisher keine klar definierten Kriterien für die Diagnose einer Computerabhängigkeit gibt. Allerdings scheinen die vor dem Computer verbrachte Zeit und zu-

nehmende Probleme in anderen Lebensbereichen mit der Entwicklung einer Abhängigkeit zu korrelieren. Aufgrund ihrer Ergebnisse sprechen sie sich für die Existenz der Problematik Computerabhängigkeit aus und fordern eine höhere Aufmerksamkeit bezüglich der Problematik in der schwedischen Gesellschaft.

Die dargestellten Untersuchungen sind möglicherweise nicht repräsentativ für den Forschungsstand zum Thema Medienabhängigkeit in Schweden, lassen aber einige wichtige Schlussfolgerungen zu:

1. In Schweden scheint man sich auf wissenschaftlicher und gesellschaftlicher Ebene weiterhin unsicher zu sein, ob Medienabhängigkeit als eine ernst zu nehmende und eigenständige psychische Erkrankung anzusehen ist.
2. Unter der Voraussetzung, dass Medienabhängigkeit als eigenständige Diagnose existiert, gibt es sehr unterschiedliche Positionen bezüglich der Zuordnung der Diagnose anhand der gängigen Klassifikationssysteme DSM-IV und ICD-10. Diskutiert wird die Einordnung als manisches Verhalten, eine Form der Zwangsstörung, eine Form der Impulskontrollstörung oder als stoffungebundene Abhängigkeitserkrankung.
3. Hinsichtlich der verwendeten Terminologie zur Definition der Problematik wird allerdings vorrangig mit dem Abhängigkeitsbegriff gearbeitet. Folgende Begriffe werden gewöhnlich verwendet, um das Phänomen zu umschreiben: *Internetberoende* oder *Nätberoende* (Internetabhängigkeit), *Datorberoende* (Computerabhängigkeit), *(Dator)-Spelberoende* (Computerspielabhängigkeit), wobei mit *Spelberoende* ursprünglich die Glücksspielsucht bezeichnet wird.
4. Es gibt bisher keine in Schweden entwickelten und standardisierten Diagnoseinstrumente zur Erfassung von Medienabhängigkeit. Lediglich für die Untersuchung des *Spelinstitut* zu Internetabhängigkeit in der schwedischen Bevölkerung wurde eigens ein spezieller Fragebogen entwickelt, aber nicht standardisiert. In vielen Untersuchungen wird der *Internet Addiction Test* von Young (1998b) zur Erfassung des Phänomens verwendet. Allerdings scheint es bisher keine allgemein eingesetzte und validierte Übersetzung des Tests zu geben. Auf einer finnischen Internetseite zur Aufklärung über Abhängigkeitserkrankungen befindet sich eine schwedische Übersetzung des Tests, auf die immer wieder zurückgegriffen wird (http://www.paihdelinkki.fi/testa/internetbruk).

5. So zurückhaltend in Schweden mit der Zuordnung der Problematik Medienabhängigkeit anhand der gängigen Klassifikationssysteme umgegangen wird, scheint man auch bei der Festlegung von Kriterien zur Klassifizierung von Medienabhängigkeit zu sein. Bisher wurden keine eigenen Kriterien von schwedischen Wissenschaftlern entwickelt. Auch die Übernahme international verbreiteter Kriterien zur Klassifikation des Phänomens Medienabhängigkeit variiert innerhalb der verschiedenen Studien und scheint eher uneinheitlich zu sein. In vielen Studien wird die vor dem Computer verbrachte Zeit als ein Kriterium der Medienabhängigkeit benannt (siehe Bahcecci & Särnblom, 2009; Rocksén, 2007; Edin, 2004). Weiterhin dienen die von den Betroffenen angegebenen negativen Konsequenzen des Medienkonsums als Indikator einer Medienabhängigkeit.

Diagnostische Kriterien zur Erfassung von Medienabhängigkeit

Die Varianz bezüglich der von schwedischen Wissenschaftlern, Beratern und Therapeuten verwendeten Kriterien für die Erfassung einer Medienabhängigkeit wird bei einem Blick auf die zum Thema Medienabhängigkeit bestehenden Internetseiten deutlich. Auf den meisten Internetseiten, die Informationen zum Thema Medienkonsum und Medienabhängigkeit bereitstellen, werden gar keine Diagnosekriterien benannt. So sind weder auf der Internetseite des Medienrates, einer staatlichen Organisation mit der Aufgabe, die Medienkompetenz von Kindern, Eltern und Multiplikatoren zu stärken und auf die Gefahren des Medienkonsums aufmerksam zu machen, noch auf der Internetseite von Fair Play 2002-2008, einem speziellen Projekt zum Aufbau von Medienkompetenz, Kriterien zur Erfassung von Medienabhängigkeit als mögliche Leitlinien aufgelistet.

Auf der Internetseite www.internet-beroende.se, die von einer Webfirma ins Internet gestellt wurde, werden in Anlehnung an die Kriterien der *Video Game Addiction* von Griffiths (2004) sechs Kriterien zur Erfassung von Internetabhängigkeit angegeben:

– Gedankliche Fixierung auf den Internetkonsum
– Gefühlsregulation
– Toleranzentwicklung

– Entzugserscheinungen
– Konflikte
– Rückfälle

Einrichtungen, die vorrangig auf die Beratung und Behandlung Glücksspielsüchtiger spezialisiert sind, scheinen zumeist auf die Kriterien der Glücksspielsucht laut DSM-IV zurückzugreifen (z.B. www.datorberoende.se).
Im Gegensatz zu der ansonsten eher zögerlichen Festlegung auf Kriterien zur Erfassung von Medienabhängigkeit fällt die Vorgehensweise der *Stiftelsen Ungdomsvård* besonders auf. Die *Stiftelsen Ungdomsvård* (Stiftung Jugendhilfe) ist eine private, landesweit tätige Non-Profit-Organisation, die sich unter anderem dem Thema Computerspiel- und Internetabhängigkeit bei Jugendlichen annimmt. Sie bieten sowohl präventive Angebote zu Medienabhängigkeit als auch Beratungs- und Interventionsmaßnahmen für Betroffene und Angehörige an. Auf ihrer Internetseite http://www.spelfritt.se/ wird der Unterschied zwischen gesundem, missbräuchlichem und abhängigem Computerspiel- und Internetkonsum anhand eindeutiger Kriterien festgelegt. Der Kriterienkatalog orientiert sich dabei nicht an den Klassifikationssystemen DSM-IV und ICD-10, sondern wurde von den Mitarbeitern der Einrichtung aufgrund ihrer Erfahrungen im Umgang mit medienabhängigen Jugendlichen entwickelt. Anhand des Kriterienkatalogs wird der Computerspiel- und Internetkonsum in drei Stufen eingeordnet: die Grüne Zone, die Gelbe Zone und die Rote Zone.
Die Grüne Zone beinhaltet ausschließlich positive Erlebnisse im Umgang mit Medien:
1. es ist unterhaltend und spannend
2. verbesserte Sprachkenntnisse, oft in Englisch
3. verbesserte Multitasking-Fähigkeit und Stressbewältigung
4. verbessertes strategisches Denken
5. Kontakt mit anderen Ländern und Kulturen
6. gesteigerte Computerkenntnisse
7. Steigerung der Reaktionsgeschwindigkeit

Die Gelbe Zone bedeutet, dass im Leben des Betroffenen bereits negative Effekte des Medienkonsums zu verzeichnen sind:

1. negative Effekte tauchen auf (zu Hause, in der Schule oder am Arbeitsplatz)
2. aber die positiven Erlebnisse bleiben noch bestehen

Die Rote Zone umfasst Kriterien, die auf das Vorliegen einer Computerspiel- oder Internetabhängigkeit schließen lassen, d.h. in der Roten Zone haben die negativen Auswirkungen überhandgenommen:
1. bei Abstinenz – Der Spieler wirkt rastlos, irritiert, niedergeschlagen usw., wenn das Spiel *ausbleibt*
2. Probleme in der Schule, z.B. schlechte Noten, Schulschwänzen, verpasste Prüfungen, schlechtere Zeugnisse, Kündigung des Jobs oder Praktikumsplatzes
3. ernste Konflikte in der Familie und mit Freunden um Aufgaben und Pflichten
4. Besessenheit und Beschäftigung mit dem Computerspiel, selbst außerhalb des eigentlichen Spiels liest, spricht und denkt der Spieler an das Spiel
5. Lügen/Leugnung: Der Spieler schwindelt über Spielzeiten und andere Sachen rund um das Spiel, um die Umgebung zu beruhigen.
6. verschobener Tagesrhythmus, nachts wach und am Tag schlafen
7. Desinteresse an alten Freizeitgewohnheiten und Freunden
8. beeinträchtigte Gesundheit und schlechtere Kondition durch dauerndes Stillsitzen zuhause
9. Kriminalität, z.B. Diebstahl der elterlichen Kreditkarte, um das Spiel zu bezahlen
10. Kontrollverlust: Es wird mehr gespielt als geplant
11. Rückfall in alte Spielgewohnheiten beim Versuch, die Spielzeiten zu verkürzen

Beratungs- und Behandlungsangebote für Medienabhängige

Trotz der Tatsache, dass die Problematik Medienabhängigkeit in Schweden kritisch betrachtet und bisher eher von einer Minderheit als eine psychische Erkrankung anerkannt wird, gibt es in diesem Land Beratungs- und Behandlungsangebote für Medienabhängige. Die meisten Hilfsangebote sind aus den bereits genannten Gründen an das Netzwerk für Glücksspielsüchtige gekoppelt, wohin sich die Betroffenen bei Medienabhängigkeit mit ihrem Hilfsgesuch in der Regel auch als Erstes wenden:

1. Telefonhotlines

Ein erstes niedrigschwelliges Beratungsangebot bietet die Telefonhotline des Volksgesundheitsinstitutes für Glücksspielsüchtige *(Folkhälsoinstitutets stödlinje för spelare och anhöriga)*. Über die Hotline können sich Hilfesuchende anonym beraten lassen und Adressen von Hilfsangeboten vor Ort bekommen.

2. Beratung und Selbsthilfegruppen

Spelberoendes Riksförbund
Auch der Reichsverband für Glücksspielsucht *(Spelberoendes Riksförbund)* hat sich der Problematik offiziell angenommen und besitzt mittlerweile einen Internetauftritt speziell mit Informationen zum Thema Medienabhängigkeit bzw. Computerabhängigkeit *www.datorberoende.se*. Neben den Informationen auf der Internetseite bietet der Reichsverband Beratungsgespräche für Betroffene und Angehörige an und vermittelt gegebenenfalls an Beratungsstellen vor Ort oder an stationäre Behandlungseinrichtungen. Inzwischen können sich über den Reichsverband auch Angehörige von Betroffenen in Selbsthilfegruppen organisieren.

Stiftelsen Ungdomsvard
Die Stiftung Jugendhilfe *(Stiftelsen Ungdomsvard)* mit Sitz in Stockholm ist eine private Non-Profit-Organisation, die Jugendlichen mit Verhaltensauffälligkeiten und psychischen Erkrankungen in Absprache mit dem Sozialdienst und den Eltern Unterstützung in verschiedenen Lebensbereichen, z.B. Aufbau von Freizeitaktivitäten, Lernhilfe, Vermittlung von Praktikumsplätzen, anbietet. Im Jahr 2007 gründete die Stiftung eine spezielle ambulante Einrichtung zum Thema Medienabhängigkeit mit dem Namen *Game over*. In dieser Einrichtung wird Betroffenen aller Altersgruppen Diagnostik, Beratung und Behandlung angeboten. Unter Berücksichtigung der sich oft entwickelnden Isolation und sozialen Ängsten ermöglicht *Game over* zusätzlich zum Hilfsangebot in der Einrichtung auch die Kontaktaufnahme über E-Mail oder Skype und sogar Hausbesuche durch die

Berater. Des Weiteren erhalten Angehörige von Betroffenen vielseitige Unterstützung und können sich ebenfalls beraten lassen. Nähere Informationen finden sich auf der Internetseite von *Game over*, die auch ins Deutsche übersetzt wurde (www.spelfritt.se).

3. Behandlung

Privat Psykologisk Rådgivning
Owe Sandberg, ein in Stockholm ansässiger Psychologe, hat sich dem Thema Medienabhängigkeit angenommen und bietet in seiner ambulanten Therapiepraxis individuelle Psychotherapie für Betroffene an. Zunächst wird in einem längeren Aufnahmegespräch die bestehende Problematik inventarisiert und dann in mehreren Einzelsitzungen therapeutisch aufgearbeitet. Bei Bedarf können auch Angehörige in die Therapie miteinbezogen werden. Die Interventionen basieren in der Regel auf den Methoden der Kognitiven Verhaltenstherapie. Eine erste Überprüfung des Behandlungserfolges bietet Sandberg nach 10 Therapiestunden an. Wenn die Behandlungsziele erreicht wurden, kann die Behandlung bereits zu diesem Zeitpunkt beendet werden. Die Gebühren für das Aufnahmegespräch betragen 1500,- Kronen. Für die therapeutischen Einzelstunden veranschlagt Sandberg 800,- Kronen.
Informationen zum Thema Medienabhängigkeit sind auch auf seiner Internetseite (www.privatpsykolog.com/natberoende.html) nachzulesen. Interessierte können dort anhand der folgenden 4 Fragen überprüfen, ob ihr Medienkonsum das Risiko für eine Abhängigkeitsentwicklung in sich birgt:
1. Nimmst du Entzugserscheinungen an dir wahr, wenn du nicht surfen oder chatten darfst? Machen sich Schweißausbrüche, Zittern oder Irritation bemerkbar?
2. Nimmst du Glücksgefühle oder Rausch an dir wahr, wenn du im Internet bist? Der einzige Ort, an dem du dich wohlfühlst, ist vor deinem Computer.
3. Du beginnst die Familie, die Arbeit oder Freunde zu vernachlässigen, um vor dem Computer sitzen und surfen zu können.
4. Du verlierst die Kontrolle und die Balance im Umgang mit dem Computer.

KBT-Kliniken Norr
Die *KBT-Kliniken Norr* in Luleå bieten als therapeutische Einrichtung ambulante Behandlung bei diversen psychischen Erkrankungen an und richten ihr Behandlungsangebot mittlerweile auch an Medienabhängige. Dem Betroffenen werden zunächst 2-3 probatorische Einzelgespräche zur Probleminventarisierung angeboten. Anschließend werden gemeinsam der Behandlungsablauf und die Behandlungsdauer geplant. Die Behandlung kann sowohl individuell als auch im Gruppensetting durchgeführt werden. Die Therapiemethoden in den *KBT-Kliniken Norr* basieren auf den Ansätzen der Kognitiven Verhaltenstherapie, der Motivierenden Gesprächsführung und dem Community Reinforcement Approach.

Spelkliniken i Skåne Län
Die *Spelkliniken i Skåne Län* setzen sich aus zwei zusammengehörigen privaten Einrichtungen in Lund und Kristianstad zusammen. Die Kliniken bieten stationäre Behandlung bei Glücksspielsucht und Computerabhängigkeit an. Die Behandlungsinhalte sind an dem 12-Schritte-Programm von *Gamblers anonymus* und an den Theorien des Familientherapeuten Craig Nakken zur Persönlichkeitsstruktur Abhängigkeitserkrankter orientiert. Auch die Angehörigen werden in die Behandlung mit eingebunden und erhalten Edukation zum Umgang mit dem Medienkonsum des Betroffenen. Informationen und Beratung zum Thema Medienabhängigkeit und zur Behandlung können Betroffene und ihre Angehörige kostenlos von den *Spelkliniken i Skåne Län* erhalten (www.spelkliniken.se).

Linnébygdens Behandlingshem
Linnébygdens Behandlingshem ist eine stationäre Einrichtung für Jugendliche und junge Erwachsene. Jungen und Mädchen im Alter zwischen 14 und 18 Jahren und junge Männer und Frauen zwischen 18 und 21 Jahren können hier eine stationäre Therapie durchführen. Der Therapieplan wird speziell auf den individuellen Fall abgestimmt. Die Aufnahme in dieser Einrichtung erfolgt in Absprache mit dem Sozialdienst über Gesetze zum Aufenthaltsbestimmungsrecht bei Kindern und Jugendlichen oder über das Sozialgesetzbuch. Als erste öffentliche Einrichtung in Schweden hat sich das *Linnébygdens Behandlingshem* des Themas Medienabhängigkeit angenommen und kann junge Menschen aufgrund dieser Problematik aufnehmen (http://www.linnebygdensbehandlingshem.se).

Prävention

Auch präventiv findet das Thema Medienabhängigkeit in Schweden bisher wenig Beachtung. Vom schwedischen Honorarkonsulat in Hamburg bis zum Volksgesundheitsinstitut in Östersund gab es Nachforschungen zufolge den einheitlichen Konsens: Es gibt in Schweden keine Präventionsangebote im Bereich Medienabhängigkeit.

Nationale Präventionsprogramme gibt es zu diesem Thema aufgrund fehlender Anerkennung des Störungsbildes in der Tat nicht. Vielmehr nehmen sich lediglich vereinzelte Institutionen der Aufgabe an, die Bevölkerung über die Problematik Medienabhängigkeit zu informieren. Der *Medieradet*, ein Wissenschaftszentrum und Komitee der Regierungskanzlei, welches das Medienkonsumverhalten von Kindern und Jugendlichen mit dem Ziel erforscht, das Risiko eines schädlichen Medienkonsums zu minimieren und die Medienkompetenz von Kindern und Jugendlichen zu stärken, bietet kostenloses Informationsmaterial für Kinder, Eltern und Lehrer an. Zudem werden auf der Internetseite www.medieradet.se wissenschaftliche Studien veröffentlicht und Unterrichtsmaterialien zum Herunterladen angeboten. Des Weiteren bietet die Internetseite www.surfasmart.com Informationen zur Verbesserung der Medienkompetenz für Kinder, Jugendliche, Eltern und Lehrer an. Lehrern werden hier u.a. Ideen präsentiert, wie sie bestimmte Themen bezüglich des Mediennutzungsverhaltens von Schülern im Unterricht aufarbeiten können.

Die bereits im Rahmen der Beratungs- und Behandlungsangebote benannte *Stiftelsen Ungdomsvard* entwickelt neben ihrem Beratungs- und Behandlungsangebot für Betroffene und deren Angehörige zunehmend Projekte zur Prävention mit Eltern. Darüber hinaus bemühen sie sich um die Kontaktaufnahme mit Schulen, um dort für die Problematik Medienabhängigkeit zu sensibilisieren. In einem Telefoninterview berichtete der Leiter der Einrichtung Sven Rollenhagen, dass über das Projekt *Game over* sowohl Elternabende an Schulen als auch Fortbildungen für Lehrer durchgeführt werden. „Wir organisieren Vorträge für Eltern zur Wissensvermittlung. Für diese Wissensvermittlung setzen wir keine Medien ein.", erzählte Herr Rollenhagen im Gespräch.

Fazit

Das Störungsbild Medienabhängigkeit findet in Schweden bisher keine flächendeckende Akzeptanz und wird eher kritisch betrachtet. Demzufolge sind wissenschaftliche Untersuchungen, Anlaufstellen für Beratung und therapeutische und präventive Angebote abhängig vom Engagement einzelner Personen und Einrichtungen. Hierbei zeichnet sich die *Stiftelsen Ungdomsvard* in Stockholm durch den meisten Einsatz zur Sensibilisierung der Bevölkerung und Unterstützung der Betroffenen und Angehörigen aus. Mittlerweile ist auch das schwedische Volksgesundheitsinstitut auf die Problematik Medienabhängigkeit aufmerksam geworden und fordert eine umfassende Forschung zu diesem Thema.

Literatur

Andersson, P. (2009). Inga elchocker mot internetberoende. Verfügbar unter: http://svt.se/svt/jsp/Crosslink.jsp?d=22577&a=1624775&queryArt549588=l%E4kare&sortOrder549588=0&doneSearch=true&sd=22634&from=siteSearch&pageArt549588=7 [27.03.2010].

APA. (1994). Diagnostic and statistical manual of mental disorders. (4th ed.): Washington, DC, US: American Psychiatric Publishing, Inc.

Bahceci, C. & Särnblom, P. (2009). Datormissbruk –ett sjukligt behov. Verfügbar unter: http://bada.hb.se/bitstream/2320/5218/1/2009MI02.pdf [11.04.2010].

Bartle, R. (1996). Hearts, Clubs, Diamonds, Spades: Players Who Suit MUD:s. The Journal of MUD Research, Vol. 1, Nr. 1.

Charlton, J.P. (2002). A factor-analytic investigation of computer 'addiction' and engagement. British Journal of Psychology, 93, 329-344.

David, C. (2003). Statistik der Informationsgesellschaft: PC-, Internet- und Mobiltelefonnutzung in der EU. Verfügbar unter: http://www.eds-destatis.de/de/downloads/sif/np_03_15.pdf [12.03.2003].

Edin, M. G. (2004). Internetberoende – Ett nytt folkhälsoproblem? Verfügbar unter: http://sv.wikipedia.org/wiki/Internetberoende Sidan ändrades senast den 5 maj 2010 kl. 08.45.

Foo, C.Y. & Koivisto, E.M.I. (2004). Defining Grief Play in MMORPG's: Player and Developer Perceptions. Proceedings of ACM SIGCHI International Conference on Advances in Computer Entertainment Technology, Singapore. 3-5 Juni.

Greenfield D. The nature of Internet addiction: psychological factors in compulsive Internet use. Presentation at the American Psychological association, Boston, MA, August 20. 1999. http//www.virtual-addiction. Com/pd/nature_in ternet_addiction.pdf.

Griffiths, M. D. (2004). Can videogames be good for your health? Journal of Health Psychology, 9 (3), 339-344.

Ingdahl, W. (2007). Är du beroende av internet? Verfügbar unter: http://compu tersweden.idg.se/2.2683/1.118812 [30.03.2010].

Kaare, B. H. & Brandtzæg, P. B. (2005). A Presentation of the Norwegian Study: "A Digital Childhood". Paper presented at the 17th Nordiske Medieforskerkonference 2005, Ålborg, Denmark, 11.08-14.08.2005.

Lazzaro, N. (2004). Why We Play Games: Four Keys to More Emotion Without Story. Verfügbar unter: http://www.xeodesign.com/xeodesign_whyweplay games.pdf [10.06.2007].

Nilsson, T. & Nyman, A. (2007). Resultat för spelarenkäten. Verfügbar unter: www.spelinstitutet.se [10.02.2010].

Nilsson, T. & Nyman, A. (2007). Resultat för anhörigenkäten. Verfügbar unter: www.spelinstitutet.se [10.02.2010].

Norman, F. (2010). Dataspel kan vara bra för arbetslivet. Verfügbar unter: http://www.unt.se/leva/dataspel-kan-vara-bra-foumlr-arbetslivet-105782-default.aspx [27.01.2010].

Nyman, A. (2009). Rapport från Stöd- och hjälplinjen för spelare och anhöriga: 020 – 81 91 00. Verfügbar unter: frhttp://www.fhi.se/PageFiles/3506/A2009-2-Arsrap-Stodlinjen-2007.pdf [11.04.2010].

Parson, J.M. (2006). An Examination of Massively Multiplayer Online Role-Playing Games as a Facilitator of Internet Addiction (Abhandlung für eine Doktorarbeit, University of Iowa).

Reuters, T.T. (2009). Läger för internetberoende granskas. Verfügbar unter: http://sydsvenskan.se/varlden/article535828/Lager-for-internetberoende-granskas.html [02.04.2010].

Rocksén, S. (2007). I Avatarens Skugga – En studie om motivation, internetberoende och andra psykologiska faktorer kring MMORPG. Verfügbar unter: http://www8.psy.umu.se/grundutbildning/program/psykolog-programmet/Uppsatser/Examensarbete/VT2007/P616.pdf [03.05.2010].

Shapira, N. A., Goldsmith T. D., Keck P. E. Jr., Khosla, U.M. & McElroy, S.L. (2000). Psychiatric Features of Individuals with Problematic Internet Use. Journal of Affective Disorders, 57 (1-3), 267-272.

Stiftelsen ungdomsvard (2009). Tecken pa datorspelsberoende. Verfügbar unter: http://www.spelfritt.se/Tecken-paa-dataspelsberoende.htm.

Vorderer, P., & Bryant, J. (Eds.) (2006). Playing Computer Games – Motives, Responses, and Consequences. Hillsdale, New Jersey: Lawrence Erlbaum Associates.

Voxblom, H. & Warodell, J. (2009). Den innehåller ju ganska mycket – tiden vid datorn: en studie om datoranvändning i förskolan. Verfügbar unter: http://hig.diva-portal.org/smash/record.jsf?pid=diva2:281633 [10.04.2010].

Wilczek, M. (2008). Datorspelberoende – en myt. Verfügbar unter: http://www.idg.se/2.1085/1.198550/datorspelberoende—en-myt [30.03.2010].

World Health Organization (2000). The ICD-10 classification of mental and behavioural disorders: clinical descriptions and diagnostic guidelines. Geneva: World Health Organization.

Yee, N. (2007). Motivations of Play in Online Games. CyberPsychology and Behavior, 9, 772-775.

Yee, N. (2006). The Demographics, Motivations and Derived Experiences of Users of Massively-Multi-user Online Graphical Environments. Teleoperators and Virtual Environments, 15 (3), 309-329.

Young, K.S. (1998a). Internet Addiction: The Emergence of a New Clinical Disorder. CyberPsychology & Behavior, 1 (3), 237-244.

Young, K.S. (Ed.) (1998b). Caught in Net; How to Recognize the Signs of Internet Addiction – And a Winning Strategy for Recovery. New York: John Wiley & Sons, Inc.

Young, K.S. (1999). Internet Addiction: Symptoms, Evaluation, and treatment. In Vandecreek, L. & Jackson, T.L. (Eds.), Innovations in Clinical Practice (17) (pp. 19-31). Sarasota, FL: Professional Resource Press.

Young, K.S. (1998). Internet addiction test. Verfügbar auf Schwedisch unter: http://www.paihdelinkki.fi/testa/internetbruk [27.03.2010].

http://w3.msi.vxu.se/multimedia/kurser/MEB714ht02/uppsatser/Internetberoende.pdf [27.03.2010].

Diese schwedischen Seiten verfügen über weitere Informationen zum Thema Medienabhängigkeit:
– http://www.internet-beroende.se/
– http://www.spelfritt.se/
– http://www.fair-play.se
– http://www.datorberoende.se
– http://www.spelberoende.se
– http://www.spelinstitutet.se

1.4 Medienkonsum und Medienabhängigkeit aus der schwedischen Perspektive

Folgende Bücher sind bisher zum Thema Medienabhängigkeit in Schweden veröffentlicht:
- Brun, M. (2005). När livet blir ett spel: och andra utmaningar för den digitala generationen. Stockholm: Bokförlaget Langenskiöld.
- Björk, M. (2008). Game over!: en handbok för vuxna i närheten av dataspelsgenerationen. Stockholm: Addera Förlag AB.
- Hamrin, B. (2001). Nätchocken. En angelägen bok om nätberoende. Norrköping: FredsbaskerFörlaget.
- Fair Play 2002-2008 – om en liten bricka i ett stort spel (2008) – kostenlos erhältlich auf der Internetseite www.fair-play.se

1.5 Diagnostik, Therapie und Prävention von Medienabhängigkeit in Deutschland im Umriss

Bert te Wildt & Dorothee Mücken

Elektronische Medien sind in den letzten Jahren integraler Bestandteil des Alltags insbesondere von Kindern und Jugendlichen geworden. Ihre Nutzung wird nicht nur für schulische und berufliche Aktivitäten benötigt, sondern stellt auch eine der häufigsten Freizeitbeschäftigungen von Schülern dar, wie eine Studie aus den Jahren 2007 und 2008 an deutschen Neuntklässlern zeigte (Rehbein et al., 2009). Ein 15-jähriger Junge verbringt demnach an Schultagen 141 Minuten mit Computerspielen. Mädchen dieses Alters spielen durchschnittlich 56 Minuten täglich und damit etwa anderthalb Stunden weniger. Vor allem bei männlichen Jugendlichen fallen 60% der Spielzeit auf Online-Spiele, insbesondere auf die beliebten First-Person-Shooter und Rollenspiele, welche ein besonders hohes Abhängigkeitspotential aufweisen.

Einen pathologischen Charakter im engeren Sinne nimmt der Medienkonsum dann an, wenn alternative Freizeitaktivitäten in der realen Welt zugunsten des Computerspielens stark vernachlässigt werden und sich die Spieldauer zunehmend der subjektiven Kontrolle des Spielers entzieht. Dann drohen negative Konsequenzen in der Schule, der Arbeit sowie im sozialen Miteinander. Die Kombination solcher primärer und sekundärer Symptome der Abhängigkeit, also einerseits Symptome, die sich direkt auf das Computerspielverhalten beziehen, und andererseits solche, die Folgeschäden beschreiben, erinnern an die Syndrome stoffgebundener Abhängigkeit. Insofern verwundert es nicht, dass die meisten Wissenschaftler und Praktiker, die sich mit der Thematik beschäftigen, von einer Abhängigkeits- beziehungsweise Suchterkrankung sprechen, dies wohl nicht zuletzt auch, weil es von den Betroffenen als solche erlebt und benannt wird. Obwohl in den deutschsprachigen Ländern nach wie vor keine einheitliche nosologische Zuordnung erfolgt, scheint sich hier tendenziell die Vorstellung von einer Abhängigkeitserkrankung im engeren Sinne beziehungsweise die einer Suchterkrankung durchzusetzen.

Nosologie und Nomenklatur

Der Begriff *Sucht* ist in diesem Zusammenhang insofern problematisch, als dass er schon seit Jahrzehnten aus den psychiatrischen Klassifikationssystemen verschwunden ist und vom neutraleren, phänomenologischen Begriff der Abhängigkeit ersetzt wurde.
Darüber hinaus ist die in diesem Zusammenhang verwendete Nomenklatur noch aus anderen Gründen sehr vielfältig, wobei die unterschiedlichen Benennungen eben auch das Krankheitsverständnis reflektieren und damit für die zu empfehlenden Therapie- und Präventionsansätze eine Rolle spielen. Einige der deutschsprachigen Begriffe, wie sie in der entsprechenden Fachliteratur eingebracht werden, lassen sich Tabelle 1 entnehmen, wobei

Tab. 1: Deutschsprachige Bezeichnungen für pathologische Mediennutzung

Bezeichnung	Autor(en)	Jahr der Publikation
Internetsucht	Zimmerl/Panosch	1998
Internet-Abhängigkeit	Seemann	2000
Internetsucht	Hahn/Jerusalem	2001
Internetabhängigkeit	Möller/Laux	2005
Computersucht	Bergmann/Hüther	2006
Computerspielsucht	Grüsser/Thalemann	2006
Pathologische Internetnutzung	Kratzer et al.	2006
Internetabhängigkeit	te Wildt et al.	2007
Computerspielsucht	Wölfling/Müller	2009
Pathologischer Internetgebrauch	Petersen et al.	2009
Dysfunktionaler & pathologischer PC- & Internetgebrauch	Petry	2009
Computerspielabhängigkeit	Rehbein et al.	2009/2010

hier auch Begriffe aufgeführt sind, die sich im Besonderen auf die Nutzung von Computer oder Internet beziehen. Eine eindeutige Abgrenzung dieser Begriffe und der von ihnen beschriebenen Phänomene fällt jedoch schwer, da Computerspiele eben nicht nur auf Spielkonsolen, sondern auch auf Computern (PCs) und auch via Internet (online) gespielt werden. Gerade in dieser Kombination scheinen sie sogar ein besonderes Abhängigkeitspotential zu entwickeln.

Nach wie vor gibt es also in der psychiatrisch-psychotherapeutischen Szene keine einhellige Meinung darüber, wie das Phänomen der Medienabhängigkeit im Allgemeinen und das der Computerspielabhängigkeit im Besonderen im Hinblick auf Nosologie und Diagnostik eingeordnet werden sollte:

– als problematisches Verhalten ohne eigenen Krankheitswert,
– als Symptom bekannter psychischer Störungen und dies nicht im Sinne von Komorbidität,
– als Impulskontrollstörung oder als Persönlichkeitsstörung,
– als stoffungebundene Abhängigkeitserkrankung im Sinne einer *Sucht*.

Die Konzeption als *Abhängigkeitserkrankung* erscheint in diesem Zusammenhang nicht zuletzt deshalb als sinnvoll und im deutschsprachigen Bereich als durchsetzungsfähig, weil neben den Angehörigen auch die Betroffenen selbst sich als *süchtig* beziehungsweise abhängig erleben und in diesem Sinne nach Hilfe suchen. Diese Beobachtung deckt sich mit den vielen phänomenologischen Gemeinsamkeiten, die die Medienabhängigkeit und insbesondere die Computerspielabhängigkeit mit den stoffgebundenen Abhängigkeitserkrankungen teilt. Die bisherigen wissenschaftlichen Erkenntnisse zur Diagnostik von Medienabhängigkeit, die auch aus einigen deutschen Studien stammen, haben bisher nur bedingt zu einer Vereinheitlichung und Setzung von Standards in der Diagnostik beigetragen.

Diagnostik

Für die Diagnostik gilt es zunächst zu beachten, dass es hier stets verschiedene komplexe Zusammenhänge zu berücksichtigen sind. Es ist wichtig, dass sowohl für die Altersgruppe der Kinder und Jugendlichen als auch für die Erwachsenen diagnostische Kriterien gefunden werden müssen. Zudem muss man zwischen unterschiedlichen Medienformen und Medieninhalten differenzieren. Wie bereits bei der Erörterung der Nomenklatur deutlich geworden ist, haben die Medienformen und -inhalte einen nicht unerheblichen Einfluss auf die Benennung. Dies wirft die Frage auf, ob nach Medienformen (z. B. Internet, Computer, usw.) oder nach Medieninhalten (z. B. Pornographie, Online-Spiele, usw.) unterschieden werden sollte. Zudem scheint der Zweck von Bedeutung zu sein, zu welchem die diagnostischen Kriterien entwickelt werden. Hierbei lassen sich wissenschaftliche, klinische und versorgungspolitische Zwecke differenzieren. Schließlich ist es wichtig, zwischen diagnostischen und psychometrischen Instrumenten sowie zwischen Eigen- und Fremdbeurteilung sowie zwischen psychometrischen Instrumenten und klinischen Interviews zu unterscheiden. Hier wird in den deutschsprachigen Ländern nicht selten auf Übersetzungen von englischsprachigen Fragebögen vor allem aus dem angloamerikanischen Raum, zunehmend aber auch aus dem asiatischen Bereich zurückgegriffen.

Die amerikanische Psychologin Kimberly Young gilt als Pionierin bei der Erforschung des Phänomens der Internet- und Computerspielabhängigkeit. Bereits 1996 versuchte sie mit Hilfe eines *Fragebogens für pathologischen Internetgebrauch* die Diagnosestellung von Internetabhängigkeit zu operationalisieren. Young entwickelte acht ursprünglich als Fragen formulierte Kriterien für *Internetsucht* („Internet Addiction"), von denen mindestens fünf erfüllt sein müssen, um die Diagnose zu stellen (Young 1996). Die acht Young-Kriterien wurden von Beard (2001) insofern leicht modifiziert, als dass zur Diagnosestellung die ersten fünf Kriterien, die sich ausschließlich auf die primäre Symptomatik des übermäßigen Internetkonsums beziehen, allesamt erfüllt sein müssen, und zusätzlich mindestens eines der letzten drei Kriterien, die sekundäre Folgeschäden beschreiben. Die acht Kriterien von Young und Beard haben sich in der Klinik und Forschung in den deutschsprachigen Ländern in modifizierter und nicht-modifizierter Form relativ gut durchgesetzt. In Tabelle 2 finden sich die als Aussagen formulierten Kriterien in deutscher Übersetzung.

Ähnlich wie bei den Kriterien für pathologisches Glücksspiel und denen für stoffgebundene Abhängigkeit sind die zentralen diagnostischen Dimensionen *Kontrollverlust, Entzugserscheinungen, Toleranzentwicklung, negative soziale Konsequenzen* und *Konsequenzen im Bereich Leistung und Arbeit*. Andere psychopathologische Aspekte, die sich beispielsweise in Südkorea zu

Tab. 2: Diagnostische Kriterien für ‚Problematischen Internetgebrauch' von Young (1999) in der Modifizierung von Beard (2001)

Alle folgenden Kriterien (1-5) müssen vorliegen:
1. Ständige gedankliche Beschäftigung mit dem Internet (Gedanken an vorherige Online-Aktivitäten oder Antizipation zukünftiger Online-Aktivitäten).
2. Zwangsläufige Ausdehnung der im Internet verbrachten Zeiträume, um noch eine Befriedigung zu erlangen.
3. Erfolglose Versuche, den Internetgebrauch zu kontrollieren, einzuschränken oder zu stoppen.
4. Ruhelosigkeit, Launenhaftigkeit, Depressivität oder Reizbarkeit, wenn versucht wird, den Internetgebrauch zu reduzieren oder zu stoppen.
5. Längere Aufenthaltszeiten im Internet als ursprünglich intendiert.

Zumindest eines der folgenden Kriterien (6-8) muss vorliegen:
6. Aufs-Spiel-Setzen oder Riskieren einer engen Beziehung, einer Arbeitsstelle oder eines beruflichen Angebots wegen des Internets.
7. Belügen von Familienmitgliedern, Therapeuten oder anderen, um das Ausmaß und die Verstrickung mit dem Internet zu verbergen.
8. Internetgebrauch als ein Weg, Problemen auszuweichen oder dysphorische Stimmungen zu erleichtern (wie Gefühle von Hilflosigkeit, Schuld, Angst, Depression).

---

etablieren scheinen (Ko et al. 2005a), finden hier bisher noch zu wenig Berücksichtigung. Hierzu gehören vor allem *Einengung des Denkens und Verhaltens* sowie affektive und interpersonale Kriterien wie die *Affektstabilisierung* durch Computerspielnutzung und der *Ersatz realer durch virtuelle Kontakte und Beziehungen*. Darüber hinaus finden auch Zeitkriterien in der Diagnostik von Medienabhängigkeit im Allgemeinen und Computerspielabhängigkeit im Besonderen kaum eine Berücksichtigung. Der Fachverband Medienabhängigkeit schließt sich hierbei dem Vorschlag von Koh et al. (2005) an, dass die entsprechende Symptomatik mindestens drei Monate lang bestanden haben muss, um die Diagnose einer Computerspielabhängigkeit stellen zu können (siehe auch das Kapitel *Diagnostik*).

Von diagnostischen Kriterien müssen die psychometrischen Selbstbeurteilungsinstrumente (psychologische Fragebögen) differenziert werden, auch wenn diese in der Regel auf denselben psychopathologischen Kategorien beruhen. Da die diagnostische Einordnung der Medienabhängigkeit bis heute nicht abschließend geklärt ist, haben Wissenschaftler im Verlauf eine Vielzahl an diagnostischen Testinstrumenten entwickelt, die auf unterschiedliche Störungskonzepte zurückzuführen sind und denen bislang eine ausreichende Validierung anhand klinischer Stichproben fehlt. In Deutschland haben sich allerdings validierte Fragebögen wie die *Internetsuchtskala* (ISS) von Hahn und Jerusalem (2001), der *Fragebogen zum Computerspielverhalten bei Kindern* (CSVK) von Thalemann et al. (2004) sowie die *Computerabhängigkeitsskala* (KFN-CSAS-II) von Rehbein et al. (2009/2010) bereits bewährt. Darüber hinaus besteht momentan Interesse an der englischsprachigen *Compulsive Internet Use Scale* (CIUS) von Meerkerk et al. (2007), die zurzeit ins Deutsche übersetzt wird (Petersen et al. 2009). In Zukunft werden für den deutschsprachigen Bereich eventuell Instrumente aus dem ostasiatischen Bereich von Bedeutung sein, allen voran vermutlich die südkoreanischen K-Scales (Ko et al. 2005b). Die Instrumente müssen sich jedoch noch in der Forschung bewähren. Gerade der internationale Vergleich spielt eine große Rolle, da sich ein Instrument erst im Zuge dessen nachvollziehbar durchsetzen kann. Zu beachten ist dabei allerdings, dass auch verschiedene soziokulturelle Hintergründe verschiedene Instrumente erfordern können.

Während es bei der Entwicklung von psychometrischen Fragebögen durchaus eines fruchtbaren wissenschaftlichen Wettstreits bedarf und es auch verschiedene Indikationsbereiche in Bezug auf Alter und Medienart gibt, ist es sicherlich sinnvoll, die diagnostischen Kriterien zu vereinheitlichen, dies nicht zuletzt auch im Hinblick auf die Anerkennung von Medienabhängigkeit als eigenständiges Störungsbild im Rahmen der Überarbeitung von ICD und DSM. Dies ist sehr wichtig, damit man Betroffene überhaupt einer Untersuchung und Behandlung zuführen kann. Der Fachverband Medienabhängigkeit will sich in Deutschland dafür engagieren, dass diese Vereinheitlichung bald erfolgt.

Prävalenz

Eine Vereinheitlichung der Diagnostik und ihrer Methoden ist letztlich auch im Hinblick auf die Ermittlung von Zahlen zur Häufigkeit des Auftretens von Medienabhängigkeit von besonderer Wichtigkeit, dies sowohl für den internationalen Vergleich als auch zur epidemiologischen Entwicklung in Deutschland.

Wenn man sich die anfänglichen Studien und Schätzungen für Medienabhängigkeit anschaut, stößt man zunächst auf überaus hohe Prävalenzzahlen, die zum Teil über 10% liegen (Young 1996, Zimmerl 1998). Aktuellere Studien aus dem angloamerikanischen Bereich ergeben bei Erwachsenen Raten von 2,5%- 5,7% (Greenfield 1999, Griffith et al., 2004). Deutsche Studien zu Prävalenzraten sind im Laufe der Jahre genauer geworden und kommen vermutlich deshalb zu geringeren Zahlen. Die im Folgenden aufgelisteten Studien beziehen sich ganz konkret auf Heranwachsende mit Computerspielabhängigkeit:

- 3,2 % *Internetsüchtige* in einer Studie mit ca. 7000 Jugendlichen & Erwachsenen (Hahn & Jerusalem, 2001),
- 9,3 % *exzessive Computernutzer* in einer Stichprobe von 323 Kindern (Grüsser et al. 2005),
- 6,3 % von 221 Jugendlichen mit pathologischem Computerspielverhalten (Wölfling 2008),
- 1,7 % Computerspielabhängige in einer Population von Jugendlichen (Rehbein et al. 2009).

Allerdings ist selbst die Vergleichbarkeit auch dieser Ergebnisse insofern beschränkt, da die Untersuchungen in einem Zeitraum von etwa 10 Jahren stattfanden und die Rekrutierungskriterien und Erhebungsweisen keinesfalls dieselben waren. Es ist zu vermuten, dass sich die realen Zahlen momentan zwischen den von Rehbein et al. (2009) und den von Wölfling (2008) ermittelten Zahlen bewegen. Aufgrund dieser aktuellen deutschen Studien kann im Hinblick auf die Computerspielabhängigkeit von Jugendlichen von einer Prävalenz zwischen 2-6% (1,7%-6,3%) ausgegangen werden (Wölfling et al. 2008, Rehbein et al. 2009). Aber selbst wenn festgestellt würde, dass sich die konkreten Zahlen am unteren Rand dieses Bereichs bewegen, dass also etwa zwei Prozent der Bevölkerung computerspiel- und/oder internetabhängig ist und psychische Hilfe benötigt, dann wäre dies auch im Vergleich zu anderen psychischen Störungen keinesfalls wenig, wenn man bedenkt, dass die Prävalenz der Schizophrenie in Deutschland beispielsweise bei 0,5-1 % liegt.

Konkrete Angaben über die Prävalenz sind allerdings immer noch mit Vorbehalt zu betrachten, da die Entwicklung weiter im Fluss ist. Einerseits wird es aufgrund einer verbesserten Prävention eventuell zu Adaptionsphänomenen kommen, die einer fortschreitenden Steigerung der Prävalenzraten entgegenwirken könnten. Andererseits dürfte die sich nach wie vor exponentiell vergrößernde und stetig wandelnde Medienlandschaft erst einmal zu einer weiteren Verschlimmerung der Problematik im Sinne einer Prävalenzsteigerung führen. Länder wie Taiwan und Südkorea, in denen Internetzugänge aus wirtschaftspolitischen Überlegungen für Bürger subventioniert wurden, haben bereits mit deutlich größeren epidemiologischen Dimensionen zu kämpfen. Hier werden Prävalenzdaten zwischen 11,7-20,3% (Ha et al., 2006; Lin und Tsai, 2002) beschrieben. Diese dramatisch hohen Zahlen spiegeln sich auch in der bisher einmaligen südkoreanischen Versorgungslandschaft mit Beratungsstellen und Therapieeinrichtungen wider. Die deutsche Behandlungspraxis steckt dagegen im Vergleich noch in den Kinderschuhen.

Therapie

Ebenso wie im Bereich Diagnostik können auch Beratungs- und Behandlungsangebote differenziert werden. Je nachdem, wie das Krankheitsbild eingeschätzt wird, wird auch die therapeutische Herangehensweise gewählt. Das heißt, dass es in der Diskussion von Bedeutung ist, aus welcher fachlichen Perspektive das Phänomen Medienabhängigkeit betrachtet wird. Dies sollte vor allem vor dem Hintergrund klinischer Studien zur Nosologie und Diagnostik von Medienabhängigkeit geschehen. Hier hängt es bedauerlicherweise häufig eher davon ab, aus welcher Fachdisziplin die Kliniker oder Wissenschaftler kommen, als von der Phänomenologie des Gegenstands ihrer Betrachtung. Dies geht so weit, dass sich der Eindruck aufdrängt, dass die hinter Kliniken stehenden Unternehmen ein Interesse daran haben, sich eine gewisse Deutungs- und Therapiehoheit des Phänomens zu sichern.

Tab. 3: Unterscheidungen in der Versorgung von Menschen mit Medienabhängigkeit

- beratend - therapeutisch
- kinder- & jugendpsychiatrisch - erwachsenenpsychiatrisch
- psychiatrisch - psychosomatisch
- suchttherapeutisch - rehabilitativ
- ambulant - teilstationär - stationär
- psychotherapeutisch - psychopharmakologisch
- gruppentherapeutisch - einzelpsychotherapeutisch
- verhaltenstherapeutisch - tiefenpsychologisch - systemisch

Wird sowohl im quantitativen als auch qualitativen Sinne vor Augen geführt, wie differenziert der Bedarf an Beratung und Therapie von Medienabhängigen im Allgemeinen und Computerspielabhängigen im Besonderen ist, dann wird evident, wie wichtig es ist, dass das Hilfesystem in diesem Sektor ein möglichst vielfältiges Angebot vorhält. In Tabelle 3 sind einige verschiedene Beratungs- und Behandlungsmodalitäten aufgeführt, nach denen differenziert werden kann. Diese sind aber nicht als sich gegenseitig ausschließende Modi zu verstehen, sondern im besten Fall als Teile eines sich ergänzenden Hilfesystems, das ebenso umfassend wie flexibel auf die individuellen Bedürfnisse von Klienten beziehungsweise Patienten zu reagieren vermag.

Die Beratung von Computerspielabhängigen und deren Angehörigen wird in Deutschland zu einem Großteil von Beratungsstellen bestritten, die sich schon in der Beratung von pathologischen Glücksspielern bewährt haben. Die therapeutische Arbeit leisten vor allem Ärzte und klinische Psychologen, die sich in Spezialambulanzen und -praxen etabliert haben, wobei diese in Deutschland nur vereinzelt zu finden sind und den Bedarf keineswegs abdecken können.

Da das Durchschnittsalter der Computerspielabhängigen immer weiter zu sinken scheint, was damit zusammenhängen dürfte, dass Computerspiele immer früher und intensiver die Kinder- und Jugendzimmer erobern, sind immer mehr Kinder- und Jugendpsychiater und -psychotherapeuten gefordert, sich mit dem neuartigen Krankheitsbild auseinanderzusetzen. In der Erwachsenenpsychiatrie und -psychotherapie erfolgt die Behandlung von Medienabhängigkeit eher im Rahmen suchtmedizinischer und akutpsychiatrischer Behandlungseinheiten. Ein akuter Entzug von bestimmten Medieninhalten wird eher auf einer psychiatrischen Akutstation durchgeführt, um etwaige Impulsdurchbrüche im Sinne von Eigen- oder Fremdgefährdung kompensieren zu können. Entwöhnungsbehandlungen werden dann eher in Fachkliniken durchgeführt, die auch auf andere stoffungebundene und stoffgebundene Abhängigkeitserkrankungen spezialisiert sind. In Kliniken für Psychosomatik bzw. für Psychotherapeutische Medizin geschieht dies eher in Spezialambulanzen oder stationär psychotherapeutisch in Rehabilitationskliniken bzw. Psychotherapie-Kliniken.

Bei stationären Psychotherapie- bzw. Entwöhnungsbehandlungen besteht allerdings das Problem, dass die Betroffenen zumeist weit entfernt in einem psychotherapeutischen Umfeld behandelt werden, das selbst auch einen gewissen künstlichen bzw. virtuellen Charakter hat, was die Übertragbarkeit der gemachten Erfahrungen und des Erlernten nach der Rückkehr in das zumeist unveränderte Lebensumfeld bisweilen erheblich einschränkt. Insofern besteht neben den ambulanten und stationären Behandlungsoptionen in jedem Fall auch ein Bedarf an teilstationären bzw. tagesklinischen Therapieangeboten, die sowohl von psychosomatischen als auch psychiatrischen Einrichtungen vorgehalten werden können. Dies hat den Vorteil, dass die computerspielabhängigen Patienten, die ja nicht selten weder die Schule besuchen noch einer Arbeit nachgehen, auch einen regelmäßigen Tagesablauf einüben und vor allem alles Erfahrene und Gelernte im Alltag erproben können. Tageskliniken haben auch den Vorteil, dass sie in der Regel nicht ausschließlich psychotherapeutisch arbeiten, sondern gegebenenfalls auch psychopharmakologisch behandeln können.

Eine etwaige psychopharmakologische Behandlung von Computerspielabhängigen orientiert sich nicht zuletzt auch an der über die Abhängigkeitsproblematik hinausgehende Psychopathologie und Komorbidität. Bei komorbiden Depressionen und Angststörungen im engeren Sinne ist vor allem an Antidepressiva vom Typ der selektiven Serotonin-Wiederaufnahmehemmer zu denken. Schlafanstoßende bzw. schlafmodulierende Antidepressiva können gerade bei einer massiven Beeinträchtigung des Schlaf-Wachrhythmus durch nächtliches Spielen im Internet indiziert sein. Bei ausgeprägter Unruhe und Schlaflosigkeit können auch Tranquilizer und

Hypnotika eingesetzt werden, wobei hier vor einer Suchtverschiebung zu warnen ist, weshalb alternativ auch an niederpotente Neuroleptika zu denken ist. Bei erhöhter Impulsivität und affektiver Labilität, eventuell gepaart mit Eigen- und Fremdgefährdung, ist auch an die Gabe von stimmungsstabilisierenden Präparaten wie Antikonvulsiva und atypische Neuroleptika zu denken. Letztere können auch bei psychotischen Dekompensationen indiziert sein, die aber eher selten auftreten. Grundsätzlich ist der Nutzen der Psychopharmaka gegenüber dem Auftreten möglicher Nebenwirkungen abzuwägen. Auch darf deren Gabe nicht dazu führen, dass die psychotherapeutischen Behandlungsmaßnahmen hierdurch beeinträchtigt und geschwächt werden. Ähnlich wie in der Entwöhnungsbehandlung stoffgebundener Abhängigkeitserkrankter sollten die Psychotherapieverfahren im Zentrum der Aufmerksamkeit von Patient und Behandler stehen.

Die psychotherapeutische Praxis zur Behandlung von Computerspielabhängigkeit in Deutschland ist sehr vielfältig. So werden sowohl einzel- als auch gruppentherapeutische als auch kombinierte Behandlungskonzepte verfolgt. Allerdings hat sich noch kein Verfahren hinreichend durchsetzen können, was nicht zuletzt daran liegt, dass es zumindest im deutschsprachigen Raum bisher keine veröffentlichten Therapiestudien gibt, die einen Ansatz gegenüber anderen herauszuheben vermögen. Insbesondere die beiden etablierten Therapieverfahren sowie die systemische Therapie werden aber vermutlich langfristig in der Behandlung von Medienabhängigen ihren Platz haben.

Kognitiv-behaviorale Therapieansätze, die sich an der Behandlung von stoffgebundenen Abhängigkeiten orientieren, sind die in der Literatur mit Abstand am häufigsten empfohlenen Therapieverfahren zur Behandlung von Internetabhängigkeit. Dies gilt nicht nur für die zunächst führenden Wissenschaftler aus dem angloamerikanischen Bereich (Young, 1999; Greenfield, 1999), sondern auch für deutsche Forscher, insbesondere der Arbeitsgruppe um Grüsser und Wölfing (Grüsser & Thalemann 2006). Der kognitive Therapieanteil setzt dabei auf die Analyse und Veränderung pathologischer Denkprozesse im Hinblick auf die Erkennung positiver Verstärker (virtuelle Belohnungen) und negativer Verstärker (reale Kränkungen). Der verhaltenstherapeutische Teil zielt mehr auf die konkrete Veränderung von Verhaltensweisen ab, wobei es vor allem darum geht, das pathologische Mediennutzungsverhalten durch positive Erlebnis- und Verhaltensweisen in der konkret-realen Umwelt zu ersetzen.

Psychodynamische Ansätze versuchen zu eruieren, was an der konkret-realen Welt als kränkend bzw. krankmachend erlebt wird und was in der virtuellen Welt als positiv empfunden und gesucht wird (te Wildt, 2004). Diese Fragen spielen bereits für die Diagnostik der tieferliegenden bzw. komorbiden Störungen eine entscheidende Rolle. Mit der Aufdeckung der dahinter liegenden Psychodynamik, die die Bewegung aus der realen in die virtuelle Welt beschreibt, ergibt sich die Möglichkeit, zu dieser eine Distanz zu entwickeln. Dabei spielt die Beziehungserfahrung mit dem Psychotherapeuten eine besondere Rolle, weil diese in der konkret-realen Welt geschieht. Im Rahmen dieser Beziehung können neue Erfahrungen und Affekte erschlossen und erlebbar gemacht werden, was sich schließlich auch auf das Lebensumfeld der Klienten übertragen lässt. Tiefenpsychologische Verfahren werden in der Behandlung von Medienabhängigen vermutlich weniger in der Akutphase als vielmehr mittel- und langfristig eine Rolle spielen.

Dagegen kann die systemische Beratung und Therapie gerade in der Motivierungsphase der Klienten, sogar dann wenn bei ihnen noch überhaupt keine Krankheitseinsicht besteht, hilfreich sein. Über diese Behandlungsform, in die Eltern, Geschwister, Partner und andere Bezugspersonen mit einbezogen werden können, kann eine Computerspielabhängigkeit nicht nur als das Problem eines Einzelnen, sondern auch als Symptom eines Familien- und Beziehungsgeflechts verstanden und behandelt werden. Dies gilt nicht nur, aber gerade auch für die Kinder- und Jugendpsychiatrie und -psychotherapie. Die Übernahme von Verantwortung aller Beteiligten führt nicht selten bei dem unmittelbar Betroffenen zu der Bereitschaft, auch für sich eine Veränderung herbeizuführen, gegebenenfalls eben auch in einer elaborierten Einzel- oder Gruppentherapie, ambulant, teilstationär oder stationär.

Welche psychotherapeutischen Verfahren sich aber langfristig bei der Behandlung von Internetabhängigkeit als evident hilfreich erweisen werden, kann sich erst herausstellen, wenn das Störungsbild selbst in seinen Grundzügen besser erforscht ist. Vermutlich werden alle drei Verfahren bei verschiedenen Patienten und in unterschiedlichen Krankheitsphasen einen Nutzen entfalten. Neben diesen drei Psychotherapieverfahren im engeren Sinne werden in Deutschland aber selbstverständlich bereits auch körpertherapeutische, ergotherapeutische, kunsttherapeutische, arbeitstherapeutische und andere Verfahren eingesetzt (siehe auch Kapitel *Behandlung*). Ge-

rade Therapieformen, bei denen es darum geht, die konkret-reale, physische Umwelt, zu der ja auch der eigene Körper gehört, neu zu entdecken und zu erleben, dürften in der Behandlung Computerspielabhängiger, insbesondere der ganz jungen, in Zukunft eine besonders große Rolle spielen. Ihnen muss nicht zuletzt auch aus wissenschaftlicher Perspektive viel mehr Aufmerksamkeit zuteil werden. Zu der Vielfalt der Behandlungsansätze werden sicherlich noch einige weitere hinzukommen.
In jedem Fall erscheint ein polypragmatischer Therapieansatz als wünschenswert, der den Dialog zwischen Akutmedizin und rehabilitativen Verfahren, zwischen Psychiatrie und Psychotherapie und Psychotherapeutischer Medizin wahrt, so wie es sich bereits bei der Behandlung des pathologischen Glücksspiels bewährt hat. – Dementsprechend groß ist die Vielfalt der bereits bestehenden Behandlungsansätze, die man keiner zu groben Vereinheitlichung unterziehen sollte. Hier gilt es, sich in erster Linie nach der Bedürfnislage bzw. der Nachfrage der Betroffenen zu richten und nicht nach den Eigeninteressen der Anbieter im Rahmen eines Gesundheitssystems, das sich in einem kritischen Zustand befindet. Nicht zuletzt gilt es in diesem Zusammenhang zu erwähnen, dass es hierbei auch die Selbstwirksamkeit der Betroffenen und ihrer Angehörigen im Rahmen der sich gerade entfaltenden Selbsthilfebewegung zu unterstützen gilt. Bei den meisten anderen psychischen Erkrankungen konnten sich Selbsthilfegruppen allerdings auch erst dann richtig etablieren, wenn sie gesellschaftlich und auch offiziell als solche anerkannt wurden.

Prävention

Die Versorgungslandschaft zur Prävention von Computerspielabhängigkeit in Deutschland stellt sich als eine bunte Landkarte dar, die die verschiedensten Angebote vorhält, aber noch kein flächendeckendes Netzwerk bereitstellt. Diese Landkarte verzeichnet vielmehr einzelne Leuchtturmprojekte, die sich insbesondere in den Ballungszentren etabliert haben. Wenngleich viele dieser Projekte bereits überzeugende Präventionsarbeit leisten, mangelt es aber noch gänzlich an *evaluierten* Präventionskonzepten für Computerspielabhängigkeit, deren Wirksamkeit überprüft ist.
Die dringende Notwendigkeit von Präventionsangeboten, die einer pathologischen Entwicklung im Zusammenhang mit Bildschirmspielen entge-

genwirken sollen, wird zum einen durch die weite Verbreitung von Computerspielabhängigkeit deutlich. Zum anderen ergibt sich der Handlungsbedarf ganz besonders auch dadurch, dass pathologische Computerspielnutzung neben den unmittelbaren psychosozialen Folgen negative Auswirkungen für die gesamte Entwicklung des Individuums hat, denen es vorzubeugen gilt. So behindert pathologisches Computerspielverhalten zum Beispiel die Entwicklung von Problemlösekompetenzen. Dies wiederum gilt als Risikofaktor für die Entwicklung einer Abhängigkeitserkrankung im Erwachsenenalter (Griffiths & Wood, 2000; Grüsser et al., 2005). Darüber hinaus ist davon auszugehen, dass technologische Weiterentwicklungen noch stärkere Spielanreize hervorbringen werden, die wiederum die Wahrscheinlichkeit einer Computerspielabhängigkeit erhöhen werden.

Dem gilt es anhand von adäquaten und spezifischen Präventionsangeboten entgegenzuwirken. Der Ausbau einer flächendeckenden Angebotsstruktur für Deutschland scheint daher als dringend indiziert. Ziel ist es, problematischem Computerspielverhalten vorzubeugen, indem die allgemeine Bevölkerung für das Abhängigkeitspotential von Bildschirmspielen sensibilisiert, individuelle Medienkompetenz gefördert und allgemeine Schutzfaktoren gestärkt werden.

Wie eingangs erwähnt, wurden bereits erste Präventionsangebote in Deutschland von Fachkräften verschiedener Fachbereiche etabliert. So haben sich dem Thema im Wesentlichen die drei Fachbereiche *Medienpädagogik, Jugendmedienschutz* und *Suchtprävention* aus unterschiedlichen Perspektiven angenähert.

Medienpädagogik als wissenschaftliche Disziplin beschäftigt sich allgemein mit den erzieherischen Themen und Problemen im Zusammenhang mit Mediennutzung. Dabei wird die Bedeutung von Medien für Lernprozesse aufgegriffen, die Förderung von Medienkompetenz berücksichtigt sowie zu einem reflektierten Medienkonsum angeleitet. Letztere bilden die Schnittstelle von Medienpädagogik und der Prävention von Computerspielabhängigkeit. Die Förderung von Medienkompetenz und die Anleitung zum reflektierten Medienkonsum sind wirksame Präventionsstrategien.

Für den *Jugendmedienschutz* steht die Bewahrung der Kinder und Jugendlichen vor schädlichen Einflüssen durch Medien im Mittelpunkt. Neben der Schaffung rechtlicher Rahmenbedingungen engagiert sich der Jugendmedienschutz für die Förderung von Medienkompetenz. Der Jugendmedienschutz ist in Deutschland rechtlich im Jugendschutzgesetz (JuSchG) und im Jugendmedienschutz-Staatsvertrag (JMStV) verankert.

Auch für die *Suchtprävention* entsteht mit dem Phänomen der Computerspielabhängigkeit ein neues Aufgabengebiet. Während sich die Suchtprävention traditionell vor allem mit den Substanzabhängigkeiten auseinandergesetzt hat, ist sie nunmehr zunehmend gefordert, sich auch der sogenannten *Verhaltenssüchte* wie die der Computerspielabhängigkeit anzunehmen. Suchtpräventionsfachkräfte berichten, dass sie im Rahmen ihrer bestehenden Angebote immer häufiger mit dem Thema *Umgang mit Bildschirmspielen* konfrontiert werden (Berger, 2008). Die Kernaufgabe suchtpräventiver Angebote besteht darin, der Entwicklung einer Suchterkrankung vorzubeugen beziehungsweise einem chronischen Verlauf entgegenzuwirken. So engagiert sich der Fachbereich *Suchtprävention* in Deutschland stark für die Prävention von Computerspielabhängigkeit und fühlt sich für das neue Aufgabengebiet verantwortlich. Dabei gilt es die Schnittstellen zu den Fachbereichen Medienpädagogik und Jugendmedienschutz konstruktiv zu nutzen, damit das gemeinsame Ziel, pathologische Nutzungsmuster von Bildschirmmedien zu verhindern, erreicht werden kann (siehe Abb. 1).

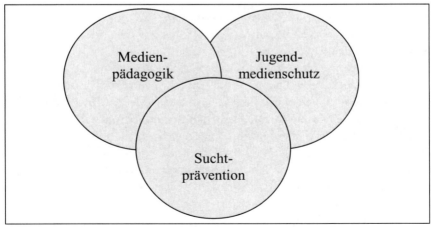

Abb. 1: Beteiligte Fachbereiche bei der Prävention von Computerspielabhängigkeit

Die Ansätze der jeweiligen Fachbereiche sind nicht als sich konkurrierende, sondern vielmehr als einander ergänzende Angebote zu verstehen, die gemeinsam der Entstehung von Computerspielabhängigkeit entgegenwirken. Es empfiehlt sich daher zum Beispiel, regionale, fachbereichsübergreifende Arbeitskreise zu etablieren, um Schnittstellen zu definieren und Angebote zu koordinieren.

Neben der Fachrichtung besteht ein weiteres Unterscheidungsmerkmal der bestehenden Angebote in den definierten Zielgruppen. Präventionsangebote von Computerspielabhängigkeit richten sich im Wesentlichen an Kinder und Jugendliche sowie an Erziehungsberechtigte und weitere Multiplikatoren. Dabei zeigt sich eine zielgruppenspezifische und damit eine sehr heterogene Angebotsstruktur. So bietet ein Anbieter für Prävention zumeist ein Internetangebot für Eltern, Multiplikatoren und Interessierte sowie einen unterschiedlich gestalteten, separaten Internetauftritt für Kinder und Jugendliche an. Zielgruppenspezifische Ansätze werden an dieser Stelle nicht weiter ausgeführt, da sie im Kapitel *Prävention von Computerspielabhängigkeit* in diesem Buch ausführlich dargestellt werden.

Trotz der fehlenden wissenschaftlichen Überprüfung lässt sich bereits jetzt schon sagen, dass sich eine zielgruppenübergreifende Angebotsstruktur im Sinne der Nachhaltigkeit als effektiv erweisen dürfte. So ist es zum Beispiel ratsam, bei einer Aktion mit Schülern ebenfalls die Lehrer über die Inhalte zu informieren, damit sie nach erfolgter Aktion als Ansprechpartner für die Jugendlichen zur Verfügung stehen.

Darüber hinaus können die existierenden Angebote aufgrund ihrer Zielsetzung unterschieden werden. Während akzeptierende Ansätze auf verantwortungsvollen Umgang mit Medien abzielen, sind vergleichsweise konservative Angebote eher auf Medienabstinenz ausgerichtet. Die überwiegende Mehrzahl der Angebote vertritt eine grundsätzlich akzeptierende Haltung gegenüber Bildschirmspielen. Bildschirmspiele sind mittlerweile ein fester Bestandteil nicht nur der Jugendkultur, sondern der Gesellschaft als Ganzes. Im Rahmen einer solchen Sichtweise geht es in der Prävention vor allem darum, einen eigenverantwortlichen Umgang mit Bildschirmmedien zu fördern, um Risiken vorzubeugen. Zumindest für die Altersstufen im Vorschul- und Grundschulbereich wird eine Abstinenz im Hinblick auf elektronische Medien diskutiert. In diesem Zusammenhang stellt sich die Frage, ab welchem Alter es sinnvoll erscheint, Heranwachsende an Computer im Allgemeinen und Computerspiele im Besonderen heranzuführen.

Diese Frage wird gerade im deutschsprachigen Bereich zum Teil kontrovers diskutiert. Während einige Fachkräfte hier den sinnvollen Umgang mit Bildschirmspielen, insbesondere den Einsatz von Lernsoftwares befürworten, halten wiederum andere Fachkräfte eine Medienabstinenz für sinnvoll. Insgesamt wird hier deutlich, dass – ebenso wie die Behandlung und Diagnostik – auch die Prävention von Computerspielabhängigkeit in Deutschland noch am Anfang steht und der Ausbau sowie die Förderung evaluierter Konzepte dringend erforderlich ist.

Literatur

Berger, C. (2008). Abhängigkeit online: Magazin der Fachstelle für Suchtprävention des Kantons Zürich, 1, 5-7. Verfügbar unter: http://www.suchtpraeventi on-zh.ch/pdf/lautleise2008_1.pdf [01.10.2009].

Griffiths, M. & Wood, R. (2000). Risk factors in adolescence: the case of gambling, videogame playing and the internet. Journal of Gambling Studies, 16, 199-225.

Grüsser, S.M. & Thalemann, C. (2006). Verhaltenssucht: Diagnostik, Therapie, Forschung. Bern: Hogrefe.

Grüsser, S.M. & Thalemann, R. (2006). Computersüchtig? Rat und Hilfe. Bert: Huber.

Grüsser, S., Thalemann, R., Albrecht, U. & Thalemann, C. (2005). Exzessive Computernutzung im Kindesalter – Ergebnisse einer psychometrischen Erhebung. Wiener Klinische Wochenschrift, 117 (5-6), 188-195.

Ha, J.H., Yoo, H.J., Cho, I.H., Chin, B., Shin, D. & Kim, J.H. (2006). Psychiatric co-morbidty assessed in Korean children and adolescents who screen positive for Internet addiction. J Clin Psychiatry, 67, 821-826.

Hahn, A. & Jerusalem, M. (2001). Internetsucht: Jugendliche gefangen im Netz. In Raithel, J. (Hrsg.), Risikoverhalten Jugendlicher. Opladen: Leske & Budrich.

Hahn, A. & Jerusalem, M. (2001). Internetsucht: Validierung eines Instruments und explorative Hinweise auf personale Bedingungen. In A. Theobald, M. Dreyer & T. Starsetzki (Hrsg.), Handbuch zur Online-Marktforschung. Beiträge aus Wissenschaft und Praxis (S. 161-186). Wiesbaden: Gabler.

Ko, C.H., Yen, J.Y., Chen, C.C., Chen, S.H., Yen, C.F. (2005a). Proposed diagnostic criteria of Internet addiction for adolescents. J Nerv Ment Dis, 193, 728-33.

Ko, C.H., Yen, J.Y., Yen, C.F., Chen, C.C., Yen, C.N. & Yen, S.H. (2005b). Screening for Internet Addiction: An Empirical Study on Cut-off Points for the Chen Internet Addiction Scale. J Med Sci, 21, 545-51.

Kratzer, S. (2006). Pathologische Internetnutzung. Eine Pilotstudie zum Störungsbild. Lengerich: Pabst Science Publishers.

Küfner, H. & Kröger, C. (2009). Unterschiedliche Ansätze in der Primärprävention. In R. Thomasius, M. Schulte-Markwort, U. Küstner & P. Riedesser (Hrsg.), Suchtstörungen im Kindes- und Jugendalter (S. 347-365). Stuttgart: Schattauer.

Lin, S.S. & Tsai, C.C. (2002). Sensation seeking and Internet dependence of Taiwanese high school adolescents. Computers in Human Behavior, 18, 411-26.

Meerkerk, G.-J., Van Den Eijnden, R. J. J. M., Vermulst, A. A. & Garretsen, H. F. L. (2009). The Compulsive Internet Use Scale (CIUS): Some Psychometric Properties. Cyberpsychology & Behavior, 12 (1), 1-6.

Niesing, A. (2000). Zusammenhang des Persönlichkeitsmerkmals Impulsivität und Internetsucht. Diplomarbeit. Abteilung Klinische Psychologie, Technische Universität Berlin.

Petersen, K.U., Weymann, N., Schelb, Y., Thiel, R. & Thomasius, R. (2009). Pathologischer Internetgebrauch – Epidemiologie, Diagnostik, komorbide Störungen und Behandlungsansätze. Forschritte Neurologie Psychiatrie, 77, 263-71.

Petry, J. (2003). Pathologischer PC-Gebrauch: Nosologische Einordnung und Falldarstellungen. In Ott, R. & Eichenberg, C. (Hrsg.), Klinische Psychologie und Internet. Potenziale für klinische Praxis, Intervention, Psychotherapie und Forschung (S. 257-70). Göttingen: Hogrefe.

Rehbein, F., Kleimann, M. & Mößle, T. (2009). Exzessives Computerspielen und Computerspielabhängigkeit im Jugendalter – Ergebnisse einer deutschlandweiten Repräsentativbefragung. Die Psychiatrie, 6 (3), 140-146.

Rehbein, F., Kleimann, M. & Mößle, T. (2010). Prevalence and Risk Factors of Video Game Dependency in Adolescence: Results of a German Nationwide Survey. CyberPsychology & Behavior, and Social Networking. ahead of print. doi: 10.1089/cpb.2009.0227.

te Wildt, B.T., Kowalewski, E. & Meibeyer, F. (2006a). Identität und Dissoziation im Cyberspace: Kasuistik einer dissoziativen Identitätsstörung im Zusammenhang mit einem Internet-Rollenspiel. Nervenarzt, 77, 81-4.

te Wildt, B.T., Ohlmeier, M., Putzig, I., Post, M., Zedler, M. & Ohlmeier, M. (2007). Internetabhängigkeit als ein Symptom depressiver Störungen. Psychiatrische Praxis, 34, S318-22.

Thalemann, R., Alebrecht, U., Thalemann, C. & Grüsser, S.M. (2004). Kurzbeschreibung und psychometrische Kennwerte des "Fragebogens zum Computerspielverhalten bei Kindern" (CSVK). Psychomed, 16, 116-33.

Uhl, A. (2005). Präventionsansätze und -theorien. Wiener Zeitschrift für Suchtforschung, 3/4, 39-45.

Wölfing, K. & Müller, K.W. (2008). Phänomenologie, Forschung und erste therapeutische Implikationen zum Störungsbild Computerspielsucht. Psychotherapeutenjournal, 7 (2), 128-32.

Wölfling, K., Thalemann, R. & Grüsser-Sinopoli, S.M. (2008). Computer game addiction: a psychopathological symptom complex in adolescence. Psychiatrische Praxis, 35 (5), 226-32.

Young, K.S. (1998). Caught in the Net. New York: John Wiley & Sons.

Young, K.S. (1996). Internet addiction: The emerge of a new clinical disorder. CyberPsychology and Behavior, 1, 237-44.

2 Behandlungssituation und Behandlungskosten von Medienabhängigkeit und pathologischem Glücksspiel in Deutschland

Felix Wedegärtner & Carolin Wedegärtner

Die Behandlungssituation von glücksspielabhängigen und noch viel stärker von medienabhängigen Menschen in Deutschland ist geprägt vom Nachholbedarf der Versorgungsstrukturen. Eine mangelnde Erfassung der Fallzahlen und eine nicht abgeschlossene Operationalisierung behindern vor allem noch eine seriöse Kostenschätzung der Behandlung von Medienabhängigkeit. Über lange Wartezeiten führt der Weg oft in die Rehabilitation. Dies ist aber nicht notwendigerweise immer der richtige Weg.

Während über die längste Zeit unter dem Begriff „Spielsucht" vor allem das pathologische Glücksspiel verstanden wurde, erfordert die sprachliche Genauigkeit mittlerweile eine Unterscheidung zwischen Glücksspiel und anderen stoffungebundenen Tätigkeiten, die im weitesten Sinne etwas mit Spielen zu tun haben und zumeist mit einem mehr oder weniger exzessiven Medienkonsumverhalten assoziiert sind. Die begrifflichen Schwierigkeiten sind teilweise einer Besonderheit der deutschen Sprache geschuldet, weil im Glücksspiel und Computerspiel das kindliche Spiel anklingt, dies im Gegensatz zum englischen „gambling" und dem französischen „jeux d'argent". In umgangssprachlicher Unschärfe wird noch immer oft von „Spielsucht" gesprochen. Allerdings ist das kindlich Spielerische bedauerlicherweise oft das Gegenteil dessen, was die jeweilige Symptomatik für die Betroffenen ausmacht. Deswegen sollen im Folgenden die Begriffe pathologisches Glücksspiel und Medienabhängigkeit verwendet werden.

Während davon auszugehen ist, dass sich der Komplex Medienabhängigkeit vor dem Hintergrund eines Quantensprungs informationsverarbeitender Technologien in der jetzigen Ausprägung erst in den letzten zwei Dekaden entwickeln konnte, und die wissenschaftliche Literatur dementsprechend knapper ist, sind die möglichen negativen Auswirkungen des Glücksspiels seit Jahrzehnten Gegenstand zahlreicher wissenschaftlicher Untersuchungen (Shaffer & Korn, 2002).

Beim Glücksspiel wird etwas von Wert auf den Ausgang eines Ereignisses gesetzt, bei dem die Wahrscheinlichkeit zu gewinnen oder zu verlieren unsicher ist (Korn, 1999). Glücksspieler wissen, dass sie etwas einsetzen, dass die Wette unumkehrbar ist und der Ausgang überwiegend oder ausschließlich vom Zufall abhängig ist. Dieses menschliche Verhalten ist seit Urzeiten beschrieben (Fleming, 1978). Einem Urinstinkt entsprechend prägt es sich in vielen Lebenssituationen aus und findet seine Entsprechung auch in vielen Elementen des Konsums von Computerspielen.

Glücksspiel tritt im Verhalten der Menschen in einem Kontinuum zwischen *gar nicht* und *fast permanent* auf. Wie bei der Tabak- und Alkoholabhängigkeit entsteht der größere gesellschaftliche Schaden in der Gruppe der problematischen Konsumenten und nicht bei den am stärksten Abhängigen (Brownson et al., 1997), dies allein aufgrund der weitaus höheren Zahl der Betroffenen.

Glücksspieler und Medienabhängige setzen im Wesentlichen identische Werte während des Konsums ein. Dies sind primär Geld und Lebenszeit, aber auch menschliche Bindungen, Arbeit, Tagesrhythmus und -struktur oder körperliche Pflege beziehungsweise Selbstzuwendung. Glücksspieler erhalten im statistischen Mittel immer weniger zurück, als sie eingesetzt haben, und können dies auch in Euro und Cent benennen. Bei Medienabhängigen ist die Bilanz häufig nicht so klar zu ziehen, da der Geldeinsatz weniger intensiv ist und das Verhalten im nicht-pathologischen Bereich als Konsum eines Alltagskulturguts daherkommt. Zumindest ist das Aufbauen von Ambivalenz zum Suchtmittel bei Medien- bzw. Computerspielabhängigen oft deutlich schwieriger und es besteht ein latentes Gefühl, doch etwas bekommen zu haben, das Glücksspieler in der Regel nicht haben (Chiou & Wan, 2007).

Ökonomische Triebkräfte im Bereich Glücksspiel- und Medienabhängigkeit

Die Industrieunternehmen in den Bereichen Glücksspiel und Computerspiel konnten seit den Neunzigerjahren weltweit massive Umsatz- und Gewinnsteigerungen verzeichnen. Lediglich in Nordamerika und lediglich in Bezug auf Glücksspiel sind die Hauptkräfte hierfür ausführlich studiert worden. Die erste Hauptkraft für die Expansion und Rezession von Glücksspiel in einem Gebiet ist der Wille der politischen Entscheidungsgremien. Entscheidungen zur Liberalisierung des Glücksspielmarkts sind im Übermaß davon geprägt, Einnahmenvermehrung zu betreiben, ohne neue oder höhere Steuern und Abgaben zu erheben (Korn, 1999). Als Hauptkraft von zweitem Rang erwies sich die Tourismusindustrie. Bei der Entwicklung und Marktplatzierung neuer sowie der Expansion bekannter Destinationen spielt das Vorhandensein von Glücksspielmöglichkeiten eine wesentliche Rolle und führt zu überdurchschnittlichen Wachstumsraten. Als dritte Hauptkraft erwies sich der Aufstieg neuer Technologien, die das Glücksspiel an sich attraktiver machten und die Spielbarrieren heruntersetzten, wie Videoglücksspielterminals, (offshore) Internetglücksspiel und Megalotterien[1] (Korn, 1999). Aus Sicht der Suchtforschung ist es nicht überraschend, dass freie Marktkräfte kaum eine Rolle spielten, da alle Suchtstoffe demeritorisch sind, das heißt, dass die Nachfrage immer weit über dem gesellschaftlich gewünschten Ausmaß liegt, und insofern eine Angebotsregulation geboten ist. Zur Illustration sei hier der Effekt einer Veränderung der Regulierung von Geldspielautomaten in Deutschland genannt. Anlässlich der Novelle der Spielverordnung zum 1.1.2006 kam es zu einer Marktliberalisierung, welche es erlaubte, mehr Automaten pro Fläche aufzustellen, kürzere Spielsequenzen einzuführen und durchschnittliche Stundenverluste zu erhöhen, was bei optimalem Faktoreinsatz zu einer Marktexpansion von etwa 30% führen konnte. Dies trat tatsächlich in ge-

---

[1] Offshore Internetglücksspiel zeichnet sich durch weltweite Teilnahmemöglichkeiten und Platzierung der Glücksspielserverinfrastruktur in Steueroasen oder Staaten mit laxer Glücksspielkontrolle aus. Megalotterien sind überstaatlich bzw. international organisierte Lotterien mit sehr großen Jackpots und internationaler Teilnahmemöglichkeit. Ein aktuelles Beispiel wäre "Euromillions".

nau diesem Ausmaß ein. Zum 1.1.2008 war bundesweit der durchschnittliche jährliche Verlust der erwachsenen Einwohner zwischen 18 und 65 Jahren an Spielgeräten entsprechend gestiegen, beispielsweise in Hannover um exakt 30% auf 64 Euro pro Jahr. Es besteht also eine straffe Nachfrage nach Glücksspiel, welche Angebotsausweitungen umgehend *auffängt*.

Während die ersten beiden Hauptkräfte der allgemeinen Lebenserfahrung entsprechen, überrascht die inhaltliche Verkehrung in der Begründung der dritten Hauptkraft doch, weil impliziert wird, dass nicht das menschliche Bedürfnis nach Glücksspiel die technologische Entwicklung fördert, sondern umgekehrt. Zwar unterscheiden die Bedingungen des Marktwachstums die Medienabhängigkeit und die Glücksspielabhängigkeit qualitativ, da im Bereich Medienabhängigkeit die Suchtmittel bislang weitgehend unregulierten Marktkräften unterliegen. Bei neuerlichem, zweistelligen Marktwachstum im Bereich der Computerspiele in 2008 (Bertsch & Koch, 2009) in Abwesenheit technologischer Quantensprünge in dieser Zeit, bleibt aber die Frage offen, ob hier nicht analog zum Glücksspielmarkt ebenfalls eine solche reziproke Marktbeziehung entstanden ist.

Zur Einordnung der gesellschaftlichen Bedeutung eines Suchtmittels müssen allerdings auch die sozialen Kosten betrachtet werden. Hierbei werden öffentliche Kosten durch Produktivitätsverluste, Insolvenz, ausfallende Kreditforderungen, nicht gezahlte Einkommensteuer, soziale Kosten der Kriminalität, Kosten von Lobbyarbeit der Industrieunternehmen, Korruption und Kannibalisierung anderer Branchen und Ähnliches mit privaten Kosten durch Spieleinsätze, Arbeitsplatzverlust, seelischen Folgekrankheiten und so weiter kombiniert. Auf das Glücksspiel angewandt, das stärkste privatökonomische Auswirkungen hat, kann so die geradezu aberwitzige Schadenssumme von etwa 40,7 Milliarden EUR pro Jahr in Deutschland errechnet werden (Fiedler, 2008). Öffentliche Kosten inklusive Behandlung machen dabei relativ bescheiden wirkende 1,6 Mrd. EUR aus. Sofern für den Komplex Medienabhängigkeit eine Kostenschätzung erfolgt, müsste gefordert werden, dass eine analoge Betrachtung unter Berücksichtigung öffentlicher und privater Kosten erfolgt, da nur so die gesamtwirtschaftliche Bedeutung des Phänomens deutlich wird. Es gibt wenige seriöse Schätzungen zu den Behandlungskosten der Glücksspielabhängigkeit und gar keine zu den Kosten der Medienabhängigkeit (Ladouceur et al., 1994; Fiedler, 2008; Walker, 2007; Künzli et al., 2009). Allerdings erscheint momentan die Berechnung von Behandlungskosten gerade auch vor dem

Hintergrund unterentwickelter Behandlungsstrukturen für die Erschließung der Bedeutung der Phänomene noch nachrangig. Auf den Komplex Medienabhängigkeit angewandt wären zunächst geringere Grundkosten dadurch anzunehmen, dass geringere Geldeinsätze erforderlich sind, beispielsweise in Computerspielen, und die Betroffenen jünger sind. Oftmals können sie mangels eigener Verdienste ohnehin weniger Geld einsetzen. Bei der Berechnung des Produktivitätsverlusts wäre dies besonders zu beachten, da die Betroffenen häufig noch am Übergang zur eigenen Berufstätigkeit stehen. Dies ist eine Lebensphase mit geringer materieller Produktivität, in der aber das Produktivitätspotential überwiegend herausgebildet wird. Insofern wäre eine Berechnung der sozialen Kosten, die den immateriellen Verlust an Entwicklungsmöglichkeiten durch Medienabhängigkeit unberücksichtigt lässt, nicht dazu in der Lage, die wahre Bedeutung des Phänomens richtig einzuschätzen.

Behandlungssituation in Deutschland

Im Jahre 2001 erfolgte die Anerkennung des Störungsbildes „pathologisches Glücksspiel" als eigene Krankheitsentität im Rahmen von Rehabilitationsverfahren. Pathologisches Glücksspiel wurde in der Empfehlungsvereinbarung der Spitzenverbände festgelegt als „andauerndes und wiederkehrendes Glücksspielverhalten, das nosologisch als Impulskontrollstörung eingeordnet, gleichzeitig jedoch als Abhängigkeitssyndrom operationalisiert wird". Diese Entscheidung bewirkte, dass Behandlungseinrichtungen sich im Rehabilitationsbereich auf die Behandlung von pathologischen Glücksspielern verlegten, bevor im Bereich der Akutbehandlung entsprechende Spezialisierungen stattfanden. Aufgrund der Verwandtschaft beider stoffungebundener Abhängigkeitserkrankungen haben sich in Deutschland die Behandlungsstrukturen für Medienabhängige im stationären Bereich hiernach überwiegend als Teile von Einrichtungen entwickelt, die auch Glücksspieler behandeln.

Da es nur wenige Einrichtungen in Deutschland gibt, die spezialisierte Angebote für Glücksspieler und Medienabhängige im Rahmen der Akutbehandlung anbieten, ist die Behandlung noch immer eine Domäne der Rehabilitation, welche trotz allem recht klein ist: Nach letzter Statistik waren in Deutschland zum 31.12.2008 1239 Rehakliniken in Betrieb mit insgesamt 171.060 Betten. Insgesamt wurden stationäre 2.009.526 Rehaverfahren mit einer durchschnittlichen Dauer von 25,3 Tagen durchgeführt (Statistisches Bundesamt (Hrsg.), 2010). Alle psychischen Störungen machten 148.730 Rehaverfahren aus (47,4% Männer). Abhängigkeitserkrankungen machten 42388 dieser Verfahren aus (79% Männer). Allerdings wurden lediglich 695 Rehaverfahren mit der Hauptdiagnose pathologisches Glücksspiel durchgeführt, davon waren 92% Männer (Deutsche Rentenversicherung Bund (Hrsg.), 2009). Die „gefühlte" Anzahl der Rehaverfahren aufgrund pathologischen Glücksspiels, die von den Kliniken informell kommuniziert wird, lässt allerdings darauf schließen, dass die reale Zahl etwa um das Zwei- bis Dreifache darüber liegen muss. Hintergrund ist, dass pathologisches Glücksspiel häufiger die Zweitdiagnose als die Erstdiagnose ist. Die Anzahl der Rehaverfahren mit Depressionen als erste Diagnose überwiegt weit. Das komorbide Vorkommen von pathologischem Glücksspiel prägt dennoch die spezifische Behandlung der Erstdiagnose, ohne dass dies in den Fallstatistiken der Rehabilitationsträger erkennbar wird. Bei Medienabhängigen ist die Abhängigkeit schon deswegen nie die Hauptdiagnose im Verfahren, weil sie gar nicht kodifiziert ist. Grob geschätzt ist zudem das Verhältnis der Rehabilitationsverfahren von überwiegend medienabhängigen Patienten zu Glücksspielern in Kliniken für nichtstoffgebundene Abhängigkeiten etwa 1:10 bis 1:5, so dass momentan bei großer Ungenauigkeit vermutlich von einer Anzahl zwischen 70 und 400 Verfahren pro Jahr bundesweit auszugehen ist. Eine seriöse Kostenschätzung ist darüber hinaus nicht möglich.

Ein Hauptproblem für die Betroffenen und die Sozialversicherungsträger ist momentan also noch die mangelnde Operationalisierung des Krankheitsbilds. So wird die Medienabhängigkeit überhaupt nicht erfasst, weil sie weder als ICD-10/DSM-IV-Diagnose existiert, noch hierfür bislang Empfehlungen der Spitzenverbände vorliegen, die einen spezifischen Behandlungsplan ermöglichen würden. Dennoch sind auch hier gewisse Fortschritte zu sehen. In der im amerikanischen Raum gebräuchlichen Klassifizierung DSM soll in der kommenden fünften Revision nun erstmalig eine stoffungebundene Störung im Bereich der Abhängigkeiten definiert werden (Holden, 2010). Nicht unerwartet ist dies das pathologische Glücksspiel, was damit in der Kategorie der Impulskontrollstörungen entfällt. Der Trend kann Schrittmacher sein für die Meinungsbildung sowohl

in der ICD als auch in den Behandlungsverfahren anderer stoffungebundener Störungen, namentlich der Medienabhängigkeit.
Die geschätzte Fallzahl besteht wohlgemerkt, obwohl die Überlegungen zur diagnostischen Einordnung und zur Abfassung einer Behandlungsempfehlung weit davon entfernt sind, abgeschlossen zu sein. Von dem Symptomenkomplex Medienabhängigkeit geht also ein ganz erheblicher Behandlungsdruck aus, der bereits jetzt eine relevante Fallzahl in den Kliniken erzeugt, obwohl aus technischen Gründen eine Fallzahl von Null zu erwarten wäre.
In diesem Zusammenhang ist es von erheblicher Bedeutung, dass sowohl der Symptomenkomplex der Medienabhängigkeit als auch der Glücksspielsucht mit einer hohen Komorbidität assoziiert sind (Crockford & El-Guebaly, 1998; Kratzer & Hegerl, 2008; Petry et al., 2005; Te Wildt et al., 2007; Yen et al., 2007). In vielen Fällen wird die komorbide Störung, beispielsweise eine depressive Störung, im Antragsverfahren in den Vordergrund gerückt. Dies führt zu zwei Effekten, einerseits, dass Patienten mit stoffungebundener Abhängigkeit im Verfahren vielen verschiedenen Einrichtungen zugewiesen werden, so dass viele Kliniken in den letzten Jahren sich herausgefordert sahen, spezielle Behandlungsprogramme zu entwickeln. Andererseits führt es dazu, dass Patienten in Einrichtungen kommen, die nicht ausreichend spezialisiert sind.
Die Antragszahlen für die Behandlung sind gestiegen, nachdem ab 2008 im Zuge der Verabschiedung des neuen Glücksspielstaatsvertrags flächendeckend in Deutschland Beratungsstellen für Glücksspielsucht entstanden sind, in denen in gewissem Umfange auch Medienabhängige beraten werden. In Niedersachsen wird geschätzt, dass der Kontakt zu jedem zehnten Betroffenen zu einem Rehabilitationsantrag führt, was bislang lediglich zu längeren Wartezeiten bis zum Rehabilitationsantritt geführt hat, weil die Einrichtungen schon zuvor ausgelastet waren.
Der übliche Antragsweg basiert hierbei auf §10 SGB VI zur Abwendung einer Gefährdung der Erwerbsfähigkeit im Rahmen einer Leistung des Rentenversicherungsträgers oder §40 SGB V im Rahmen einer Leistung der Krankenkasse für nicht-berufstätige Erwachsene, Rentner oder Kinder und Jugendliche. Eine Erstbewilligung der Maßnahme durch den Leistungsträger erfolgt grundsätzlich für vier Wochen, ist aber auf acht bis zwölf Wochen verlängerbar und wird in der Regel mit dem Tagessatz der allgemeinen Psychosomatik vergütet. Die Strukturen der Behandlung von

Glücksspielern sind im Gegensatz zu denen der Alkoholabhängigkeit davon geprägt, dass es keine Nachsorgevereinbarung gibt, keine separate Vereinbarung für die ambulante Rehabilitation und den Übergang dorthin und keine Adaptationsübereinkunft. In den Empfehlungsvereinbarungen wird explizit auf die Komorbidität eingegangen, die bereits im Bereich der Glücksspielsucht eine große differenzierende Rolle spielt (Wedegärtner et al., 2008) (siehe Tabelle 1).
Die Empfehlungsvereinbarungen für die Rehabilitation von pathologischem Glücksspiel sehen eine Klinikauswahl, die stark von der Komorbidität und Merkmalen einer zugrundeliegenden Persönlichkeitsstörung beeinflusst ist. Durch dieses pluralistische Vorgehen wird im Interesse der Betroffenen ein Nomenklaturstreit vermieden, der aus der Wahrnehmung der

Tab. 1: Ausschnitt aus den "Empfehlungen der Spitzenverbände der Krankenkassen und Rentenversicherungsträger für die medizinische Rehabilitation bei Pathologischem Glücksspiel"

Pathologische Glücksspieler mit zusätzlicher stoffgebundener Abhängigkeit	Pathologische Glücksspieler, die Merkmale einer Persönlichkeitsstörung, insbesondere vom narzisstischen Typ, aufweisen	Pathologische Glücksspieler, die Merkmale einer depressiv-neurotischen Störung oder einer Persönlichkeitsstörung vom selbstunsicher/vermeidenden Typ aufweisen	Pathologische Glücksspieler mit zusätzlicher psychischer Störung, die für sich genommen eine psychosomatische Rehabilitation erfordert
wenn eine medizinische Rehabilitation angezeigt ist:			
Rehabilitation: in einer Einrichtung für Abhängigkeitserkrankungen mit glücksspielerspezifischem Behandlungsangebot	*Rehabilitation:* eher in einer Einrichtung für Abhängigkeitserkrankungen mit glücksspielerspezifischem Behandlungsangebot	*Rehabilitation:* eher in einer psychosomatischen Rehabilitationseinrichtung mit glücksspielerspezifischem Behandlungsangebot	*Rehabilitation:* in einer psychosomatischen Rehabilitationseinrichtung mit glücksspielerspezifischem Behandlungsangebot

Glücksspielsucht als Symptom einer anderen psychischen Störung einerseits oder als eigene Krankheit andererseits entstehen könnte.

Implikationen des Glücksspielstaatsvertrags für die Versorgung Medienabhängiger

Während es noch keine flächendeckende Einstellung der Rehabilitationsverfahren auf das Phänomen der Medienabhängigkeit gibt, haben einzelne Bundesländer, vor allem Berlin und Hessen, als Antwort auf ein jahrelang unterfinanziertes, aber durch Betroffene genutztes Engagement lokaler Einrichtungen Haushaltsmittel für die spezifische Beratung von Medienabhängigen zur Verfügung gestellt. Die spezifische Zuweisung von Haushaltsmitteln ist auch in den anderen Bundesländern zu fordern.
Allerdings haben sich auch die im Rahmen des Glücksspielstaatsvertrags geschaffenen Beratungsstellen bereits teilweise für Medienabhängige geöffnet. Dies ist kritisch zu diskutieren. Denn es ist nicht klar, ob die zur Verfügung gestellten Gelder zweckmäßig eingesetzt sind, wenn eine Vermischung beider Betroffenengruppen in denselben Beratungsstellen erfolgt, diese aber nur durch die Existenz des staatlich konzessionierten Glücksspiels ihre Berechtigung und Finanzierung erhalten.
Die Beratung von Medienabhängigen in Glücksspielstaatsvertrags-Einrichtungen zieht Ressourcen von dem eigentlichen Auftrag dieser Beratungsstellen ab, welche nicht die Sekundär- und Tertiärprävention durch Weiterleitung ins Rehabilitationsverfahren ist, sondern die Primärprävention der Glücksspielsucht. Es soll nicht verleugnet werden, dass Primärpräventionsbemühungen schon deswegen erschwert worden sind, dass überwiegend der Weg zu dezentralen Beratungsstellen beschritten wurde, die äußerst geringe finanzielle Ressourcen haben. Eine Veränderung der Aufgabenauffassung zum Zwecke der Mittelverwendung kann dem nicht abhelfen. Die durch den Glücksspielstaatsvertrag entstandenen Versorgungsstrukturen können so ihrerseits das Ausmaß und die Kosten des Phänomens Medienabhängigkeit verschleiern. Sie sind nicht nachhaltig, da sie aus völlig sachfremden Erwägungen ihr Angebot einstellen müssten, falls der Glücksspiel-Staatsvertrag ausläuft. Dies kann passieren, wenn beispielsweise die 2011 stattfindende Evaluation ergibt, dass durch ihn die strenge Orientierung des Glücksspielmonopols an der Prävention nicht erfüllt wird oder

mehr als drei Bundesländer die Verlängerung ablehnen. Umso mehr muss für die eigenständige Fortentwicklung der Versorgung medienassoziierter Störungen gerade auch im ambulanten Bereich plädiert werden.

Perspektiven im Bereich Medienabhängigkeit

Zunächst erscheint es als wahrscheinlich, dass die Spitzenverbände im Bereich Medienabhängigkeit einen ähnlichen Weg gehen werden wie bei der Glücksspielsucht. Dies bedeutet, dass ab etwa 2012 konkrete Vereinbarungen über die Qualitätsanforderungen für Heilbehandlungen im Gebiet Medienabhängigkeit vorliegen werden. Dies bewirkt auch, dass hinsichtlich der anzuwendenden Therapie beziehungsweise der zu empfehlenden Einrichtung ein differenziertes Entscheidungsschema unter Berücksichtigung der Befundausprägung zu erwarten ist. Gleichzeitig schafft dies den konkreten Bedarf für die Konzeptualisierung und Manualisierung von störungsspezifischen Interventionen, ein Bereich, in dem die Behandlung der Glücksspielsucht besser etabliert ist als die der Medienabhängigkeit.
Dennoch ist der Komplex nicht durch einen Schwerpunkt in der Heilbehandlung umfassend erschlossen, da es nicht sinnvoll erscheint lediglich die „Endstrecke" der Behandlung zu definieren, ohne ein Konzept mit gutem Erreichungsgrad für den Behandlungsbeginn zu haben. Ein solches Konzept kann eigentlich nur einen pluralistischen Angebotsansatz in der Primärversorgung verfolgen.
Es ist zu beobachten, dass die überwiegende Kontaktaufnahme im Bereich „Glücksspielsucht", wie inzwischen auch im Bereich „Medienabhängigkeit" nicht über medizinische Einrichtungen erfolgt, sondern über Beratungsstellen. Es entsteht hierdurch eindeutig der Bedarf, den nicht-medizinischen Bereich zu fördern und die Frage, wie Interventionen dort konzeptualisiert werden können. Diese Einrichtungen müssen in ihren Bemühungen unterstützt werden, selber spezifische Interventionen anbieten zu können. Essentiell ist hierbei auch die offensive Förderung der Selbsthilfe, sinnvollerweise in den Beratungsstellen und Ambulanzen selbst. Sie ist ein (Selbst-)Therapiebaustein mit sehr segensreicher Wirkung im Bereich der Alkoholabhängigkeit, der geringer entwickelt ist im Bereich der Glücksspielsucht und noch deutlich unterentwickelt erscheint im Bereich der Medienabhängigkeit. Dies ist gerade vor dem Hintergrund der Erkenntnis re-

levant, dass Glücksspielsucht und Medienabhängigkeit das Potential haben, in deutlichem Umfange im Lebensverlauf spontan zu remittieren (Toneatto et al., 2008; Nathan, 2003; Slutske et al., 2003; Ko et al., 2007), also Selbsttherapieversuchen zugänglich sind.

Schließlich ist zu beachten, dass medienabhängige Menschen im Durchschnitt etwas über eine Dekade jünger sind als Glücksspielsüchtige, mit scharfen Altersmaxima im Übergang vom zweiten ins dritte Lebensjahrzehnt (Munoz-Molina, 2008; Ko et al., 2005; Gentile, 2009). Hierdurch wird die Frage aufgeworfen, welche spezifischen kinder- und jugendpsychiatrischen Interventionsmöglichkeiten bestehen, die nicht Maßnahmen des §40 SGB V sind. Wenn bei bestimmten Betroffenen anzunehmen ist, dass die Medienabhängigkeit Ausdruck einer Reifungskrise oder einer Lebensphase ist, erscheint es fraglich, ob es korrekt ist, die Vorschriften über die medizinische Rehabilitation erwerbstätiger Erwachsener analog auf diese Kinder und Jugendlichen anzuwenden.

Momentan bestehen zum Rehabilitationsantritt im Bereich der Glücksspielsucht Wartezeiten von etwa neun Monaten. Die Bedarfsgerechtigkeit der medizinischen Rehabilitation würde in dem Ausmaße steigen, in dem es gelingt, Beratungsstellen, Selbsthilfe, Angehörigenarbeit und Akutbehandlung aufzubauen. Eine genauere Zuweisung und frühere Intervention erfordert aber auch eine bessere Operationalisierung des Krankheitsbilds Medienabhängigkeit, dessen wahre gesellschaftliche Kosten erst dann deutlich werden können.

Literatur

Bertsch, M. & Koch, F. (2009). Markt für digitale Spiele wächst zweistellig. Berlin: BITKOM – Bundesverband Informationswirtschaft, Telekommunikation und neue Medien e.V.

Brownson, R. C., Newschaffer, C. J. & Ali-Abarghoui, F. (1997). Policy research for disease prevention: challenges and practical recommendations. American Journal of Public Health, 87, 735-739.

Chiou, W. B. & Wan, C. S. (2007). Using cognitive dissonance to induce adolescents' escaping from the claw of online gaming: The roles of personal responsibility and justification of cost. Cyberpsychology and Behavior, 10, 663-670.

Crockford, D. N. & El-Guebaly, N. (1998). Psychiatric comorbidity in pathological gambling: A critical review. Canadian Journal of Psychiatry, 43, 43-50.

Deutsche Rentenversicherung Bund (Hrsg.) (2009). Statistik der Deutschen Rentenversicherung – Rehabilitation 2008 (Rep. No. Band 178). Würzburg.

Fiedler, I. (2008). Das Gefährdungspotential von Glücks- und Geschicklichkeitsspielen. Soziale Kosten und rechtspolitische Empfehlungen. BoD Verlag, Hamburg.

Fleming, A. M. (1978). Something for Nothing. A History of Gambling. New York: Delacorte.

Gentile, D. (2009). Pathological video-game use among youth ages 8 to 18: A national study: Research article. Psychological Science, 20, 594-602.

Holden, C. (2010). Behavioral addictions debut in proposed DSM-V. Science, 327, 935.

Ko, C. H., Yen, J. Y., Chen, C. C., Chen, S. H. & Yen, C. F. (2005). Gender differences and related factors affecting online gaming addiction among Taiwanese adolescents. Journal of Nervous and Mental Disease, 193, 273-277.

Ko, C. H., Yen, J. Y., Yen, C. F., Lin, H. C. & Yang, M. J. (2007). Factors predictive for incidence and remission of internet addiction in young adolescents: A prospective study. Cyberpsychology and Behavior, 10, 545-551.

Korn, D. A. (1999). Gambling and the health of the public: adopting a public health perspective. Journal of Gambling Studies, 15, 289-365.

Kratzer, S. & Hegerl, U. (2008). Is „Internet addiction" a disorder of its own? A study on subjects with excessive internet use. Psychiatrische Praxis, 35, 80-83.

Künzli, K., Fritschli, T., Oesch, T., Gehrig, M. & Julien, N. (2009). Soziale Kosten des Glücksspiels in Casinos. Bern: Büro für Arbeits- und Sozialpolitische Studien.

Ladouceur, R., Boisvert, J. M., Pepin, M., Loranger, M. & Sylvain, C. (1994). Social cost of pathological gambling. Journal of Gambling Studies, 10, 399-409.

Munoz-Molina, Y. (2008). Meta-analysis of pathological gambling 1997-2007. Revista de Salud Publica, 10, 150-159.

Nathan, P. E. (2003). The role of natural recovery in alcoholism and pathological gambling. Journal of Gambling Studies, 19, 279-286.

Petry, N. M., Stinson, F. S. & Grant, B. F. (2005). Comorbidity of DSM-IV pathological gambling and other psychiatric disorders: Results from the national epidemiologic survey on alcohol and related conditions. Journal of Clinical Psychiatry, 66, 564-574.

Shaffer, H. J. & Korn, D. A. (2002). Gambling and related mental disorders: A public health analysis. Annual Reviews of Public Health, 23, 171-212.

Slutske, W. S., Jackson, K. M. & Sher, K. J. (2003). The natural history of problem gambling from age 18 to 29. Journal of Abnormal Psychology, 112, 263-274.

Statistisches Bundesamt (Hrsg.) (2010). Gesundheit – Grunddaten der Vorsorge- oder Rehabilitationseinrichtungen 2008 (Rep. No. Fachserie 12, Reihe 6.1.2). Wiesbaden.

te Wildt, B. T., Putzig, I., Zedler, M. & Ohlmeier, M. D. (2007). Internet dependency as a symptom of depressive mood disorders. Psychiatrische Praxis, Supplement, 34.

Toneatto, T., Cunningham, J., Hodgins, D., Adams, M., Turner, N. & Koski-Jannes, A. (2008). Recovery from problem gambling without formal treatment. Addiction Research and Theory, 16, 111-120.

Walker, D. M. (2007). Problems in quantifying the social costs and benefits of gambling. American Journal of Economics and Sociology, 66, 609-645.

Wedegaertner, F., te Wildt, B., Petry, J. & Plaumann, G. (2008). Glücksspielabhängigkeit und Computerspielabhängigkeit: Unterschiede und Gemeinsamkeiten in Operationalisierung und Diagnostik. Der Nervenarzt 79[4], 303-304. Ref Type: Abstract

Yen, J. Y., Ko, C. H., Yen, C. F., Wu, H. Y. & Yang, M. J. (2007). The Comorbid Psychiatric Symptoms of Internet Addiction: Attention Deficit and Hyperactivity Disorder (ADHD), Depression, Social Phobia, and Hostility. Journal of Adolescent Health, 41, 93-98.

3 Dokumentation der Arbeitsgruppenarbeit des Fachverbands „Medienabhängigkeit" zur Entwicklung von Positionspapieren zur Prävention, Diagnostik und Therapie von Computerspielabhängigkeit

3.1 Prävention von Computerspielabhängigkeit

Dorothee Mücken & Arnhild Zorr-Werner

In der Arbeitsgruppe *Prävention von Computerspielabhängigkeit* beim ersten Symposium des Fachverbandes Medienabhängigkeit e.V. am 22. und 23. Oktober in Hannover haben sich Präventionsfachkräfte mit der Zielsetzung ausgetauscht, erste Leitlinien zur Prävention von Computerspielabhängigkeit zu erstellen. Der Inhalt des folgenden Beitrags resultiert in erster Linie aus dem Erfahrungsschatz dieser Fachkollegen sowie aus den gemeinsamen Diskussionen.

Der Bedarf an spezialisierten und effektiven Präventionsangeboten zum Störungsbild Computerspielabhängigkeit wird zum einen deutlich, da aktuelle Forschungsergebnisse (Bilke, 2008; S. Grüsser & R. Thalemann, 2006; Hahn & Jerusalem, 2001) und Erfahrungen im Hilfesystem zeigen, dass psychopathologische Auffälligkeiten im Umgang mit Bildschirmspielen über alle Bildungs- und Gesellschaftsschichten weit verbreitet sind. Darüber besteht die Notwendigkeit von Suchtpräventionsangeboten, da pathologisches Computerspielverhalten längerfristig die Entwicklung von Problemlösekompetenz bei Kindern und Jugendlichen beeinträchtigt. Dies wiederum gilt als Risikofaktor für die Entwicklung von Abhängigkeitserkrankungen im Erwachsenenalter (Griffiths & Wood, 2000; Grüsser et al., 2005).

Basierend auf der Annahme, dass Computerspielabhängigkeit als substanzungebundene Abhängigkeitserkrankung zu verstehen ist, erscheint es sinnvoll, die Prävention von Computerspielabhängigkeit in der Suchtprävention zu verorten. Die Suchtprävention stellt spezialisierte, effektive und effiziente Angebote bereit, die einer Pathogenese von Suchterkrankungen vorbeugen beziehungsweise deren chronischem Verlauf entgegenwirken. Darüber hinaus verfügt sie über eine nahezu flächendeckende Angebotsstruktur, die eine weite Verbreitung der Präventionsmaßnahmen ermöglicht und sicherstellt. Die Suchtprävention sollte dabei eine konstruktive

Kooperation mit den angrenzenden Fachbereichen Jugendmedienschutz und Medienpädagogik anstreben, um das gemeinsame Ziel, Medienabhängigkeit zu verhindern sowie eine gesunde Balance durch Alternativen zu erreichen. Die Vernetzung und Zusammenarbeit unterschiedlicher Fachkräfte auf den verschiedenen Ebenen ist von daher zu fördern. Der Exkurs im Folgenden zur Fachdisziplin Suchtprävention soll dem vertiefenden Verständnis der anschließenden Präventionsansätze von Computerspielabhängigkeit dienen.

Suchtprävention – Definition und Zielsetzungen

Um Konsequenzen für die Suchtprävention von Computerspielabhängigkeit abzuleiten, werden zunächst Begrifflichkeiten und Ansätze der bewährten Suchtprävention erläutert.
Die Entstehung einer Abhängigkeitserkrankung wird als multifaktorielles Geschehen betrachtet, bei dem sowohl individuelle, soziale als auch suchtmittelspezifische Faktoren beteiligt sind. Eine effektive Suchtprävention setzt daher mit vielfältigen Methoden auf unterschiedlichsten Zielebenen an. Die sogenannte *Verhaltensprävention* setzt am Individuum und seinem Verhalten an und fördert die gesunde Entwicklung des Individuums, indem allgemeine Schutzfaktoren gestärkt, adäquate Konfliktkompetenzen gefördert und aktive Stressbewältigungsstrategien erlernt werden. Bei der *Verhältnisprävention* stehen hingegen die sozialen Umgebungsfaktoren im Mittelpunkt. Ansätze der Verhältnisprävention sind meist strukturell verankert und zielen darauf ab, suchtfördernde Strukturen, Systeme und Lebensbedingungen zu erkennen und zu verändern. Für eine effektive und effiziente Suchtprävention gilt es beide Ansätze zu kombinieren und sowohl zielgruppen-, ursachen- als auch erlebnisorientiert vorzugehen (Uhl, 2005).
Darüber hinaus unterscheidet die Weltgesundheitsorganisation (WHO) Primär-, Sekundär- und Tertiärprävention, die sich mit unterschiedlichen Zielsetzungen an spezifische Zielgruppen richten (Küfner & Kröger, 2009; Uhl, 2005). Der Schwerpunkt der *Primärprävention* liegt auf psychosozialen Maßnahmen, die im Allgemeinen die Entstehung von Krankheiten verhindern. Primärpräventionsangebote richten sich an die allgemeine Bevölkerung und versuchen der Entwicklung einer Abhängigkeitserkrankung

vorzubeugen, indem sie allgemeine Schutzfaktoren des Individuums stärken, Lebenskompetenzen fördern sowie substanzspezifisches und substanzunspezifisches Wissen vermitteln (Bühler & Heppekausen, 2009). Die *Sekundärprävention* wird als Frühintervention verstanden und wendet sich einerseits an Personen, die ein erhöhtes Abhängigkeitsrisiko haben, und andererseits an Personen mit manifestem Risikoverhalten. *Tertiärpräventionsangebote* richten sich an Personen mit einer manifesten Suchterkrankung und beugen einer Verschlechterung des Gesundheitszustandes im Sinne von Schadensbegrenzung, Rückfallprophylaxe und Behandlung vor (Rühling et al., 2004; Uhl, 2005).

Suchtprävention von Computerspielabhängigkeit

Welche Rückschlüsse lassen sich aus den etablierten Suchtpräventionsansätzen der substanzgebundenen Abhängigkeitserkrankungen für die Prävention von Computerspielabhängigkeit ziehen?
Zunächst kann festgehalten werden, dass die Aufgabe der Suchtprävention von Computerspielabhängigkeit darin besteht, Maßnahmen zu entwickeln und zu fördern, die einer pathologischen Nutzung von Bildschirmspielen und damit einer potentiellen Abhängigkeitsentwicklung entgegenwirken. Dabei sollten Angebote der Verhaltens- sowie der Verhältnisprävention einbezogen werden.
Neben spezifischen Angeboten für die Zielgruppen kann ein Schwerpunkt der Prävention der Computerspielabhängigkeit auf der Öffentlichkeitsarbeit liegen. Da die Computerspielabhängigkeit noch nicht als Suchterkrankung anerkannt ist und folglich der Versorgungsstruktur vielfach noch eine finanzielle Absicherung fehlt, ist die Sensibilisierung auf politischer und gesellschaftlicher Ebene von besonderer Bedeutung.
Im Folgenden werden mögliche Maßnahmen der Primär- und Sekundärprävention von Computerspielabhängigkeit dargestellt. Dabei wird bei der Primärprävention im Speziellen auf Angebote im Setting Kita und Schule, in der Elternarbeit und in der Qualifizierung von Multiplikatoren eingegangen, da hier der Bedarf in der Praxis am höchsten erscheint. Für die Sekundärprävention werden geschlechtsspezifische Ansätze und erste Überlegungen zur Früh- und Kurzintervention dargestellt.

1. Primärprävention

Da der Kontakt mit Medien wie zum Beispiel Spielkonsolen, Fernseher und Computer meist bereits im Vorschulalter beginnt, erscheint es sinnvoll bereits mit Maßnahmen der Primärprävention von Computerspielabhängigkeit im Vorschulbereich anzusetzen und die Entwicklung des Individuums zu begleiten. Wichtigste Zielgruppe sind hier die Kinder und Jugendlichen selbst sowie deren Eltern bzw. Erziehungsberechtigten. Darüber hinaus scheint es indiziert, die in diesem Bereich beschäftigten Multiplikatoren bezüglich Computerspielabhängigkeit weiterzubilden.

Es wird davon ausgegangen, dass die Risiko- und Schutzfaktoren von Computerspielabhängigkeit weitestgehend mit denen der substanzgebundenen Abhängigkeitserkrankungen übereinstimmen (Grüsser et al, 2006). Daraus kann geschlussfolgert werden, dass bereits bewährte Angebote der Primärprävention ebenfalls wirksam für die Prävention von Computerspielabhängigkeit sind. Um dies zu belegen, bedarf es jedoch umfangreicher Evaluationsstudien. Als Risikofaktoren werden insbesondere das männliche Geschlecht, defizitäre Problem- und Stressbewältigungsstrategien, geringe soziale Integration, psychische Störungen sowie häufiger Kontakt zu Peers, die Computerspiele favorisieren, genannt. Demgegenüber werden stabiles Selbstwertgefühl, sichere Bindungserfahrungen und gute soziale Integration in Familie und Freundeskreis als Schutzfaktoren beschrieben. Insgesamt gilt: Je mehr soziale und persönliche Ressourcen zur Verfügung stehen, desto geringer ist die Wahrscheinlichkeit der Suchtentwicklung (Misek-Schneider, 2008). Im Rahmen der Primärprävention von Computerspielabhängigkeit bieten sich daher analog der substanzgebundenen Prävention Lebenskompetenzprogramme sowie Life-Skills-Programme an, wie zum Beispiel das *ALF – Allgemeine Lebenskompetenzen und Fertigkeiten* (Walden et al., 2000), *Klasse 2000* (www.klasse2000.de) oder *Eigenständig werden (Institut für Therapie- und Gesundheitsforschung, www.eigenstaendig-werden.de)*. Diese Programme vermitteln neben substanzspezifischen Inhalten generelle Fähigkeiten und Fertigkeiten zur Bewältigung von spezifischen Entwicklungsaufgaben und Problemsituationen. Dabei werden im Training Selbsthilfemanagement-Skills sowie Entscheidungs-, Problemlöse- und Stressmanagementfähigkeiten vorgestellt und erlernt (Leppin, 2009). Diese Lebenskompetenztrainings scheinen insbesondere für die Prävention von Computerspielabhängigkeit geeignet, da sie adäquate Copingstrategien und Strategien zur Emotionsregulation vermitteln. Die Betroffenen von Computerspielabhängigkeit zeigen diesbezüglich meist ein allgemeines Defizit. Das Modul der substanzspezifischen Informationen kann hinsichtlich der Prävention von Computerspielabhängigkeit um die Inhalte ergänzt werden. Hier kann auf die suchtfördernden Faktoren der Bildschirmspiele, auf problematische Spielmotive sowie auf die Suchtdynamik eingegangen werden.

Neben der Förderung der allgemeinen Schutzfaktoren spielt in der Primärprävention von Computerspielabhängigkeit die Sensibilisierung des Suchtpotentials von Bildschirmspielen, die Vermittlung von Handlungskompetenzen für Eltern und Multiplikatoren und die Förderung von Medienkompetenz eine entscheidende Rolle. Kinder und Jugendliche kommen heutzutage schon fast selbstverständlich mit Bildschirmspielen in Kontakt, die für ihre Altersgruppe aus Sicht der Suchtpräventionsfachkräfte nicht geeignet sind. 12-Jährige begegnen komplexen Spielwelten, denen sie aufgrund ihrer altersadäquaten Persönlichkeitsentwicklung nicht gewachsen sind. Die meisten Bildschirmspiele erfordern ein hohes Maß an Selbstmanagementkompetenzen und Kontrollbewusstsein sowie die Fähigkeit des Bedürfnisaufschubs. Diese Kompetenzen entwickeln sich jedoch erst in Verlauf der Pubertät. Es erscheint daher sinnvoll, dass Eltern und Multiplikatoren diesen Prozess eng mit Regeln und Absprachen begleiten, um Jugendliche darin zu unterstützen, einen eigenverantwortlichen, selbstkontrollierten Umgang mit den Computerspielen zu entwickeln (vgl. Berger, 2008; Grünbichler, 2008). Darüber hinaus erscheint es aus der Sicht der Suchtpräventionsfachkräfte sinnvoll, Kinder im Vorschulalter nicht mit komplexen Spielwelten zu konfrontieren.

Wie eingangs bereits erwähnt, ist für die Umsetzung dieser Ziele eine enge Kooperation mit Medienpädagogen und Jugendmedienschutzbeauftragten zu forcieren.

1.1 Kindergarten/Vorschule

Im Vorschulbereich gilt es, Medienkompetenz durch die Entwicklung sensorischer und motorischer Fähigkeiten zu entwickeln.

In diesem Alter ist das Mediennutzungsverhalten stark geprägt vom Familiengefüge.
Was wann wie genutzt wird, ist indiziert vom Vorbildverhalten der Eltern, vorausgehend sozialer Faktoren. So ist bei Kindern ab drei Jahren eine Beeinflussung des Handelns, Fühlens und Denkens festzustellen, wenn die tägliche Rezeptionszeit etwa dreieinhalb Stunden beträgt (Winterhoff-Spurk, 2005).
In dieser Entwicklungsphase, die Phase der Phantasiebildung, geht es darum, elementare Fähigkeiten zu erlernen. Die wichtigste und grundlegendste von ihnen ist die vollständige Ausbildung der motorischen und sensorischen Fähigkeiten, durch die das Gehirn des Kindes erst leistungsfähig wird. Das Kind erlebt die Welt, ist existenziell darauf angewiesen, seine Sinnesorgane möglichst differenziert entwickeln zu können, indem es seine bunte Welt mit ihrer Fülle unterschiedlichster Wahrnehmungen ursprünglich erlebt.
Nur so lernt das Kind zu verstehen, dass zum Beispiel eine Zimbel nicht nur klingt, sondern auch eine Form und eine Farbe hat. Die Fähigkeit, diese Informationen aus den genannten Sinnesbezirken durch die eigene innere Aktivität in einen Zusammenhang zu bringen, ist ein langer Lernprozess und existenziell für die gesunde Entwicklung eines Kindes.
Beim Fernsehen werden die Hör- und Seheindrücke von der körperlichen Aktivität des Kindes abgekoppelt, indem seine natürliche Bewegungsaktivität während des Sehens ruht. Die Entwicklung innerer Bilder aus eigener Aktivität heraus wird gebremst, weil das gesprochene Wort diese gleich mitliefert und die Bildung eigener Vorstellungen verhindert. Entwickelt das Kind eigene Bilder, so entwickelt das Kind Phantasie, verwandelt sich, verknüpft die Sinneswelten miteinander und erfasst Zusammenhänge im Prozess differenzierter.
Diese Lebenskompetenzen gilt es zu stärken und in Form universeller Präventionsangebote in den Kindergärten zu implementieren. Erklärtes Ziel ist, Kinder ab dem 7. Lebensjahr auf ein Leben mit Medien vorzubereiten.
An möglichen Maßnahmen sind zu nennen:
1. Märchen als Quelle der Inspiration für die eigene Kreativität entdecken
2. Sensibilisierung der Eltern für die Lebenswelt ihrer Kinder
3. Medienerlebnisse der Kinder im Alltag der Kita aufgreifen und in kreative Prozesse kanalisieren
4. Impulsgebende Medienalternativen im Familienalltag der Kinder

Prävention im Bereich Schule und Erziehung

Mit dem Begriff „Medienkompetenz" an Schulen verbinden sowohl Lehrer wie Schüler und Eltern eine technische Wissensvermittlung (Wie funktioniert ein PC? Was kann ich damit alles machen? etc.) Die sozialen und psychologischen Aspekte werden allerdings meist vernachlässigt.

Die Medienkompetenz umfasst eben auch diese andere Seite – wie gehe ich in meiner Freizeit kompetent mit Medien (insbesondere mit Bildschirmmedien) um?

Aus allen Regelschulen und den Hilfesystemen ist zu hören, dass sowohl bei Eltern wie auch bei LehrerInnen oft große Ratlosigkeit bzw. Hilflosigkeit herrschen. Kinder und Jugendliche lernen die verschiedenen Medien oft ungefiltert mit dem Prinzip „Learning-by-doing" kennen. Oft machen Kinder schon im Kleinkindalter die ersten Erfahrungen mit dem Medium „Fernsehen". Im Grundschulalter folgen dann meist erste Kenntnisse mit Gameboy, Computer, Internet und Handy. Im Jugendalter gewinnt dann vielfach der mediale Bereich „Computer-Spiele" an Bedeutung. In vielen Familien werden der Kontakt und der Umgang mit diesen Medien kaum oder nur unzureichend begleitet. Eltern sind sich der Risiken des Medienkonsums nur selten bewusst und oft fehlt es auch an der Zeit bzw. an elterlicher Präsenz. Ganz ähnlich geht es auch vielen Lehrerinnen und Lehrern, Sozialpädagoginnen, Sozialarbeitern, Psychotherapeutinnen: Die Entwicklung der Medien hat sich dermaßen schnell vollzogen, dass Informationen für den Aufbau einer geeigneten und altersgemäßen Medienkompetenz noch nicht den Einzug in die Bereiche der Pädagogik, Sozialpädagogik und Psychologie gefunden haben.

Welche Folgen die ungefilterte und unreflektierte Nutzung bestimmter Medien für unsere Kinder und Jugendlichen haben kann, wird zunehmend deutlich. Gesundheits-, Lern-, Konzentrations- und Beziehungsstörungen bei Kindern (z.B. Haltungsschäden, Übergewicht, ADHS, LRS u.v.a.) sind in Deutschland inzwischen weit verbreitet – Tendenz steigend (vgl. Hüther und Bergmann, 2008). Die Zahl der Jugendlichen und jungen Menschen, die eine Medienabhängigkeit entwickeln (Computerspiele, insbesondere Online-Spiele), bewegt sich nach Schätzungen des Kriminologischen Forschungsinstituts Niedersachsen momentan zwischen 3 % der Jungen und 0,3 % der Mädchen (im Alter von 15 Jahren).

Das Thema Medienkompetenz ist also dringend in den pädagogischen Kanon umfassend aufzunehmen.
Damit Kinder und Jugendliche präventiv auf die Herausforderungen des Lebens vorbereitet und begleitet werden, ist daher eine LehrerInnen-Fortbildung unerlässlich. Auch die Ausbildung von ErzieherInnen und LehrerInnen ist diesbezüglich zu überarbeiten. Denn Erzieher und Lehrer sind die direkten Ansprechpartner sowohl für Schülerinnen und Schüler wie auch für deren Eltern. Sie müssen zu kompetenten Ansprechpartnern auch für dieses neue und so wichtige Thema geschult werden (z.B. durch Klassenaktionen, Lehrerfortbildung, Elternabende, Strukturelle Regelungen, Medienkonzept für die jeweilige Schule).

1.2 Elternarbeit

Neben der Endzielgruppe der Kinder und Jugendlichen sind Eltern beziehungsweise Erziehungsberechtigte (im Folgenden wird der Begriff Eltern verwendet), in der Primärprävention von Computerspielabhängigkeit eine wichtige Zielgruppe. Eltern sind Hauptbezugspersonen und Verhaltensmodelle, die Werte und Normen vermitteln – auch in Bezug auf Mediennutzungsverhalten – und den Umgang mit Medien in der Familie prägen. Durch die rasanten technologischen Weiterentwicklungen fehlt heutigen Eltern jedoch meist der Bezug zu den Neuen Medien, die kaum noch mit den Medien vergleichbar sind, die in ihrer eigenen Jugend zur Verfügung standen. Kinder und Jugendliche wachsen heutzutage mit den vorhandenen medialen Gegebenheiten auf und halten sie für selbstverständlich. Eltern sind daher gefordert, sich mit dem Thema auseinanderzusetzen und ihre Kinder dabei zu unterstützen, einen verantwortungsvollen Umgang mit Medien zu entwickeln.
Der Umgang mit den Neuen Medien wirft für Eltern eine Vielzahl an Problembereichen auf. Neben dem sicheren Umgang mit persönlichen Daten im Internet, der Prüfung seriöser Angebote und der Gefahr süchtiger Gebrauchsmuster, machen sich Eltern häufig Sorgen, dass ihre Kinder über das Internet Kontakt mit fremden Menschen aufnehmen, die sie in Gefahr bringen könnten. Um Eltern bei diesem komplexen Thema adäquat zu informieren und zu unterstützen, bedarf es daher einer Kooperation der Fachdisziplinen Jugendmedienschutz, Medienpädagogik sowie Suchtprä-

vention. Die Fachdisziplinen Jugendmedienschutz und Medienpädagogik existieren aus Tradition und haben sich dem Thema bereits seit vielen Jahren angenommen. Neue Trends werden aufgegriffen, Eltern über Risiken und Chancen informiert sowie zu einer angemessenen Nutzung angeleitet. Anders ist es bei der Suchtprävention. Der Umgang mit Medien erhält erst durch das Suchtpotential der Bildschirmspiele eine große Bedeutung für diesen Bereich. Ein neues Aufgabengebiet entsteht. Im Rahmen von Elternangeboten wird das Thema von Seiten der Eltern zunehmend eingebracht. Sie wünschen Information und Orientierung. Dies stellt für die Suchtprävention eine neue Herausforderung dar und zeigt dringenden Handlungsbedarf auf. Doch es fehlt an notwendigem Hintergrundwissen, konzeptionellen und methodischen Ansätzen sowie an finanzieller Grundlage für das neue Aufgabengebiet. Bevor auf die spezifischen Angebote eingegangen wird, werden die theoretischen Überlegungen und Zielsetzungen der Elternarbeit dargestellt. Folgende Zielsetzungen der Elternarbeit können genannt werden:
– Informieren über die mediale Spielwelt der Kinder und Jugendlichen
– Sensibilisieren für die Chancen und Risiken der Bildschirmspiele
– Vermitteln von Handlungsstrategien für den familiären Alltag

An dieser Stelle soll daraufhin gewiesen werden, dass ein reiner Fokus auf das Gefahrenpotential nicht zielführend erscheint. Eltern reagieren meist vorurteilsbeladen, verständnislos oder gleichgültig auf Bildschirmspiele. Es gilt daher, differenziert zu berichten, so dass Eltern sich auf der Grundlage von fundierten Informationen eine Meinung bilden können. Eltern sollen befähigt werden, ihre eigenen Rückschlüsse zu ziehen. Dabei können Eltern ganz unterschiedliche Haltungen vertreten, wichtig ist nur, dass sie diese - möglichst gemeinsam mit ihrem Partner – gegenüber ihrem Kind konsequent umsetzen und daraus resultierende Grenzen und Regeln vertreten.
Angebote der Elternarbeit zeigen hinsichtlich dieser gemeinsamen Ziele eine unterschiedliche Akzentuierung. Während eine *Eltern-LAN*, die Möglichkeit bietet, Eltern in erster Linie Bildschirmspiele erlebnisorientiert zu präsentieren, informiert ein Elternabend ausführlicher über die Chancen und Risiken der Bildschirmspiele. Ein Elternseminar charakterisiert sich durch die Möglichkeit, Handlungsstrategien ausführlich zu diskutieren und anschließend zu erproben.

Im Folgenden werden als Beispiele der Elternarbeit eine Eltern-LAN, ein Elternabend und ein Elternseminar erläutert und skizziert.

Eine *Eltern-LAN*, so wie sie zum Beispiel von der Stiftung Medien- und Online-Sucht durchgeführt wird (www.stiftung-medienundonlinesucht. de), bietet Eltern einen Rollenwechsel an und soll ihnen einen Einblick in die Faszination und Bindungsfähigkeit von Bildschirmspielen geben. Eine längere Spielphase mit umfassender Einführung in die entsprechenden Spiele (Steuerungselement, Ziel, Inhalt) wird benötigt, damit die Eltern die entsprechenden Effekte erleben. Im Anschluss bietet es sich an, eine umfassende Reflektion des Erlebten zu nutzen, um Handlungsstrategien und Konsequenzen für den familiären Alltag aufzuzeigen. Indem Eltern die Faszination der Bildschirmspiele selbst erfahren, vergrößert sich das Verständnis für die Leidenschaft ihrer Kinder. Dies wiederum stellt eine Basiskompetenz für die Gespräche mit ihren Kindern dar. Hat ein Computerspieler das Gefühl, dass seine Eltern ernsthaft Interesse an dem Computerspiel haben, erfährt er Wertschätzung und ist eher zu einer zielführenden Auseinandersetzung mit seinen Eltern bereit (Jäger et al., 2008).

Ein *Elterninformationsabend* sollte aufgrund der begrenzten Aufmerksamkeitskapazität nicht länger als 2 Stunden dauern. Zunächst kann die Bedeutung der virtuellen Spielwelt für Jugendlichen und deren Trends verdeutlicht werden. Anschließend kann näher auf die Definition, Operationalisierung und Symptomatik von Computerspielabhängigkeit im Speziellen eingegangen werden. Eltern wünschen sich erfahrungsgemäß in diesem Zusammenhang Antworten auf die Fragen wie zum Beispiel: *Woran erkenne ich, ob mein Kind computerspielsüchtig ist? Wann spricht man bereits von einem Suchtverhalten? Wie kann man unterscheiden, ob es ein leidenschaftliches Hobby oder bereits ein pathologisches Spielverhalten ist?*

Daraufhin empfiehlt es sich, näher auf die Bildschirmspiele, insbesondere auf die Online-Spiele, einzugehen. Neben der allgemeinen Information zu Alterskennzeichnung, Spielmechanik und Hintergründen der Computerspielwelt können an dieser Stelle insbesondere mediale Einblicke gegeben werden. Ein Spieltrailer oder ein Filmausschnitt eigenen sich meist besser als tausend Worte, um Eltern die Computerspielwelt zu erklären. Der letzte Teil des Elternabends kann sich nun den Handlungsstrategien und Empfehlungen für Eltern widmen. Um pathologischem Computerspielverhalten vorzubeugen, werden von Seiten der Fachkräfte sehr homogene Empfehlungen formuliert: *Informiert sein, Interesse zeigen, Grenzen setzen und*

Alternativen bieten. Diese vier Basisempfehlungen gelten sowohl in der Primärprävention als auch für Angehörige von Betroffenen. *Informiert sein* heißt in diesem Zusammenhang, dass Eltern sich über die Bildschirmspiele, die ihre Kinder spielen oder gerne spielen möchten, differenziert hinsichtlich der Inhalte, Suchtpotential und Alterskennzeichnung informieren. Dies schafft ihnen für die Diskussion mit ihren Kindern eine gute Grundlage. Die Erfahrung zeigt, dass Eltern, die in der Diskussion mit ihren Kindern Fehlinformationen hinsichtlich der Bildschirmspiele einbringen, bei ihren Kindern Unverständnis und Rebellion hervorrufen. Die Kinder fühlen sich in ihrer spielerischen Leidenschaft nicht ernstgenommen. Hier knüpft die zweite Empfehlung *Interesse zeigen* an. Sie geht über das reine Informiertsein hinaus und bezieht sich auf die Interaktion zwischen Eltern und Kindern. Eltern werden aufgefordert, sich der Leidenschaft ihrer Kinder zuzuwenden und mit ihnen über Spielmotive, Vorlieben und Spielverhalten unvoreingenommen in den Austausch zu gehen. Dies stärkt die Eltern-Kind-Beziehung und vermittelt den Kindern, dass ihre Eltern als Ansprechpartner bei diesem Thema zur Verfügung stehen. Neben der empathischen Verständigung über Bildschirmspiele sind *Grenzen und Regeln* bezüglich des Computerspielens, die konsequent vertreten werden sollten, ein wichtiger Baustein der Medienerziehung (dritte Empfehlung: *Grenzen setzen*). Regelungen sollten dabei beinhalten, wann, wo, was und wie lange gespielt wird. Zu beachten gilt es dabei, dass die Regeln überprüfbar und realisierbar sind. Eltern greifen teilweise bei der Umsetzung auf in Computerspielen integrierte Zeitschaltuhren oder Computersoftware zurück, die Zeiteinschränkungen für den Nutzer regulieren (zum Beispiel: www.parents-friend.de). Bei *World of Warcraft* gibt es zum Beispiel eine *Elternfreigabe*, die es Eltern ermöglicht, Spielzeiten zu definieren. Erfahrungsgemäß greift solche Sicherheitssoftware jedoch nur bis circa dem 14. Lebensjahr. Die Verwendung von Sicherheitssoftware wird zudem meist kritisch diskutiert, da sie nur bedingt Kinder und Jugendliche zu einem eigenverantwortlichen Umgang mit Bildschirmspielen anleitet. Dies bedarf vielmehr interaktiver Auseinandersetzungen in Form von Gesprächen und Regeln, die für den Jugendlichen mit zunehmendem Alter weniger werden. Als vierte Empfehlung für Eltern heißt es: *Alternativen anbieten*. Eltern soll verdeutlicht werden, dass es sich lohnt, immer wieder alternative Freizeitgestaltung anzubieten und den Jugendlichen bei der Umsetzung zu unterstützen. Dabei ist zu beachten, dass die Angebote angenehme und attraktive Beschäftigungen darstellen. Eine ausgewogene Freizeitgestaltung mit positiven Erlebnissen und der Möglichkeit zur aktiven Stressbewältigung wirkt stabilisierend und schützt vor der Pathogenese einer Abhängigkeitserkrankung. Abschließend können Eltern über bestehende Hilfsangebote für Betroffene informiert werden, da sie meist die ersten Ansprechpartner sind, wenn Betroffene Hilfe in Anspruch nehmen möchten.

Ein Elternseminar *Wer ist Mr. Lan und warum geht Miss Chatty nicht zu seinen Partys?* zur Unterstützung bei Fragen rund um den Computer wurde von der Fachstelle für Suchtprävention der Drogenhilfe Köln konzipiert und als Handreichung für Multiplikatoren verschriftlicht (weitere Infos und Bestellformular auf www.websucht.info). Diese vierteilige Seminarreihe bietet Eltern die Möglichkeit, sich vertiefend mit dem Thema auseinanderzusetzen und mit Gleichgesinnten den Erfahrungsaustausch zu suchen. Neben der Informationsvermittlung im Rahmen von Impulsreferaten und Diskussionsrunden zu Online-Spielen, Sozialen Netzwerken und Online-Sucht beinhaltet das Seminar Rollenspiele, in denen vorher erarbeitete Handlungsstrategien ausprobiert werden können. Eine halbstündig ritualisierte Pause dient dem Erfahrungsaustausch der Teilnehmenden. Im letzten Treffen wird die Schnittstelle zum Jugendmedienschutz aufgegriffen, in dem ein Experte eingeladen wird, der den Eltern Rede und Antwort steht. Die beschriebenen Angebote der Elternarbeit sind eher als sich ergänzende statt konkurrierende Konzepte zu verstehen, deren flächendeckende Umsetzung sowie Weiterentwicklung erstrebenswert ist.

1.3 Fortbildung von Multiplikatoren

Eine weitere Aufgabe der primären Suchtprävention besteht darin, über das Abhängigkeitspotential zu informieren und für die Thematik zu sensibilisieren. Bezogen auf das Phänomen Computerspielabhängigkeit kommt dieser Aufgabe ein besonderer Schwerpunkt zu, da es sich um ein recht junges Phänomen handelt und der Kenntnisstand diesbezüglich bei Pädagogen und Lehrkräften, die mit Kindern und Jugendlichen zusammenarbeiten, noch sehr gering ist.

Die Erfahrungen in der Praxis zeigen, dass die Verunsicherung bei dieser Thematik neben der der Eltern auf Seiten der Fachkräfte am größten ist.

Um also das Ziel einer möglichst flächendeckenden Sensibilisierung und Aufklärung zu erreichen, sind die Fachkräfte neben Eltern und Jugendlichen die wichtigste Zielgruppe, da sie sowohl Informationen zum Phänomen Computerspielabhängigkeit weitervermittelt als auch für ihr eigenes Arbeitsgebiet benötigen. Fortbildungsangebote können daher dort ansetzen und sowohl inhaltliche als fachliche Orientierung in der virtuellen Welt bieten. Langfristig erscheint es sinnvoll, das Thema in die Ausbildung von Erziehern und Pädagogen mit aufzunehmen.

Im Folgenden wird ein Fortbildungsangebot für Multiplikatoren exemplarisch dargestellt.

Bevor auf die spezifischen Inhalte der Module eingegangen wird, werden Empfehlungen für die methodische Durchführung der Fortbildung dargestellt. Die Aufbereitung der einzelnen Module kann je nach individueller, technischer und räumlicher Ressource sehr unterschiedlich erfolgen. Es empfiehlt sich aber in jedem Fall, bei der Durchführung der Fortbildung erlebnisorientierte und interaktive Methoden einzusetzen und genügend Raum für Verständnisfragen und Diskussionen einzuplanen. So kann die Auseinandersetzung mit dem Thema möglichst nah an dem beruflichen Alltag erfolgen. Methodische Wechsel erhöhen die Aufmerksamkeitsspanne.

Nun zu den konkreten Inhalten der Module. Um der Vielfältigkeit des Themas gerecht zu werden, empfiehlt sich eine ganztägige Fortbildungsveranstaltung mit den drei Modulen durchzuführen:
1. Einblick in die computerspielspezifischen Inhalte
2. Erläuterung des Suchtverständnisses
3. Vermittlung von methodischen Handlungsstrategien

Einblick in die computerspielspezifischen Inhalte

Das erste Modul widmet sich den neuen Trends, den beliebtesten Bildschirmspielen sowie deren Faszination für Jugendliche und kann als *„Stoffkunde"* zum Thema Bildschirmspiele verstanden werden. Dies bedeutet nicht, dass die Fortbildung Bildschirmspielexperten ausbildet. Hier geht es vielmehr um die Basics, wie zum Beispiel: *Was ist ein Online-Spiel? Wie sind dies üblicherweise aufgebaut?*, als auch um die wesentlichen spielspezifischen Ausdrücke.

Damit die Basis bei Fachkräften für eine konstruktive Auseinandersetzung mit der Computerspielwelt geschaffen wird, empfiehlt es sich bei der Informationsvermittlung nicht ausschließlich auf die Gefahren und Risiken hinzuweisen, sondern das Interesse an der Computerspielwelt zu wecken, indem der Reiz und die Faszination des Mediums verdeutlicht werden. Ein Interesse und die Bereitschaft, sich mit der virtuellen Spielwelt auseinanderzusetzen, haben sich in der Praxis als „Türöffner" bzw. als Grundlage für konstruktive Gespräche mit spielenden Jugendlichen bewährt. Als hilfreich haben sich hierfür audiovisuelle Medien erwiesen. Ein Film, Reportage oder Trailer eines Computerspiels lässt die virtuelle Spielwelt greifbarer werden.

Zum Einstieg in die Thematik kann die Bedeutung der virtuellen Spielwelt für Kinder und Jugendliche aufgezeigt werden. Aktuelle Informationen hierzu liefert zum Beispiel der *Medienpädagogische Forschungsverbund Südwest* mit seiner jährlichen Schülerbefragung zum Thema Medien (mpfs, 2009). Darüber hinaus können die Risiken und Gefahren der Bildschirmspiele dargestellt werden. Hier kann insbesondere auf die Online-Spiele eingegangen werden, da diese häufig im Zusammenhang mit pathologischem Computerspielverhalten stehen. Am Beispiel der Online-Spiele können suchtfördernde Faktoren erläutert werden. Wölfling (2008), Rehbein et al. (2009) sowie Schmidt et al. (2008) haben dazu eine gute Zusammenstellung veröffentlicht. Dies schafft eine gute Überleitung zum zweiten Modul des Fortbildungstages.

Erläuterung des Suchtverständnisses

Das zweite Modul vermittelt ein grundlegendes Suchtverständnis und geht im Spezifischen auf die Definition, Prävalenz sowie auf die Symptomatik von Computerspielabhängigkeit ein. Zielsetzung ist die Verbesserung hinsichtlich der Einschätzung von problematischem Computerspielverhalten sowie dem Verständnis der Suchtdynamik.

Die Unterscheidung zwischen exzessivem und pathologischem Spielverhalten scheint daher ein zentraler Punkt im zweiten Modul zu sein. Da für die Entstehung süchtiger Gebrauchsmuster von Bildschirmspiel weniger das Nutzungsmuster als die zugrundeliegende Funktion des Computerspielverhaltens eine Rolle spielt, ist die zugrundeliegende Funktion des Verhaltens das geeignete Kriterium, um das Verhalten einzuschätzen. Die Frage ist also: *Warum glauben Sie, spielt Ihr Kind, und welchen Effekt sucht Ihr Kind?* Dabei wird unterschieden zwischen einer *komplementären* und einer *kompensatorischen Funktion.* Online-Spieler, die keine psychosozialen Auffälligkeiten aufweisen und sozial integriert sind, nutzen das Internet überwiegend ergänzend-komplementär. Die virtuelle Spielwelt begeistert und ergänzt den Erfahrungsschatz des realen Lebens. Pathologische Online-Spieler hingegen nutzen die virtuelle Spielwelt kompensatorisch. Die Online-Plattformen dienen der Kompensation von Frustration und Spannungen und werden zur Erfahrungswelt anstelle des realen Lebens (Misek-Schneider, 2008).

Darüber hinaus können die aktuellen Forschungsergebnisse dargestellt werden und der von Grüsser und Thalemann (2006) beschriebene Teufelskreis ausführlich anhand eines Fallbeispiels erläutert werden.

Nachdem die Fortbildungsteilnehmer nun über ein Basiswissen zum Thema Bildschirmspiele und Sucht verfügen, können im dritten und letzten Fortbildungsmodul Handlungsstrategien für die Praxis aufgezeigt werden.

Vermittlung von methodischen Handlungsstrategien

Methodische Ansätze der Beratungspraxis können skizziert werden, um im nächsten Schritt praktische Übungen einzuleiten. Insgesamt empfehlen sich Methoden und Herangehensweisen, die eine Veränderungsmotivation begünstigen und die Selbstreflektionsfähigkeit fördern. Die Gesprächsführungsmethoden des *Motivational Interviewing* (Miller & Rollnick, 2002) sowie die Ansätze der lösungsorientieren Therapie haben sich in diesem Zusammenhang sehr bewährt (siehe hierzu Kapitel 3.2.2).

Wie nach jedem Fortbildungstag kann nun resümiert werden und die Evaluationsbögen können an die Teilnehmer ausgeteilt werden.

2. Sekundärprävention

Angebote der sekundären Suchtprävention richten sich an potentielle Risikogruppen sowie an Personen mit bereits manifestem Risikoverhalten. Erfahrungen aus der Praxis und bisherige Forschungsergebnisse zeigen, dass

Jungen deutlich häufiger als Mädchen Computerspiele nutzen und folglich als Risikogruppe gelten (Griffiths et al., 2004; Jansz & Martens, 2005; mpfs, 2009). Es bedarf daher jungenspezifischer Präventionsangebote, die Besonderheiten der männlichen Sozialisation aufgreifen. Im Folgenden werden vertiefende konzeptionelle Überlegungen für geschlechtsspezifische Präventionsansätze aufgezeigt.

Im Sinne des *Transtheoretischen Modells der Verhaltensänderung* (Prochaska & DiClemente, 1984) und des Interventionskonzepts des *Motivational Interviewing* (Miller & Rollnick, 2002) kann Veränderungsmotivation durch therapeutische Interventionen positiv beeinflusst werden. Auf der Grundlage dieser theoretischen Konzepte haben sich Programme der Früh- und Kurzintervention bei substanzspezifischen Problemen in Deutschland etabliert (*HALT:* Hart am Limit, *realize it!:* Kurzintervention bei Cannabismissbrauch und Cannabisabhängigkeit, *FreD:* Frühintervention bei erstauffälligen Drogenkonsumenten, etc.). Ein derartiges Konzept für Computerspieler mit Risikoverhalten beziehungsweise manifester Computerspielabhängigkeit liegt bislang in Deutschland nicht vor, erscheint jedoch sinnvoll. Mit Hilfe von Angeboten der Früh- und Kurzinterventionen kann auf effektive und effiziente Art und Weise frühzeitig eine Verhaltensänderung angestoßen und einem chronischen Verlauf entgegengewirkt werden. Im Folgenden werden neben den jungenspezifischen Ansätzen daher erste konzeptionelle Überlegungen für Früh- und Kurzinterventionen bei Computerspielabhängigkeit dargestellt.

2.1 Geschlechtsspezifische Ansätze

Wir leben in einer Gesellschaft mit festgeschriebenen Rollenbildern und den daraus entstehenden Rollenerwartungen an Mädchen und Jungen. Diese Rollen garantieren eine geschlechtsspezifische Arbeitsaufteilung und ermöglichen eine Ausdehnung des Funktionierens unterschiedlicher Wahrnehmungs- und Handlungsmuster. Die Folgen dieser geschlechtsspezifischen Prägung sind für beide Geschlechter unterschiedlich und immer im Gesamtkontext der jeweiligen Lebenssituation zu betrachten.
Bezogen auf die Computerspielabhängigkeit weisen Jungen und Mädchen ein unterschiedliches Nutzungs- sowie Abhängigkeitsbild auf. Wie aus den jüngsten Untersuchungen des KFN (Rehbein et al., 2009) hervorgeht, wei-

sen wesentlich mehr Jungen als Mädchen ein exzessives Computerspielverhalten auf (15,9% Jungen zu 4,3% Mädchen). Jungen zählen zur Risikogruppe der Computerspielabhängigen und entwickeln häufig bereits im Kindesalter ein Spielverhalten, das problematisch und unreflektiert verläuft. Für die männlichen Jugendlichen stellt das Computerspielen heute eine der beliebtesten Freizeitbeschäftigungen dar. Die Abhängigkeitsausprägung der Jungen unterscheidet sich zum Nutzungsverhalten der Bildschirmmedien von Mädchen.

Im Zusammenhang mit dem weiblichen Geschlecht wird zumeist eine Internetabhängigkeit oder erhöhter Handykonsum assoziiert. Sie weisen ein differenziertes Nutzungs- sowie Störungsbild auf, da sie weniger zu den Onlinerollenspielern zählen, sondern eher an kommunikativen Elementen, wie z.B. den Social-Communities teilnehmen und die Bildschirmmedien zur Identitätsbildung nutzen.

Für Jungen ist in der präventiven Arbeit von Bedeutung zu verstehen und zu reflektieren, was ihnen die Onlinespiel-Welten bieten. Für Mädchen hingegen ist es wichtig, sie für das Gefahren- und Abhängigkeitspotential von Social-Communities, vor allem im Internet, zu sensibilisieren und Alternativen zum elektronischen Medienkonsum zu schaffen.

Für beide Geschlechter gilt: Bei exzessivem Medienkonsum gerät die Identitätsbalance aus dem Gleichgewicht, es entwickeln sich Identitätsstörungen (Erikson, E.H., Identität und Lebenszyklus). Die Medienidentität (vgl. Döring, 2004) wird als die wesentliche Identitätsdimension wahr- und wichtig genommen. Sie bestimmt mehr und mehr das Alltagsverhalten.

Allgemein als computerspielabhängig werden nach der KFN-CSAS-II (eigens entwickelte Klassifikation des Kriminologischen Forschungsinstituts) 1,7 % eingestuft, davon 0,3 Prozent Mädchen und 3 Prozent Jungen. Gefährdet sind demnach 0,5 Prozent der Mädchen und 4,5 Prozent der Jungen.

In Zahlen ausgedrückt bedeutet dies, dass ca. 14.300 Jugendliche in Deutschland bereits die Kennzeichen einer Computerspielabhängigkeit erfüllen (davon sind 13.000 Jungen).

Geschlechtsspezifische Angebote im Bereich selektive Suchtprävention sind daher schon in der Latenzphase und Vorpubertät zu empfehlen, um eine gezielte Förderung darbieten zu können, die der jeweiligen Zielgruppe gerecht wird und ihnen dem jeweiligen Nutzungsbild entsprechend optimal begegnet.

Nach Auffassung der klassischen Entwicklungspsychologie ist das Alter der Vorpubertät in erster Linie gekennzeichnet durch eine Phase der psychischen Destabilisierung. In ihrem Inneren fühlen sich die Jungen und Mädchen hin und hergerissen zwischen dem Vertrauten und dem Neuen, noch Unscharfen und Beängstigenden, nichtsdestoweniger jedoch auch Reizvollen. Sie lavieren zwischen „himmelhoch jauchzend und zu Tode betrübt".

In der Latenzphase erfolgt eine Anpassung an die Anforderungen der Umwelt. Der Freundeskreis ist gleichgeschlechtlich betont („Jungs finden Mädchen doof").

Empfohlene Ziele für die geschlechtsspezifische Arbeit

1. Sich mit den Medien und der Wirkungsweise auseinandersetzen
2. Zu verstehen, dass die Meinungen, die Medien aussenden, nicht unbedingt der Realität/Wahrheit entsprechen (Medien können manipulieren)
3. Reflektierte, sensible und bewusste Mediennutzung
4. Stärkung der Ich-Identität
5. Alternativen zum elektronischen Medienkonsum aufzeigen und entdecken

Da Jungen, wie bereits im Kapitel erwähnt, die potentielle Risikogruppe darstellen und somit im Hinblick auf die Suchtentwicklung gefährdet sind, ist der Handlungsbedarf präventiver Konzepte nicht aufzuhalten. Die Lebensphase der Latenz und Vorpubertät im Alter zwischen 6 und 12 Jahren ist nicht nur von einer rasanten Entwicklung geprägt, in dieser Phase vollziehen sich die Prozesse der Sozialisation und der Ausweitung von personalen Beziehungen. Die Jungen befinden sich im Aneignungsprozess, in dem man pädagogisch noch großen Einfluss hat. Jungen sind in dieser Phase enorm und in hohem Maße wissbegierig. Sie entdecken die ‚neuen' Medien für sich, kennen sich schnell am Handy, Computer oder auf Spielkonsolen aus und überflügeln dabei rasant die Erwachsenengruppe. Dabei kann sehr schnell die Sogwirkung, die gerade in Computerspielen enthalten ist, übersehen werden. Gerade in dieser Phase ist es daher angezeigt, den Gefahrenpotentialen und risikobehafteten Nutzungszügen vorzubeugen.

Identifikationspersonen sind ebenso wichtig wie das Zugehörigkeitsgefühl zu einer Peer-Group – außerhalb des Familienverbands. Daher sind für die Arbeit mit Jungen sowohl die Beziehung zum Vater wie auch das Gruppenzugehörigkeitsempfinden in den Blick zu nehmen und in die Arbeit einzubeziehen.

Jungen entwickeln zunehmend (gerade im Alter zwischen 7 und 11 Jahren) eine Wissbegierde, die sie gerade beim Interesse an Technik und Fertigkeiten am Computer ausleben. Zwischen dem 8. und 10. Lebensjahr verdoppelt sich der Wortschatz, die Merkfähigkeit nimmt in einem Ausmaß zu, wie sie später nicht mehr wieder zu beobachten sein wird. Im Miteinander Gleichaltriger in der Gruppe bildet sich die eigene Geschlechterrolle aus. Die Gruppe hat in dieser Altersstufe die größte Bedeutung für die Persönlichkeitsentwicklung des Jungen und stellt damit eine besonders intensive Sozialisationsfunktion dar. Es geht dabei um das Erlernen von Regeln und Rangordnung genauso wie darum, seinen Platz zu finden, sich zu entdecken in der Peer-Group. Allerdings wird auch das Gefühl von Minderwertigkeit erlebt. Jungen können in dieser Entwicklungsstufe durch Tagträume diesem Gefühl auch schnell ausweichen und sich ablenken. Gerade bei Problemen über die Gruppeneinordnung können Jungen sich dadurch in eine andere Welt *flüchten*, indem sie sich mit den Helden von Filmen, Computerspielen und Büchern identifizieren.

Gerade diese Entwicklung gilt es daher in den Blick zu nehmen. Jungen brauchen Identifikationspersonen und intensiven Kontakt zu ihnen. Angebote der Gruppenarbeit helfen ihnen, ihre eigene Rolle, ihren Platz als Junge, der sich zum Mann entwickelt, zu finden.

Ziel dieser selektiven Prävention ist es daher, erwarteten, kindlichen, negativen Entwicklungsverläufen vorzubeugen. Im Detail folgen nun erste konzeptionelle Überlegungen in den Zielen und Methoden der Arbeit mit Jungen.

Empfohlene Ziele für die geschlechtsspezifische Arbeit mit Jungen in der Latenzphase:

– **Mit den Medien und der Wirkungsweise auseinandersetzen**
 Das Ziel hierbei ist, Jungen eine Handlungskompetenz zu vermitteln, ein Gefühl von *„ich weiß, wie es funktioniert"*. Dazu gehört auch, dass sie

merken, was passiert, wenn z.B. zu viel Fernsehen geschaut oder zu lange mit dem Handy telefoniert wird.

- **Zu verstehen, dass die Meinungen, die die Medien aussenden, nicht unbedingt der Realität/Wahrheit entsprechen (Medien können manipulieren)**
  Elektronische Medien (vor allem Fernseher und Computer) geben vor, die Realität widerzuspiegeln. Die Kinder nehmen viele Informationen auf, die sie häufig unreflektiert für *wahr* befinden und als solches auch abspeichern. Sie erarbeiten mit ihnen zusammen, welche Realitätsvorstellung sie haben und ob diese wirklich besteht oder bestehen kann.

- **Reflektierte, sensible und bewusste Mediennutzung**
  Eine bewusste und reflektierte Nutzung lässt Jungs aktiv selektieren und Risiken erkennen.

- **Stärkung der Ich-Identität**
  Elektronische Medien bieten vielerlei Möglichkeiten, sich mit ihnen oder Figuren in ihnen zu identifizieren. Hier gilt es, die eigene Wahrnehmung zu trainieren sowie das soziale Miteinander zu fördern. Durch den geringen Einsatz von Medien in der Arbeit mit den Jungen im Gruppengefüge werden soziale Kompetenzen und die aktive Auseinandersetzung mit anderen gestärkt.

- **Eine gesunde Mediennutzungsbalance entwickeln**
  Neben der Vermittlung eines sicheren und kompetenten Umgangs mit den elektronischen Medien gilt es, die wunderbaren Alternativen, die es zu den Medienwelten gibt, kennen zu lernen.

- **Entwicklung elterlicher Medienkompetenz**
  Die Arbeit mit den Jungen kann die beschriebenen Ziele nur dann nachhaltig erreichen, wenn die vermittelten Inhalte und Angebote im System Familie kanalisiert werden können. Erziehung beginnt mit Verständnis, daher ist die Auseinandersetzung mit der Lebensmedienwelt unserer Kinder unumgänglich.

2.2 Kurz und Frühintervention

Wie bereits erwähnt, liegt bislang kein Konzept der Früh- und Kurzintervention bei Computerspielabhängigkeit in Deutschland vor. Exzessive und pathologische Computerspieler zeichnen sich jedoch häufig durch ein geringes Problembewusstsein und eine geringe Veränderungsmotivation aus. Angebote, die dies positiv beeinflussen können, erscheinen daher indiziert. Aber wie könnte so ein Angebot zum Beispiel aussehen?
Betroffene berichten häufig von sozialer Isolation und daraus resultierender, als belastend erlebter Einsamkeit. Daher wäre ein *Gruppenangebot*, das den Erfahrungsaustausch unter Gleichgesinnten und eine soziale Integration fördert, für Computerspieler ein geeignetes Setting. Gruppenangebote haben sich in der Kurz- und Frühintervention bewährt und gelten als stabilisierend und unterstützend.
Um die Veränderungsmotivation zu stärken, ein Problembewusstsein zu fördern sowie die Selbstreflexionsfähigkeit hinsichtlich der Mediennutzung zu erhöhen, scheint auf der Grundlage bisheriger Erfahrung der Behandlungspraxis von Computerspielabhängigkeit ein empathisches und wertschätzendes Vorgehen, wie es zum Beispiel das Konzept des *Motivational Interviewing* von Miller und Rollnick (2002) vorsieht, empfehlenswert. Motivational Interviewing (MI) ist ein direktives, klientenzentriertes Beratungskonzept, das als therapeutische Grundhaltung verstanden werden kann. Mit den fünf Basisprinzipien, *Empathie ausdrücken, Diskrepanzen entwickeln, Beweisführung vermeiden, mit dem Widerstand umgehen und Selbstwirksamkeit fördern*, eignet sich das Konzept insbesondere dazu, Ambivalenzen zu explorieren und zu einer Verhaltensveränderung zu motivieren. Darüber hinaus fördern sie die Selbstreflektionsfähigkeit und die Bildung einer kritischen Einstellung.
Das wertschätzende, empathische Vorgehen schafft einen positiven Rahmen für die Auseinandersetzung mit folgenden möglichen Inhalten:
1. *Exploration des Computerspielverhaltens:* Was ist das Faszinierende am Computerspielen? Welche Spielmotive, Spielgenre und Spielinhalte sind von Bedeutung?
2. *Analyse der Risikosituationen:* Welche emotionalen und sozialen Bedingungen begünstigen das Computerspielverhalten? Welche Bildschirmspiele haben das größte Suchtpotential?

3. *Wirksame Kontrollstrategien:* Wie kann das Computerspielverhalten besser kontrolliert werden? Wie können Risikosituationen erfolgreich bewältigen werden?
4. *Aktive Freizeitgestaltung:* Wie kann eine aktive Freizeitgestaltung aussehen? Wo liegen die individuellen Interessen? Wie sieht eine zufriedenstellende Freizeitgestaltung aus?

Darüber hinaus können kognitiv-verhaltenstherapeutische Interventionen in das Gruppenangebot integriert werden. In der Beratungspraxis werden in diesem Zusammenhang häufig *Zeitkontingente, Tagesprotokolle* und *Kosten-Nutzen-Analysen* eingesetzt, die die Selbstreflexion des Computerspielers fördern und das automatisierte Verhalten (Teufelskreis) explorieren (vgl. S. Grüsser & R. Thalemann, 2006). Zudem eignen sich die Strategien dazu, die Quantität des Computerspielverhaltens zu objektivieren und zu erfassen.

Gemeinsame Aktivitäten in der Gruppe, die Alternativen der Emotions- und Stressregulation aufzeigen und zur unmittelbaren Erprobung dienen, runden das Konzept ab. Dabei sind der Vielfalt keine Grenzen gesetzt. Erlebnispädagogische, Sport- und Kulturangebote sowie ein Kochabend stellen sicherlich nur einige Möglichkeiten dar.

3. Computerspielabhängigkeit und Verhältnisprävention

Wie eingangs dargestellt (Kapitel 2) berücksichtigt effektive Suchtprävention sowohl das Verhalten als auch die Verhältnisse. Mögliche Angebote der Verhaltensprävention von Computerspielabhängigkeit sind bereits dargestellt. Nun sollen Ansätze der Verhältnisprävention skizziert werden.

Angebote der Verhältnisprävention sind meist strukturell verankert und dienen dazu, suchtfördernde Lebensbedingungen, Systeme und Strukturen zu erkennen und gegebenenfalls zu verändern. Die gesetzlichen Bestimmungen zum Gebrauch von psychotropen Substanzen in Deutschland sind ein erfolgreiches Beispiel der Verhältnisprävention bezogen auf den Substanzkonsum.

Für die *Verhältnisprävention* von Computerspielabhängigkeit erscheinen repressive Maßnahmen des Gesetzgebers in Form von Erhöhung der Altersfreigabe bei Bildschirmspielen mit hohem Suchtpotential, Etablierung von maximalen Spielzeiten und Werberichtlinien zur Angebots- und Nachfragereduktion denkbar.

Dies bedeutet in der Umsetzung, dass die *Unterhaltungssoftware-Selbstkontrolle* (USK) das Suchtpotential von Bildschirmspielen in das Prüfungsverfahren zur Alterseinstufung integriert. Bislang fehlt eine gesetzliche Aufforderung hierzu, so dass die geläufigen Online-Rollenspiele meist mit einer Alterskennzeichnung „Ab 12 Jahren freigegeben" (§ 14 Jugendschutzgesetz JuSchG) versehen sind. Aus der Perspektive der Suchtpräventionsfachkräfte ist dies dringend zu überprüfen. Zudem ist es wichtig, geeignete Prüfkriterien für das Suchtpotential von Bildschirmspielen zu entwickeln.

Darüber hinaus bedarf es neuer Regelungen bezüglich der Zuständigkeiten. Bislang unterliegen die Bildschirmspiele im Internet (z.B. Browsergames) keinen gesetzlichen Bestimmungen. Die Zuständigkeit des gesetzlichen Jugendmedienschutzes ist daher zu überprüfen und zu erweitern, so dass Gesetzeslücken geschlossen werden können.

Es gilt Konzepte zur Förderung von Medienkompetenz in den Bildungseinrichtungen zu entwickeln und vorhandene Konzepte zu überprüfen, ob sie das Suchtpotential von Computerspielen ausreichend berücksichtigen. Im schulischen Kontext könnte die Förderung einer reflektierten Nutzung von Bildschirmmedien als Bildungsaufgabe fest verankert werden.

Dies stellt sicherlich nur erste Ideen zur strukturellen Prävention von Computerspielabhängigkeit dar, die von den aktuellen politischen Vertretern aufgriffen und umgesetzt werden können.

Abschließend soll daraufhin gewiesen werden, dass die dargestellten Präventionsansätze und -angebote ausschließlich auf den Erfahrungen der Fachkollegen und unseren persönlichen Schlussfolgerungen beruhen. Es bedarf Evaluationsstudien, die deren Effektivität und Effizienz überprüfen. Darüber hinaus benötigen die Konzepte der Prävention Längsschnittstudien, die spezifische Risiko- und Schutzfaktoren der Computerspielabhängigkeit bestimmen. In diesem Sinne stellen die aufgezeigten Konsequenzen für die Prävention erste Annäherungen an das Phänomen dar, die als Grundlage weiterer Forschung dienen können sowie den Kollegen in der Praxis Mut machen sollen, sich des Themas anzunehmen.

Verweise

www.stiftung-medienundonlinesucht.de
www.neuesland-return.de
www.websucht.info

Literatur

Berger, C. (2008). Abhängigkeit online: Magazin der Fachstelle für Suchtprävention des Kantons Zürich, 1, 5-7. Verfügbar unter: http://www.suchtpraeventi on-zh.ch/pdf/lautleise2008_1.pdf [01.10.2009].

Bergmann, W. & Hüther, G. (2007). Computersüchtig: Kinder im Sog der modernen Medien. Weinheim: Beltz.

Bilke, O. (2008). Multiple Medien-Abhängigkeit – die sogenannte „Internetsucht" aus entwicklungspsychiatrischer und klinischer Sicht. Sucht, 54 (1), 6-8.

Döring, N. (2004). Sozialpsychologie des Internet. Die Bedeutung des Internet für Kommunikationsprozesse, Identitäten, soziale Beziehungen und Gruppen (2., vollständig überarbeitete und erweiterte Auflage). Göttingen: Hogrefe.

Griffiths, M., Davies, M. & Chappell, D. (2004). Online computer gaming. A comparison of adolescent and adult gamers. Journal of Adolescence, 27, 87-96.

Griffiths, M. & Wood, R. (2000). Risk factors in adolescence: the case of gambling, videogame playing and the internet. Journal of Gambling Studies, 16, 199-225.

Grünbichler, B. (2008). Online-Rollenspiele als Herausforderung für die soziale Arbeit. proJugend, 2, 23-26.

Grüsser, S. & Thalemann, C. (2006). Verhaltenssucht – Diagnostik, Therapie, Forschung. Bern: Huber.

Grüsser, S. & Thalemann, R. (2006). Computerspielsüchtig? Rat und Hilfe. Bern: Hans Huber.

Grüsser, S., Thalemann, R., Albrecht, U. & Thalemann, C. (2005). Exzessive Computernutzung im Kindesalter – Ergebnisse einer psychometrischen Erhebung. Wiener Klinische Wochenschrift, 117 (5-6), 188-195.

Hahn, A. & Jerusalem, M. (2001). Internetsucht: Jugendliche gefangen im Netz: Verfügbar unter: http://www.internetsucht.de/publikationen/internet sucht_2001a.pdf [10.11.2008].

Hüther & Bergmann (2008). Computersüchtig. Kinder im Sog der modernen Medien.

Jäger, R., Moormann, N. & Fluck, L. (2008). Merkmale pathologischer Computerspielnutzung im Kinder- und Jugendalter. Landau: Zepf Universität Landau.

Jansz, J. & Martens, L. (2005). Gaming at a LAN event: the social context of playing video games: Verfügbar unter: http://users.fmg.uva.nl/jjansz/janszmartens.pdf [05.09.2008].

Kriminologisches Forschungsinstitut Niedersachsen e.V. (Hrsg.) (2009). Computerspielabhängigkeit im Kindes- und Jugendalter. Hannover.

Küfner, H. & Kröger, C. (2009). Unterschiedliche Ansätze in der Primärprävention. In R. Thomasius, M. Schulte-Markwort, U. Küstner & P. Riedesser (Hrsg.), Suchtstörungen im Kindes- und Jugendalter (S. 347-365). Stuttgart: Schattauer.

Leppin, A. (2009). Lebenskompetenzansatz. In Thomasius, R., Schulte-Markwort, M., Küstner, U. & Riedesser, P. (Hrsg.), Suchtstörungen im Kindes- und Jugendalter (S. 383-385). Stuttgart: Schauttauer.

Miller, W. & Rollnick, S. (2002). Motivierende Gesprächsführung: Ein Konzept zur Beratung von Menschen mit Suchtproblemen. Freiburg i.B.: Lambertus.

Misek-Schneider, K. (2008). Lost in Cyperspace. In J. Fritz (Hrsg.), Computerspiele(r) verstehen. Zugänge zu virtuellen Spielwelten für Eltern und Pädagogen (Sp. 163-183). Bonn: bpb.mpfs. (2009) JIM-Studie 2009. Stuttgart: Medienpädagogischer Forschungsverbund Südwest.

Prochaska, J. O. & DiClemente, C. C. (1984). The Transtheoretical approach: Crossing traditional boundaries of therapy. Homewood: Dow Jones/Irwin.

Rühling, E., Stich, M. & Hartwig, C. (2004). Frühintervention bei Suchtgefährdung – Ein Überblick. Suchttherapie, 5, 60-69.

Schmidt, J., Dreyer, S. & Lampert, C. (2008). Spielen im Netz. Zur Systematisierung des Phänomens „Online-Games". Hamburg: Hans-Bredow-Institut für Medienforschung an der Universität Hamburg.

Uhl, A. (2005). Präventionsansätze und -theorien. Wiener Zeitschrift für Suchtforschung, 3/4, 39-45.

Walden, K., Kröger, C., Kirmes, J., Reese, A. & Kutza, R. (2000). ALF – Allgemeine Lebenskompetenz und Fertigkeiten Hohengehren: Schneider.

Winterhoff-Spurk, K. (2005). Kalte Herzen – Vom Einfluss des Fernsehens auf den Sozialcharakter. Stuttgart: Klett-Cotta.

Wölfling, K. (2008). Online-/Computerspielsucht – Aspekte von Phänomenologie, Operationalisierung und Forschung. SuchtAktuell, 15 (1), 31-33.

3.2 Diagnostik von Internet- und Computerspielabhängigkeit

Bert te Wildt & Florian Rehbein

Der Frage nach der zukünftigen nosologischen Berücksichtigung von Medienabhängigkeit geht bereits ein mehr als zehnjähriger Forschungszeitraum voraus, in dem immer vielfältige Studien zum Thema publiziert wurden (vgl. die Beiträge in diesem Band). Diagnostische Kriterien für psychische Erkrankungen dienen in klinischen, wissenschaftlichen und gesundheitspolitischen Zusammenhängen einer allgemeinen Übereinkunft darüber, wie sich ein Krankheitsbild beschreiben und von einem noch gesunden Zustand unterscheiden lässt. Für solche Übereinkünfte sind von renommierten internationalen Expertenkommissionen diagnostische Klassifikationssysteme wie das von der Weltgesundheitsorganisation herausgegebene ICD *(International Statistical Classification of Diseases and Related Health Problems)* und das DSM *(Diagnostic and Statistical Manual of Mental Disorders)* geschaffen worden, die in regelmäßigen Abständen weiterentwickelt werden.

Im Gegensatz zum pathologischen Glücksspiel können internet- und computerspielbezogene Formen psychischer Abhängigkeit in den gebräuchlichen Klassifikationssystemen bislang nicht im Sinne einer eigenständigen Diagnose verschlüsselt werden. Mit der Neuauflage des DSM scheint sich jedoch eine neue Situation anzukündigen. Im Jahr 2007 wurde der Antrag auf Aufnahme von Internetabhängigkeit in das Diagnostic and Statistical Manual of Mental Disorders (DSM) der American Psychiatric Association noch negativ beurteilt, weil für einen solchen Schritt die Datenlage noch nicht ausreichend gesichert sei (AMA, 2007). Miller und Holden (2010) berichten jedoch von aktuellen Bestrebungen, im DSM V das pathologische Glücksspiel aus dem Bereich „Störungen der Impulskontrolle, nicht andernorts klassifiziert" als Suchterkrankung aufzufassen und in den Bereich Suchterkrankungen zu integrieren. Damit hätte das pathologische Glücksspiel als erste Referenzerkrankung einer Verhaltenssucht offiziellen

Eingang in die klinische Nosologie gefunden. Im Zuge dieser Entwicklung wird nun auch wieder intensiver diskutiert, internet- bzw. computerbezogene Formen von Verhaltenssucht in den Bereich der Suchterkrankungen zu integrieren (vgl. Miller & Holden, 2010).
Diagnostische Instrumente spielen ebenfalls eine wichtige Rolle und stellen eine Operationalisierung zugrundeliegender diagnostischer Kriterien dar. Auch wenn diagnostische Instrumente in der Regel auf der Grundlage diagnostischer Kriterien entwickelt werden, erfüllen sie in Praxis und Forschung nicht dieselben Aufgaben und werden hier in unterschiedlicher Weise verwendet. In diesem Beitrag soll zum besseren Verständnis eine grundsätzliche Unterscheidung zwischen diagnostischen Kriterien und diagnostischen Instrumenten getroffen werden und zu beiden Bereichen ein gesonderter Überblick gegeben werden. Aufgrund der besonderen Bedeutung, die zukünftig einer Vereinheitlichung der Diagnosekriterien zukommt, soll ein besonderer Schwerpunkt auf die diagnostischen Kriterien von Computerspielabhängigkeit gelegt werden.

Diagnostische Kriterien

Unter den bisher an der Erforschung von Internet- und Computerspielabhängigkeit beteiligten Wissenschaftlern besteht eine weitgehende Einigkeit darin, dass die Kriterien für stoffungebundene Abhängigkeit, die sich ihrerseits an den Kriterien für stoffgebundene Abhängigkeitserkrankungen orientieren, auch auf die pathologische Internet- und Computerspielnutzung übertragen werden können. Basierend auf dieser Annahme entwickelte eine Pionierin auf dem Gebiet, Kimberly Young, bereits in den 1990er Jahren Kriterien für die Erfassung von *Internet Addiction* (Tabelle 1). Von den insgesamt acht Kriterien müssen hier für eine Diagnosestellung mindestens fünf erfüllt sein. Die acht Kriterien setzten sich in Klinik und Forschung in modifizierter und nicht-modifizierter Form durch und wurden vielfach aufgegriffen und in therapeutischen Zusammenhängen verwendet (für eine Weiterentwicklung über Übersetzung der Kriterien im deutschsprachigen Raum vgl. Kapitel 1.5).
Auch Grüsser und Thalemann (2005) legten für den deutschsprachigen Raum einen Kriterienkatalog für Internetabhängigkeit vor, den sie aus allgemeinen Kriterien der Verhaltenssucht ableiten (vgl. Tabelle 2). Der Ka-

Tab. 1: Diagnostische Kriterien für Internetabhängigkeit nach Young (1998)

---

1) Do you feel preoccupied with the Internet (think about previous on-line activity or anticipate next on-line session)?
2) Do you feel the need to use the Internet with increasing amounts of time in order to achieve satisfaction?
3) Have you repeatedly made unsuccessful efforts to control, cut back, or stop Internet use?
4) Do you feel restless, moody, depressed, or irritable when attempting to cut down or stop Internet use?
5) Do you stay on-line longer than originally intended?
6) Have you jeopardized or risked the loss of significant relationship, job, educational or career opportunity because of the Internet?
7) Have you lied to family members, therapists, or others to conceal the extent of involvement with the Internet?
8) Do you use the Internet as a way of escaping from problems or of relieving a dysphoric mood (e.g. feelings of helplessness, guilt, anxiety, depression)?

Tab. 2: Diagnostische Kriterien für Internetabhängigkeit nach Grüsser & Thalemann (2005)

Einengung des Verhaltensmusters
Regulation von negativen Gefühlszuständen
Toleranzentwicklung
Entzugserscheinungen
Kontrollverlust
Rückfall
Negative Konsequenzen

---

talog weist einige deutliche Überschneidungen mit der Klassifikation von Young (1998) auf, verzichtet jedoch auf das Kriterium Dissimulation (bei Young Kriterium Nr. 7) und fokussiert mit dem ersten Kriterium auf eine

Einengung des tatsächlichen Verhaltens und nicht der Gedanken wie bei Young. Auf die Frage nach der diagnostischen Gewichtung der Kriterien von Internetabhängigkeit gehen Grüsser und Thalemann (2005) jedoch nicht näher ein.

Ko und Kollegen schlugen 2005 einen umfassenderen Kriterienkatalog (siehe Tabelle 3) zur Diagnostik von Internetabhängigkeit im Jugendalter

Tab. 3: Kriterien zur Erfassung von Internetabhängigkeit von Ko und Kollegen (2005).

A maladaptive pattern of Internet use, leading to clinically significant impairment or distress, occurring at any time within the same 3-month period.

A. Six (or more) of the following symptoms have been present
1) Preoccupation with Internet activities
2) Recurrent failure to resist the impulse to use the Internet
3) Tolerance: a marked increase in the duration of Internet use needed to achieve satisfaction
4) Withdrawal, as manifested by either of the following:
   i. Symptoms of dysphoric mood, anxiety, irritability, and boredom after several days without Internet activity
   ii. Use of Internet to relieve or avoid withdrawal symptoms
5) Use of Internet for a period of time longer than intended
6) Persistent desire and/or unsuccessful attempts to cut down or reduce Internet use
7) Excessive time spent on Internet activities and leaving the Internet
8) Excessive effort spent on activities necessary to obtain access to the Internet
9) Continued heavy Internet use despite knowledge of having a persistent or recurrent physical or psychological problem likely to have been caused or exacerbated by Internet use.

B. Functional impairment: one (or more) of the following symptoms have been present
1. Recurrent Internet use resulting in a failure to fulfill major role obligations at school and home
2. Impairment of social relationships
3. Behavior violating school rules or laws due to Internet use

C. The Internet addictive behavior is not better accounted for by psychotic disorder or bipolar I disorder, or other disorder, which is classified in impulse control disorder and paraphilia in DSM-IV-TR.

(DC-IA-A) vor (Ko, Yen, Chen, Chen & Yen, 2005). Die Diagnosestellung verläuft dreistufig, indem (A) zunächst von neun ausformulierten Symptomen mindestens sechs in den letzten drei Monaten bestanden haben müssen, (B) mindestens eine von drei funktionellen Beeinträchtigungen vorliegen muss und (C) differenzialdiagnostisch bestimmte psychische Erkrankungen das abhängige Internetverhalten nicht besser erklären können. Das Verfahren weist im Abgleich mit dem klinischen Eindruck eine gute klinische Validität auf (Ko et al., 2005). In einer aktuellen Studie konnte die Anwendbarkeit des Kriterienkataloges auch für eine ältere Stichprobe von Collegestudenten nachgewiesen werden (Ko et al., 2009).

Der Kriterienkatalog von Ko und Kollegen enthält einige bemerkenswerte Eigenschaften und Elemente, welche über die ursprüngliche Systematisierung von Young hinausgehen. Eine erste Besonderheit stellt dar, dass für alle Kriterien festgelegt wird, dass diese mindestens drei Monate vorliegen müssen, um von diagnostischer Relevanz zu sein. Damit wird die Wahrscheinlichkeit verringert, dass kurzfristige Episoden besonders starker Bindung an virtuelle Welten zu Unrecht als Hinweise auf ein abhängiges Verhalten verstanden werden. Unter den Kriterien fällt die Aufspaltung des Kriteriums Entzugserscheinungen (4) auf: Dieses wird sowohl dann als vorliegend erachtet, wenn entsprechende Symptome erlebt werden als auch wenn solche Symptome unterdrückt werden, indem das Internet genutzt wird. Die beiden Young-Kriterien Dissimulation (7) und Stimmungsregulation (8) finden sich in der Konzeption von Ko und Kollegen hingegen nicht wieder. Auch zeigt sich, dass Kriterium 6 eine Mischform von zwei unterschiedlichen Diagnosekriterien darstellt (starkes Verlangen und/oder Kontrollverlust), und der Kontrollverlust bereits mit Kriterium 2 hinreichend erfasst erscheint.

Unter den funktionalen Beeinträchtigungen lässt sich bei Ko und Kollegen eine stärkere Ausdifferenzierung verschiedener Problembereiche erkennen als bei Young. Insbesondere fällt positiv auf, dass durch die Auslagerung in eine Unterdimension B mindestens eine funktionale Beeinträchtigung vorliegen muss, um eine Internetabhängigkeit zu diagnostizieren. Dies wird in der Ursprungsversion von Young nicht sichergestellt. Eine weitere Besonderheit stellt die Berücksichtigung möglicher Differenzialdiagnosen dar. So wird darauf hingewiesen, dass ein abhängiges Internetverhalten nur dann diagnostiziert werden darf, wenn dieses nicht besser durch eine Psychose,

bipolare Störung, andere Impulskontrollstörung oder durch sexuelle Deviationen erklärt werden kann.
Angesichts der Tatsache, dass die diagnostische Konzeption von Internet- und Computerspielabhängigkeit weder qualitativ in ihrer psychiatrischen Phänomenologie noch quantitativ in ihrem klinischen Ausmaß ausreichend charakterisiert ist, ist jedoch ein vorsichtiger und kritischer Umgang mit den bis dato entwickelten Kriterienkatalogen anzuraten. In besonderer Weise erschwert wird die Festlegung einheitlicher Kriterien bislang auch dadurch, dass nicht ersichtlich gemacht wird, welche Nutzungsformen des Internets genau unter den Sammelbegriff Internetabhängigkeit subsummiert werden dürfen. Young und Kollegen (vgl. Young, Pistner, O'Mara & Buchanan, 2000) leiteten folgende Dimensionen von Internetabhängigkeit aus einer onlinegestützten Befragung von Psychotherapeuten ab:

– *Cybersexual Addiction* (Abhängigkeit von pornografischen Angeboten im Internet)
– *Cyber-relational Addiction* (übermäßige Pflege von Onlinebeziehungen)
– *Net Compulsions* (abhängiges Glücksspiel, Kaufen und Handeln im Internet)
– *Information Overload* (abhängiges Surfen oder Absuchen von Datenbanken)
– *Computer Addiction* (inkl. abhängiges Computerspielen)

Diese Einteilung kann veranschaulichen, dass der Computer und die Kommunikationsplattform Internet prinzipiell eine Vielzahl möglicher Handlungen bieten, die einen belohnenden Charakter aufweisen und zu einer exzessiven Nutzung anregen können. Dies bedeutet jedoch auch, dass in allgemeinen diagnostischen Konzeptionen zur Internetabhängigkeit der Untersuchungsgegenstand bislang als eine Abhängigkeit von nicht näher definierten Internetaktivitäten operationalisiert wird, wodurch zwangsläufig eine gewisse Unschärfe des Untersuchungskonstrukts resultiert (vgl. Wölfling, Thalemann & Grüsser, 2008). Welche Aktivitäten zum abhängigen Verhalten in besonderer Weise beitragen, wird dabei nicht thematisiert, obwohl bislang nicht ausgeschlossen werden kann, dass unterschiedliche Formen pathologischer Internetnutzung auch diagnostisch unterschiedlich zu bewerten und einzuordnen sind. Eine frühzeitige Zusammenfassung dieser Phänomene unter eine Störungskategorie könnte sich somit möglicherweise als voreilig und fehlerhaft erweisen.

Neben Studien zur Internetabhängigkeit hat sich ein spezialisierter und in den letzten Jahren besonders umfassender Forschungsschwerpunkt zur Computerspielabhängigkeit entwickelt, die als besonders häufige Form von computerbezogener Abhängigkeit gilt[1] und auch Gegenstand der in diesem Band behandelten Fachtagung war. Zum Zwecke eines klaren Begriffsverständnisses hat der Fachverband Medienabhängigkeit einen Kriterienkatalog für Computerspielabhängigkeit entwickelt, der sich zum einen an den Ausarbeitungen von Young (1998) sowie Ko und Kollegen (2005) orientiert, zum anderen auch aktuelle Konzeptionen von Fragebögen zur Computerspielabhängigkeit berücksichtigt (vgl. Kasten 1). Von Ko und Kollegen wurden gleich mehrere konzeptionelle Details übernommen. So wurde festgelegt, dass die Symptome mindestens drei Monate bestanden haben müssen, um von diagnostischer Relevanz zu sein. Ferner werden die negativen Konsequenzen des Spielverhaltens gesondert berücksichtigt und damit wie bei Ko und Kollegen sichergestellt, dass für eine positive Diagnosestellung mindestens eine negative Folge eingetreten ist. Auch differentialdiagnostische Hinweise wurden berücksichtigt, indem für das abhängige Verhalten nicht primär eine Manie oder Zwangserkrankung verantwortlich sein darf.

Hinsichtlich der aufgenommenen Kriterien bestehen deutlichere Unterschiede zur Konzeption von Ko und Kollegen. Bei den primären Kriterien wurde zunächst entschieden, fünf besonders gut etablierte Kriterien aufzunehmen: Einengung des Denkens und Verhaltens, Kontrollverlust, Toleranzentwicklung, Entzugserscheinungen und Fortsetzung trotz drohender oder bestehender negativer Konsequenzen. Das von Young (1998) sowie Grüsser und Thalemann (2006) ausgeklammerte und von Ko und Kollegen (2005) allenfalls randständig behandelte Kriterium „Starkes Verlangen" wurde als nicht geeignet angesehen und daher nicht in den Kriterienkatalog mit aufgenommen. Gerade hinsichtlich der Nutzung eines Unterhaltungsmediums wie des Computerspiels besteht die Gefahr, dass ein leidenschaftliches Spielverhalten als „Starkes Verlangen" fehlgedeutet wird (vgl. Rehbein und Kollegen, 2009). Auch Dissimulation (Belügen von Fa-

---

[1] Ahn (2007) schätzt die Relevanz von Computerspielabhängigkeit als größtes gesellschaftliche Problem unter den Cyber-Addictions nach Young (vgl. Young et al., 2000) ein, welche in Korea nahezu 75 Prozent der Fälle ausmacht.

milienangehörigen, Freunden, Bekannten, etc.) wurde aus verschiedenen Gründen nicht in die Konzeption mit aufgenommen. Zum einen muss berücksichtigt werden, dass die Entscheidung, unwahre Angaben über das eigene Spielverhalten zu machen, stark vom sozialen Kontext abhängt, in welchem sich dieses vollzieht. So sind familiäre Strukturen denkbar, in denen ein bereits hochgradig problematisches Spielverhalten vorliegen kann, welches von den Eltern oder dem Lebenspartner nicht problematisiert wird und damit auch keinen Anlass zur Dissimulation gibt. Gleichfalls sind gegenteilige Kontexte denkbar, in denen Personen sich bereits bei geringen Computerspielaktivitäten genötigt sehen, dieses zu verheimlichen, ohne dass sich dahinter ein pathologisches Verhalten verbergen muss. Hinzu kommen Schwierigkeiten bei der Interpretation dieses Kriteriums vor dem Hintergrund verschiedener Altersgruppen, indem Dissimulation beispielsweise im Kindesalter grundsätzlich anders zu bewerten wäre als Dissimulation im jungen Erwachsenenalter. Daher wurde diese diagnostische Kategorie als zu problematisch und damit als ungeeignet für die Erfassung von Computerspielabhängigkeit bewertet. Anstelle von „Starkem Verlangen" und Dissimulation wird die Etablierung von zwei alternativen Kriterien vorgeschlagen, die bislang noch nicht konsensual genutzt werden: Dies ist zum einen die Computerspielnutzung im Sinne einer dysfunktionalen Stimmungsregulation bzw. Affektstabilisierung, indem negative Gefühlszustände (Ängste, Depression) oder Erlebnisse von Kränkung durch die Flucht in die Virtualität des Computerspiels kompensiert werden. Ein ähnliches, jedoch abgrenzbares Kriterium der dysfunktionalen Nutzung von Computerspielen besteht in einer Störung von Identität und Interpersonalität, indem das Spielen zur Vermeidung von sozialen Begegnungen und Beziehungserfahrungen in der konkret-realen Umwelt eingesetzt wird. Beide Kriterien legen damit ein stärkeres Gewicht auf die affektiven Funktionen des Spielens für den Nutzer und tragen damit auch der hohen Komorbidität von Depressionen und Angststörungen im Zusammenhang mit Internet- und Computerspielabhängigkeit Rechnung (vgl. te Wildt 2007). Hinsichtlich der sekundären Kriterien wurden zum einen ähnlich wie in anderen Konzeptionen soziale und leistungsbezogene negative Konsequenzen aufgenommen, zum anderen als zusätzliches Kriterium die Vernachlässigung körperlicher Bedürfnisse und Funktionen berücksichtigt (siehe Kasten 1). Als differenzialdiagnostisches Ausschlusskriterium wird vorgeschlagen, dass das Computerspielverhalten nicht besser durch eine Manie oder

> **A) Zeitkriterium: Persistenz der Symptomatik**
> Die Symptomatik der Computerspielabhängigkeit muss über einen Zeitraum von mindestens 3 Monaten kontinuierlich bestanden haben.
>
> **B) Psychopathologische Kriterien der Symptomatik**
>
> **B1) Primäre Kriterien: Abhängigkeitsverhalten (mindestens 4 erfüllt)**
> 1. Einengung des Denkens und Verhaltens
> 2. Kontrollverlust
> 3. Toleranzentwicklung
> 4. Entzugserscheinungen
> 5. Dysfunktionale Regulation von Affekt oder Antrieb
> 6. Vermeidung realer Kontakte zugunsten virtueller Beziehungen
> 7. Fortsetzung des Spielens trotz bestehender oder drohender negativer Konsequenzen
>
> **B2) Sekundäre Kriterien: Negative Auswirkungen (mindestens 1 erfüllt)**
> 1. Körperliche Konsequenzen im Bereich Körperpflege, Ernährung und Gesundheit
> 2. Soziale Konsequenzen im Bereich Familie, Partnerschaft und Freizeit
> 3. Leistungsbezogene Konsequenzen im Bereich Schule, Ausbildung, Arbeit und Haushalt
>
> **C) Ausschlusskriterium**
> Das pathologische Computerspielverhalten lässt sich nicht durch eine Manie oder Zwangserkrankung erklären.

Kasten 1: Diagnostische Kriterien der Computerspielabhängigkeit – Vorschlag der Arbeitsgruppe Diagnostik des Fachverbands Medienabhängigkeit

Zwangserkrankung erklärbar sein darf, um die Diagnose Computerspielabhängigkeit vergeben zu können.
Diese Erkrankungen können zwar mit einer gestörten Impulskontrolle einhergehen, die bei exzessiver Mediennutzung aber nicht notwendigerweise einen Suchtcharakter annehmen.

Psychometrische Instrumente

Hinsichtlich psychometrischer Instrumente zur Erfassung von Internet- und Computerspielabhängigkeit hat sich international eine große Ansatzvielfalt gezeigt, die es bisweilen schwierig macht, einzelne Instrumente miteinander zu vergleichen. So fallen Fragebögen unterschiedlich aus, je nachdem welches nosologische Verständnis ihnen zugrunde liegt, welchem kulturellen Kontext sie entstammen und welche Form von Medienabhängigkeit Gegenstand der Diagnostik ist. Zudem existieren unterschiedliche methodische Ansätze wie Fremd- und Selbstbeurteilungsinstrumente sowie Konzeptionen für unterschiedliche Altersgruppen (Tabelle 3).

Angesichts des neu formulierten Kriterienkatalogs zur Diagnostik von Computerspielabhängigkeit ist an dieser Stelle darauf hinzuweisen, dass bislang noch kein diagnostisches Instrument existiert, welches die vorgeschlagenen Kriterien vollständig berücksichtigt. Angesichts des noch jungen Forschungsbereichs Computerspielabhängigkeit kann bis dato aber zumindest eine Auswahl von Fragebögen als Empfehlung genannt werden, die den formulierten Kriterien bereits nahe stehen und für den Einsatz im deutschsprachigen Raum in Frage kommen. Für die Internetabhängigkeit ist dies die Internetsuchtskala (ISS) von Hahn und Jerusalem (2001). Auch die Compulsive Internet Usage Scale von Merkerk und Kollegen (2009) könnte sich im Falle einer Übersetzung anbieten (vgl. Kapitel 4.1). Zur spezialisierten Erfassung von Computerspielabhängigkeit können für den deutschen Sprachraum derzeit zwei Instrumente empfohlen werden. Dies ist zum einen die auf der ISS basierende Computerspielabhängigkeitsskala

Tab. 3: Ansatzvielfalt in den psychometrischen Instrumenten zur Diagnostik von Medienabhängigkeit

Nosologie – Sucht, Abhängigkeit oder Impulskontrollstörung
Kultur – Internationale Vergleichbarkeit
Medienformen – Internet, Computerspiele und andere Medien
Altersgruppen – Kinder, Jugendliche und Erwachsene
Verwendungszweck – Fremd- oder Selbstbeurteilung

(KFN-CSAS-II) von Rehbein und Kollegen (2009), zum anderen der Fragebogen zum Computerspielverhalten bei Kindern und Jugendlichen (CSVK-R) von Wölfling und Kollegen (2008). Es kann davon ausgegangen werden, dass die vom Fachverband Medienabhängigkeit entwickelten Kriterien der Computerspielabhängigkeit auch ihren Niederschlag in zukünftigen Testkonstruktionen finden werden, so dass zukünftig noch weitere diagnostische Verfahren in diese Positivliste aufgenommen werden können.

Danksagung

Die Leiter der Arbeitsgruppe Diagnostik von Medienabhängigkeit, Florian Rehbein und Bert te Wildt, danken den Teilnehmerinnen Regine Pfeiffer, Sabine Petersen, Magdalena Plöger-Werner und Valentina Albertini für die Beteiligung an der Erstellung des diesem Artikel zugrundeliegenden Arbeitspapiers.

Literatur

American Psychiatric Association (1994). Diagnostic statistical manual of mental disorders: DSM-IV.TR: Diagnostic and Statistical Manual of Mental Disorders. Arlington: American Psychiatric Publishing.

American Medical Association (Ed.) (2007). Featured Report: emotional and behavioral effects of video games and internet overuse. AMA annual meeting; 2007: Council on Science and Public health (CSAPH) report 12.

Grüsser, S.M., Thalemann, R. & Albrecht, U. (2005). Exzessive Computernutzung im Kindesalter – Ergebnisse einer psychometrischen Erhebung. Wiener Klinische Wochenschrift, 117, 188-95.

Hahn, A. & Jerusalem, M. (2001). Internetsucht: Validierung eines Instruments und explorative Hinweise auf personale Bedingungen. In A. Theobald, M. Dreyer & T. Starsetzki (Hrsg.), Handbuch zur Online-Marktforschung. Beiträge aus Wissenschaft und Praxis (S. 161-186). Wiesbaden: Gabler.

Hasin, D., Hatzenbuehler, M.L., Keyes, K. & Ogburn, E. (2006). Substance use disorders: Diagnostic and Statistical Manual of Mental Disorders, fourth edition (DSM-IV) and International Classification of Diseases, tenth edition (ICD-10). Addiction, 101 (S1), 59-75.

Ko, C.H., Yen, J.Y., Chen, C.C., Chen, S.H. & Yen, C.F. (2005a). Proposed diagnostic criteria of Internet addiction for adolescents. J Nerv Ment Dis, 193, 728-33.

Meerkerk, G.-J., Van Den Eijnden, R. J. J. M., Vermulst, A. A. & Garretsen, H. F. L. (2009). The Compulsive Internet Use Scale (CIUS): Some Psychometric Properties. Cyberpsychology & Behavior, 12 (1), 1-6.

Miller, G. & Holden, C. (2010). Proposed Revisions to Psychiatry's Canon Unveiled. Science, 327, 770-771.

Rehbein, F., Kleimann, M. & Mößle, T. (2009). Exzessives Computerspielen und Computerspielabhängigkeit im Jugendalter – Ergebnisse einer deutschlandweiten Repräsentativbefragung. Die Psychiatrie, 6 (3), 140-146.

te Wildt, B.T., Ohlmeier, M., Putzig, I., Post, M., Zedler, M. & Ohlmeier, M. (2007). Internetabhängigkeit als ein Symptom depressiver Störungen. Psychiatrische Praxis, 34, 318-22.

Wölfling, K., Thalemann, R. & Grüsser, S. M. (2008). Computerspielsucht: Ein psychopathologischer Symptomkomplex im Jugendalter. Psychiatrische Praxis, 35, 226-232.

Young, K.S. (1998). Internet addiction: The emerge of a new clinical disorder. CyberPsychology and Behavior, 1, 237-44.

3.3 Behandlung bei Medienabhängigkeit

Annette Teske

Medienabhängigkeit – ein Thema, das in den neunziger Jahren noch belächelt und durch den amerikanischen Psychologen Goldberg im Jahr 1995 als Scheindiagnose *Pathological Internet use* eingeführt wurde, wird mittlerweile als ein neues Problemverhalten in unserer Gesellschaft und auch als psychische Erkrankung anerkannt. Im Drogen- und Suchtbericht des Bundesministeriums für Gesundheit in Deutschland wurde der Computerspiel- und Internetsucht im Jahr 2009 erstmalig ein eigenes Kapitel gewidmet. Hier heißt es: *„Gleichwohl sieht die Bundesregierung im problematischen Internetgebrauch ein reales, ernst zu nehmendes Problem. Maßnahmen müssen sowohl auf die Behandlung Betroffener als auch auf Prävention gerichtet sein. [...] Die Betroffenen haben – ähnlich wie bei anderen nichtstoffgebundenen Süchten – Symptome mit nahezu vollständiger Übereinstimmung im Vergleich zu stoffgebundenen Abhängigkeitserkrankungen"* (Drogen- und Suchtbericht, 2009).
Laut einer Untersuchung von Hahn und Jerusalem (2001) wird die Zahl der Internetabhängigen in der deutschen Bevölkerung auf 2,7% geschätzt. Untersuchungen verschiedener deutscher Forschungsgruppen zur Prävalenz von Computerspielsucht unter Jugendlichen kamen zu dem Ergebnis, dass ungefähr 5% der Jugendlichen bereits eine Computerspielsucht entwickelt haben oder als stark gefährdet eingestuft werden können (Wölfling, Thalemann & Grüsser, 2007, Quandt & Wimmer, 2008, Mößle et al., 2007 und Baier & Rehbein, 2009). Diesen Zahlen nach zu urteilen, werden folglich immer mehr Menschen in Deutschland aufgrund ihres pathologischen Medienkonsums Hilfe benötigen und das Gesundheitssystem in Anspruch nehmen. Aber wie wird mit dem Thema umgegangen? Welche Beratungs- und Behandlungsangebote gibt es für Medienabhängige? Benötigen Menschen mit dieser Problematik spezifische Angebote oder kann

der Umgang mit Medienabhängigkeit in die bestehenden Beratungs- und Behandlungsstrukturen für Abhängigkeitserkrankungen integriert werden? Die Forschung zum Thema Medienabhängigkeit befindet sich noch in der Anfangsphase und konzentriert sich vor allem auf die Diagnostik, Prävalenz und begünstigenden Faktoren für die Entwicklung dieser Problematik. Studien zur Effektivität von verschiedenen Behandlungsansätzen sind in Deutschland noch nicht zu verzeichnen. Bisher wurden keine standardisierten Manuale zur Behandlung Medienabhängiger veröffentlicht. Die Institutsambulanz für Spielsucht der Universität Mainz hat als erste bundesweit eingerichtete Versorgungsstelle für Verhaltenssüchte ein umfassendes ambulantes Hilfsangebot für Mediensüchtige entwickelt, dessen Effektivität durch eine intensive wissenschaftliche Begleitung des Behandlungsprojektes überprüft wird (Wölfling, Müller & Beutel, 2009).

Der Umstand, dass Hilfsangebote für Medienabhängige nur zögerlich aufkommen, kann auf mehrere miteinander zusammenhängende Faktoren zurückgeführt werden.

2007 lehnte die American Psychiatric Association (APA) eine Aufnahme der Diagnose *Medienabhängigkeit* in die Revision des *Diagnostic and Statistical Manual of Mental Disorders* (DSM-IV), einem der zwei weltweit anerkannten Klassifikationssysteme zur Einordnung und Diagnose psychischer Erkrankungen, ab. Begründet wurde die Ablehnung mit dem bis dahin bestehenden Mangel an wissenschaftlichen Erkenntnissen über das Phänomen und der Uneinigkeit über die Zuordnung innerhalb der im DSM-IV bestehenden Kategorien psychischer Erkrankungen. Allerdings war sich das Gremium einig, dass die Aufnahme der Diagnose bei der nächsten Revision des DSM im Jahr 2012 erneut diskutiert werden soll. Hierfür sind inzwischen wichtige Schritte zur Akzeptanz von Medienabhängigkeit von der APA in die Wege geleitet worden, indem die Kategorie *Substanzmissbrauch und Subtanzabhängigkeit* durch die Kategorie *Abhängigkeit und vergleichbare Erkrankungen* ersetzt wurde. Das *Pathologische Glücksspiel* soll im DSM-V dieser Kategorie zugeordnet werden. Internetabhängigkeit soll noch nicht als eigenständige Erkrankung aufgeführt, aber schon im Anhang erwähnt werden. Trotz dieses bedeutenden Fortschritts wird Internet- bzw. Medienabhängigkeit offiziell weiterhin nicht als eigenständige Erkrankung anerkannt. Auch in dem von der WHO herausgegebenen Klassifikationssystem *Internationale statistische Klassifikation der Krankheiten und verwandter Gesundheitsprobleme* (ICD-10) ist die Problematik Medienabhängigkeit bisher nicht verzeichnet. Medienabhängigkeit ist demzufolge noch keine offiziell anerkannte psychische Erkrankung. Diese Tatsache stellt unser Gesundheitssystem vor zwei wesentliche Probleme. Die Refinanzierung einer Behandlung durch die in Deutschland zuständigen Kostenträger, in der Regel die Krankenkasse oder der Rentenversicherungsträger, ist nur dann gesichert, wenn eine psychische Erkrankung in einem der beiden genannten Klassifikationssysteme erfasst ist. Die Kosten für die Behandlung eines pathologischen Medienkonsums können, aber müssen folglich nicht automatisch übernommen werden.

Das zweite Problem bezüglich der Entwicklung adäquater Hilfsangebote für Menschen mit einem pathologischen Medienkonsum bezieht sich auf die kategoriale Zuordnung des Phänomens Medienabhängigkeit innerhalb der Klassifikationssysteme. Zu den Abhängigkeitserkrankungen im Sinne des DSM-IV und des ICD-10 zählen ausschließlich die stoffgebundenen Süchte, wie Alkohol- oder Drogenabhängigkeit. Verhaltenssüchte, wie z.B. Pathologisches Glücksspiel, werden aufgrund ihrer Stoffungebundenheit in beiden Klassifikationssystemen den Impulskontrollstörungen zugeordnet. Eine eindeutige kategoriale Zuordnung des Phänomens Medienabhängigkeit innerhalb der Klassifikationssysteme ist bisher noch nicht erfolgt. Die Zuordnung zu einer der beiden Kategorien könnte aber einen wesentlichen Einfluss auf die Integration der Behandlung von Medienabhängigkeit in die in Deutschland bestehenden Beratungs- und Therapiestrukturen ausüben. Abhängigkeitserkrankungen werden in der Regel separat von anderen psychischen Erkrankungen in einem eigens eingerichteten Netzwerk, dem Suchthilfesystem, behandelt. Aus psychophysiologischen Studien geht hervor, dass exzessiven Verhaltensweisen, wie z.B. der Medienabhängigkeit, vergleichbare Mechanismen in Entstehung und Aufrechterhaltung zugrunde liegen, wie sie für die Abhängigkeit von psychotropen Substanzen postuliert werden (Thalemann, Wölfling und Grüsser, 2007). Zudem wenden sich Angehörige und Betroffene aus eigener Initiative meist in erster Instanz an das Suchthilfesystem. Das Suchthilfesystem in Deutschland ist als gut ausgebautes, klientenakzeptiertes und themenfundiertes Hilfsnetzwerk fest in die bestehenden Strukturen integriert und bietet umfangreiche ambulante, teilstationäre und stationäre Hilfen. Diese Faktoren sprechen für die Angliederung an das in Deutschland bestehende Suchthilfesystem.

Trotz der hohen Prävalenz von Medienabhängigkeit in Deutschland wendet sich aber nur ein geringer Prozentsatz der Betroffenen an entsprechende Beratungs- und Behandlungsangebote (Rehbein 2009). Eine Ursache für die geringe Zahl sehen Experten in der bisher nicht klar definierten Zuständigkeit für die Beratung und Behandlung bei Mediensucht, wodurch die Betroffenen die bestehenden Hilfsangebote eher als schwer überschaubar wahrzunehmen scheinen (Petersen, Schelb & Trautmann-Lengsfeld, 2009). Zudem scheuen Betroffene oftmals die Kontaktaufnahme, weil sie verunsichert sind, ob und wie die Kostenübernahme für eine Behandlung durch die gesetzlichen und privaten Krankenversicherungen bzw. den Rententräger erfolgen (Wölfling, Müller & Beutel, 2009). Hinzu kommt, dass die Krankheitseinsicht bei Medienabhängigkeit, ähnlich den Störungsbildern aus dem Suchtspektrum, nur gering ausgeprägt ist. Dadurch erhöht sich das Risiko, dass Betroffene erst nach einer weiteren Verschlechterung ihrer Symptomatik Hilfe suchen (Wölfling, Müller & Beutel, 2009). Infolgedessen werden Medienabhängige selten auf eigene Initiative in unserem Hilfesystem vorstellig. Häufig nehmen zunächst Angehörige Kontakt mit Beratungsstellen oder Spezialambulanzen auf, wenn die Konflikte im häuslichen Umfeld aufgrund des Medienkonsums steigen. Dadurch ergibt sich in den Beratungsstellen zurzeit ein eher einseitiges Bild vom typischen Medienabhängigen: „der männliche Onlinerollenspieler zwischen 14 und 26 Jahren, der noch bei seinen Eltern wohnt". Viele Anzeichen, z.B. Umfragen unter Studenten, Erfahrungen von Mitarbeitern der ARGE, sprechen dafür, dass auch ältere und weibliche Personen mit anderen Mediennutzungsmustern von einer Abhängigkeit betroffen sein können. Diese werden aber von den bisher bestehenden Hilfsangeboten offensichtlich nicht genügend erreicht. Viele Betroffene haben sich in eine virtuelle Welt zurückgezogen und nehmen am Leben in der realen Welt kaum noch teil. Der Weg vor die Haustür, die Kontaktaufnahme zu anderen Menschen stellen für sie eine enorme Hürde dar.

Im Suchthilfesystem wird Betroffenen der Zugang zu Hilfsangeboten durch spezielle, sogenannte niederschwellige Angebote erleichtert. Niederschwellige Angebote geben dem Betroffenen die Möglichkeit, Hilfe anzunehmen, ohne bereits einen ausdrücklichen und möglicherweise an Bedingungen geknüpften Veränderungs- und Behandlungswunsch geäußert haben zu müssen. Um betroffene Medienabhängige besser zu erreichen, scheint es folglich dringend angezeigt, ebenfalls spezifische niederschwellige Konzepte für die Kontaktaufnahme zu entwickeln. Eine Idee für die erste Kontaktaufnahme ist die Einrichtung von virtuellen Beratungsstellen (wobei das Ziel allerdings die Herstellung eines direkten „face-to-face"-Kontaktes sein sollte). Als weitere Methode erscheint die aufsuchende Arbeit z.B. ein Erstkontakt im häuslichen Milieu geeignet.

Die Nutzungsmöglichkeiten der modernen Medienwelten sind unzählig und sehr vielfältig. Ebenso können sich auch die pathologischen Nutzungsmuster des Einzelnen deutlich voneinander unterscheiden. Unter anderem zählen zu den bisher wahrgenommenen pathologisch genutzten Medieninhalten Offline- und Online-Computerspiele, Online-Kommunikation, Onlinesex und das Suchen, Archivieren und Sammeln von Informationen. Zum derzeitigen Zeitpunkt wissen wir über die Konsequenzen unterschiedlicher Nutzungsmuster für die Entwicklung und Aufrechterhaltung einer Medienabhängigkeit noch nicht viel. Möglicherweise bedürfen bestimmte Nutzungsmuster einer sehr speziellen Behandlung. So sind viele Berater und Therapeuten sich einig, dass Onlinesexsüchtige ein speziell auf ihre Problematik abgestimmtes Behandlungskonzept benötigen, was sich von dem für andere Medienabhängige, z. B. Computerspielsüchtige, deutlich unterscheidet. Eines wird bereits an diesem Punkt deutlich: die Berücksichtigung des Inhalts des Medienkonsums ist für eine erfolgreiche Behandlung von großer Bedeutung. Die Basis für den Aufbau einer vertrauensvollen Beziehung zwischen Patient und Therapeut/Berater bildet die Akzeptanz von Mediennutzung als einen Bestandteil der heutigen Lebenswelt. Der Medienkonsum sollte weder abgewertet noch stigmatisiert werden. Das Interesse für und die Auseinandersetzung mit den Inhalten des Medienkonsums der Betroffenen ist ein ausschlaggebender Faktor für eine erfolgversprechende Behandlung. Die Berücksichtigung der Medienwelten stellt eine besondere Herausforderung an die in Deutschland bestehende Beratungs- und Behandlungsstruktur dar. Ist es möglich die Behandlung Medienabhängiger in die bestehenden Strukturen zu implementieren und gleichzeitig speziell für diese Problematik bedeutsame Behandlungsmethoden zu integrieren?

I. Integration von Medienabhängigkeit in bestehende Behandlungsstrukturen

Aufgrund der hohen Übereinstimmung in der Pathogenese und Phänomenologie von Medienabhängigkeit und den stoffgebundenen Abhängigkeits-

erkrankungen können viele theoretische Modelle, die die Basis für eine suchtspezifische Therapie darstellen, auf die Problematik Medienabhängigkeit übertragen werden. In Analogie zu Resultaten aus der Abhängigkeitsforschung weisen Forschungsergebnisse zum Computernutzungsverhalten von Kindern darauf hin, dass diese lernen, sich durch die exzessive Nutzung unangemessen zu belohnen und dadurch, als Ausdruck einer inadäquaten, aber effektiven Stressverarbeitung, Gefühle zu unterdrücken bzw. zu regulieren. Alternative Stressbewältigungsstrategien verlieren an Bedeutung und werden nicht mehr als wirkungsvoll wahrgenommen (Grüsser et al., 2005). Medienabhängigkeit ist folglich wie die stoffgebundenen Abhängigkeitserkrankungen ein erlerntes Verhalten, dem ein Ungleichgewicht im Leben oder in der Persönlichkeit des Betroffenen zugrunde liegt. Daher basieren die Konzepte für die Behandlung Abhängigkeitserkrankter meist auf den Behandlungsansätzen der Verhaltenstherapie. Dazu gehören unter anderem die Erstellung einer individuellen Verhaltensanalyse, der Erwerb adäquater Stressbewältigungsstrategien, Methoden der kognitiven Umstrukturierung, Orientierung an den individuellen Ressourcen und Aktivierung zur Aufnahme einer alternativen Freizeit- und Lebensgestaltung. Ein weiterer Aspekt, welcher in die Behandlung von Abhängigkeitserkrankungen miteinbezogen wird, ist das Konzept der Multikonditionalität von Feuerlein und Küfner (1989). Diesem Konzept zufolge liegen der individuellen Abhängigkeitsentwicklung drei Bedingungskomplexe zugrunde, die sich wechselseitig beeinflussen. Zu den drei Bedingungskomplexen zählen die Beschaffenheit des Suchtmittels, die Eigenschaften des Betroffenen und die Besonderheiten des Sozialumfeldes. In Anlehnung an dieses multikonditionale Konzept wird bei der Behandlung von Abhängigkeitserkrankungen besonders großer Wert auf eine interdisziplinäre Zusammenarbeit gelegt. Dementsprechend beinhalten stationäre Behandlungsangebote in der Regel folgende Module:
– Aufbau einer geregelten Tagesstruktur
– Einzeltherapie
– Gruppentherapie
– Psychoedukation
– Indikationsgruppen für komorbide Störungen
– Ergo-/Arbeitstherapie
– Sporttherapie
– Soziales Kompetenztraining

- Angehörigenarbeit
- Rückfallprävention
- Entspannungstraining

(Je nach Größe und theoretischem Hintergrund einer Therapieeinrichtung können die genannten Module leicht variieren)

Menschen mit einer Abhängigkeitserkrankung zeichnen sich darüber hinaus häufig durch eine sehr geringe und schwankende Veränderungsmotivation aus, die bei Medienabhängigen besonders deutlich wahrnehmbar ist. Um diesem Phänomen in der Behandlung Beachtung beikommen zu lassen, entwickelten Prochaska und DiClemente (1992) ein Veränderungsmodell, in dem die Phasen der Motivationsentwicklung erläutert werden. Diesem Modell zufolge gibt es sechs Phasen der Veränderung: Absichtslosigkeit, Absichtsbildung, Vorbereitung, Handlung, Aufrechterhaltung und Rückfall. Der motivationale Zustand eines Betroffenen ist Schwankungen unterlegen, so dass er sich immer wieder in unterschiedlichen Phasen der Veränderung befinden kann. Diese Schwankungen sollten im Rahmen einer Therapie regelmäßig geklärt werden, *um den Betroffenen dort abzuholen, wo er steht.*
Zur Förderung der Motivation und zur Reduktion der motivationalen Schwankungen wird zunehmend auf das Konzept der Motivierenden Gesprächsführung von Miller und Rollnick (2009) zurückgegriffen. Sie postulieren eine therapeutische Haltung, die dem Betroffenen ermöglicht, ein vertrauensvolles Verhältnis zum Therapeuten aufzubauen. Zu den Grundprinzipien dieser therapeutischen Haltung gehören Empathie ausdrücken, Diskrepanzen aufzeigen, Beweisführung vermeiden, Widerstand aufnehmen und Selbstwirksamkeit fördern. Des Weiteren benennen Miller und Rollnick (2009) sechs Basisstrategien zur Steigerung der Therapiemotivation und Compliance des Betroffenen: Selbstmotivierende Sprache, Aktives Zuhören, Offene Fragen, Bestätigung des Gegenüber, Umgang mit Widerstand und Umformulierung. Möglicherweise ist es angezeigt, bei Medienabhängigkeit neben den genannten Methoden der Motivationsförderung zusätzliche spezifische motivationsfördernde Methoden zu entwickeln.
Eine Abhängigkeitsentwicklung findet nicht losgelöst vom sozialen Umfeld des Betroffenen statt, vielmehr ist die Abhängigkeitserkrankung in das bestehende soziale Netzwerk implementiert. Systemische Modelle der Sucht-

entwicklung erklären die Entwicklung einer Abhängigkeit mit dem Streben eines sozialen Systems, z.b. der Familie, nach einem funktionalen Gleichgewicht, wobei jedes Mitglied des Systems eine bestimmte Rolle innehat. Mitunter übernimmt das Suchtverhalten eines Betroffenen eine systemstabilisierende Funktion, z.b. Ablenkung von anderen Problemen in der Familie. Das Suchtverhalten wird als Lösungsversuch zur Aufrechterhaltung des bestehenden Systems verstanden (Feuerlein, Küfner und Soyka, 1998). Aus diesem Grund werden Angehörige Suchterkrankter möglichst in die Behandlung miteinbezogen. Mithilfe psychoedukativer Angebote sollen sie über Co-Abhängigkeit informiert werden und Anregungen zum zukünftigen Umgang mit dem Betroffenen und seiner Erkrankung erhalten. Bei Medienabhängigkeit ist die Familie zumeist in besonderem Maße in das Suchtverhalten des Betroffenen integriert, da Medienkonsum gewöhnlich im häuslichen Umfeld stattfindet. Eltern mediensüchtiger Jugendlicher und junger Erwachsener zeichnen sich oft durch co-abhängige Verhaltensweisen aus. Daher können auch die Ansätze der Systemischen Therapie bei Familien- oder Paargesprächen wirkungsvoll in die Behandlung mit eingebracht werden, indem bisherige Muster und Vorannahmen durch Perspektivwechsel, zirkuläre Fragen oder auch die Darstellung in einer Skulptur modifiziert werden (Valler-Lichtenberg, 2010).

Auch Soziale Modelle der Abhängigkeitsentstehung und -aufrechterhaltung finden bei der Behandlung Abhängigkeitserkrankter Beachtung, z.B. durch die Umsetzung des Sozialen Kompetenztrainings oder Maßnahmen zur Förderung einer beruflichen Perspektive. Soziale Modelle berücksichtigen Störungen in der Sozialisation des Abhängigkeitserkrankten, unter anderem durch die defizitäre Vermittlung von sozialen Rollen und Fähigkeiten, gesellschaftlichen Normen und auch Selbstkontrollfähigkeiten. Bei Medienabhängigen kann ein insgesamt wenig reflektierter Medienkonsum innerhalb der Familie bedeutend sein. Bei Berücksichtigung des weiteren Umfeldes zeigt sich oft auch ein hoher Medienkonsum im Freundeskreis.

II. Spezifische Fokussierung innerhalb der bestehenden Strukturen

Anhand der aufgezeigten Modelle lässt sich die Integration von Medienabhängigkeit in die bestehenden Behandlungsstrukturen des Suchthilfesystems sinnvoll begründen. Dennoch erscheint es wichtig, die Spezifität des Phänomens Medienabhängigkeit bei der Behandlung zu berücksichtigen. Einige Themen, die für die Behandlung bei stoffgebundener Abhängigkeit von Bedeutung sind, spielen für Medienabhängige eher eine untergeordnete Rolle, z.B. die Rückfallprävention im klassischen Sinn auf der Basis eines Abstinenzvorhabens. Dagegen bringt Medienabhängigkeit teilweise eine eigene Dynamik mit sich, die in der Therapie aufgegriffen werden sollte. Daher erscheint es wichtig, Medienabhängige nicht in Therapiegruppen für stoffgebundene Abhängigkeitserkrankungen einzubinden, sondern separate Gruppenangebote bereitzustellen. Im Rahmen des separaten Gruppenangebots können mediensuchtspezifische Themen in die bestehenden Behandlungsmodule implementiert werden. Im Folgenden werden die spezifischen Behandlungsinhalte detaillierter beschrieben:

Aufbau einer geregelten Tagesstruktur und Verbesserung der Planungsfähigkeit

Menschen mit Abhängigkeitserkrankungen fällt es oft schwer, sich selbst zu strukturieren und einen geregelten Tagesablauf in ihr Leben zu implementieren. Viele haben aufgrund ihrer Abhängigkeit von außen vorgegebene Strukturen, z.B. durch einen festen Arbeitsplatz oder die Schule, verloren und können keine klaren Ziele mehr für ihr Leben und ihre Zukunftsplanung formulieren. Im Rahmen einer Entwöhnungsbehandlung wird der Umgang mit festen Strukturen neu erlebt, Regeln für die Behandlung und das Zusammenleben aufgestellt und Ziele für die Zukunft erarbeitet.
Bei Medienabhängigen kommt hinzu, dass der Tages- und Nachtrhythmus häufig gestört ist, da Verabredungen im Internet gewöhnlich auf die Abend- und Nachtstunden gelegt werden. Studienergebnisse zeigen, dass medienabhängige Jugendliche signifikant geringere Schlafzeiten aufweisen und häufiger unter Schlafstörungen leiden als die Vergleichsgruppe gesunder Jugendlicher (Rehbein et al., 2009). In der Therapie müssen die Betroffenen lernen, ihren Tages- und Nachtrhythmus wieder umzustellen.
Untersuchungen bezüglich auffälliger Persönlichkeitsstrukturen bei Medienabhängigen, die an der Institutsambulanz für Spielsucht der Universität Mainz durchgeführt wurden, zeigen zudem, dass Medienabhängige sich anhand des Fünf-Faktoren-Modells der Persönlichkeit von Eysenck durch

deutlich verminderte Werte auf der Skala Gewissenhaftigkeit auszeichnen. Daraus lässt sich schließen, dass Betroffene grundsätzliche Defizite in der Planung und vor allem konsequenten und nachhaltigen Verfolgung von Zielen aufweisen (Wölfling, 2009). Für die Therapieplanung bei Medienabhängigkeit ergibt sich die Konsequenz, dass der Aufbau einer festen und geregelten Tagesstruktur und die Formulierung konkreter und realistischer Ziele von enormer Wichtigkeit sind.

Medienkonsumanamnese in der Einzeltherapie

Der Entwicklung einer Medienabhängigkeit liegt ein Ungleichgewicht im Leben oder der Persönlichkeit des Betroffenen zugrunde. Rehbein et al. (2009) fanden heraus, dass Medienabhängige sich durch ein hohes Maß an Misserfolgserleben und ein Gefühl mangelnder Kontrolle im realen Leben kennzeichnen. Auch eine Studie von Jäger und Moormann (2008) ergab ein höheres Maß an Überforderung im Lebensalltag, Unzufriedenheit in vielen Lebensbereichen und eine geringere Selbstwirksamkeitserwartung. Mithilfe des Medienkonsums werden diese Defizite im realen Leben des Betroffenen kompensiert. Moderne Medien bieten durch ihre vielfältigen Nutzungsmöglichkeiten die Befriedigung sehr unterschiedlicher Bedürfnisse. Daher ist eine detaillierte Anamnese des Medienkonsums von großer Bedeutung für die Identifizierung der zugrunde liegenden Bedürfnisse und die Entwicklung einer individuellen Verhaltensanalyse. Die Möglichkeiten der Bedürfnisbefriedigung sollen am Beispiel „Onlinerollenspiele" verdeutlicht werden (s. Tab. 1).

Neben Informationen über die Bedürfnisse gibt der Inhalt des Medienkonsums auch Aufschluss über die Ressourcen und Fähigkeiten des Betroffenen. Das Verhalten Medienabhängiger in der realen Welt zeichnet sich oft durch eine hohe Diskrepanz zum Verhalten in virtuellen Welten aus. Während der Eindruck besteht, im realen Leben nichts erreichen zu können, erfolglos zu sein und zudem wenig Selbstbewusstsein zu besitzen, ist das Auftreten in den virtuellen Welten meist zielstrebig, ehrgeizig und sehr kompetent. Diese Diskrepanz ist den Betroffenen oft im Detail nicht bewusst, Fähigkeiten und Ressourcen aus der virtuellen Welt können in das reale Leben nicht übertragen werden. Die Auseinandersetzung mit den Inhalten

Tabelle 1

> **Onlinerollenspiele bieten u.a. die Möglichkeit:**
> - eine epische Geschichte zu erleben und in dieser mitzuwirken
> - Abenteuer zu erleben
> - fremde Welten zu erkunden und immer neue Aufgaben zu lösen
> - sich mit anderen zu messen, z.B. durch Leistungsorientiertes Spielen im Wettkampf gegen andere menschliche Mitspieler (Player vs. Player-Modus)
> - Teamgeist zu entwickeln: z.B. Leistungsorientiertes kooperatives Spielen gemeinsam mit der Gilde (Raids, Player vs. Monster)
> - seine Identität/Rollen zu wechseln, indem man z.B. die Rolle seines Avatars durch rollenkonformes Verhalten darstellt (auf Roleplaying-Servern)
> - zahlreiche soziale Kontakte zu knüpfen, z.B. über Teamspeak
> - Zugehörigkeit zu einer Gruppe zu empfinden, z.B. durch den Anschluss an eine Gilde
> - Organisation, Leitung oder soziale Macht auszuüben, z.B. durch (Führungs-) Funktionen innerhalb einer Gilde
> - Besitztümer anzuhäufen, z.B. "Farmen" durch die Wiederholung besonders lukrativer Spielaktionen
> - Aufgaben in der Gilde zu übernehmen (z.B. Gestaltung der Webseite)

des Medienkonsums bietet also zusätzlich die Möglichkeit, Ressourcen und Kompetenzen zu identifizieren und die Übertragung in das reale Leben zu unterstützen.

Reflektion des eigenen Medienkonsums in der Gruppentherapie

Zu den wesentlichen Themen der Gruppentherapie für stoffgebundene Abhängigkeitserkrankungen gehört in der Regel die Reflektion der eigenen Abhängigkeitsentwicklung. Jeder Betroffene bekommt ungefähr nach der Hälfte der Behandlung die Aufgabe, seinen individuellen Suchtbericht zu verfassen, in dem Konsummengen angegeben und in Zusammenhang mit

Die folgenden Fragen stellen eine Auswahl für die Anamnese des Medienkonsums dar:
- Welche Medien werden überwiegend genutzt?
- Gibt es einen Medieninhalt, der vorrangig konsumiert wird, z.B. ein bestimmter Chat oder ein PC-Spiel?
- Findet der Konsum allein oder gemeinsam mit anderen statt?
- Entsteht über die Medien Kontakt mit anderen?
- Besteht das Bedürfnis, die Kontakte persönlich kennen zu lernen?
- Ist ein Avatar oder eine andere Person erschaffen worden?
- Wenn ja, welche Eigenschaften besitzt sie? Im Vergleich zu den eigenen Eigenschaften?
- Sind mehrere Avatare erschaffen worden?
- Wenn Mitgliedschaft in einer Gilde besteht: Wie groß ist die Gilde? Welche Regeln hat sie? Welche Position/Funktion wird in der Gilde ausgeübt? Wie wichtig ist die Gilde?
- Wie wird der eigene Erfolg im virtuellen "Leben" eingeschätzt? Im Vergleich zum realen Leben?
- Welche Fähigkeiten/Kompetenzen schreiben Sie sich in der virtuellen Welt zu? Im Vergleich, wie schätzen Sie sich im realen Leben ein? Besteht eine Diskrepanz zwischen virtueller und realer Welt?
- Was macht von allen Nutzungsmöglichkeiten am meisten Spaß? Was gefällt ihnen am wenigsten?
- Wenn Sie die reale Welt mit der virtuellen Welt vergleichen: Was gibt es dort, was es im realen Leben nicht gibt?
- Welche Gefühle werden mit der virtuellen Welt verbunden? Welche mit dem realen Leben?
- Wenn Sie den Medienkonsum aufgeben müssten, was würde Ihnen am meisten fehlen?

Zeitabschnitten und wichtigen Veränderungen im Leben der Person gebracht werden sollen. Der Suchtbericht wird dann im Rahmen der Gruppentherapie von dem Betroffenen vorgetragen und gegebenenfalls auch zeichnerisch dargestellt. Die anderen Gruppenmitglieder dürfen den Bericht im Anschluss kritisch hinterfragen. Auf diese Weise wird die Auseinandersetzung des einzelnen Betroffenen mit der eigenen Suchtgeschichte forciert.

Die Ambulanz für Spielsucht der Universität Mainz und einige Beratungsstellen, z.B. die Berliner Beratungsstelle *Lost in Space*, die offene oder therapeutische Gruppen für Medienabhängige anbieten, haben diese Methode der kritischen Reflektion des eigenen Konsums im Rahmen der Gruppe aufgegriffen und speziell auf die Problematik Medienabhängigkeit angepasst. Für die Entwicklung einer Medienabhängigkeit spielen z.B. Konsummengen eine eher untergeordnete Rolle, dagegen ist die Identifikation mit der selbst erschaffenen „Internetidentität" von besonderer Bedeutung. Der Inhalt des Medienkonsums vieler Betroffener ist mit der Kreation einer neuen Identität verbunden, z.B. durch die eigene Darstellung im Chat oder die Erschaffung eines Avatars. Im Verlauf der Abhängigkeitsentwicklung verbringt der Betroffene immer mehr Zeit mit seiner virtuellen Identität. Dadurch verschwimmen die Grenzen zwischen dem realen und dem virtuellen Ich. So beschreiben manche Betroffenen, dass sie während des Medienkonsums ihre eigenen Bedürfnisse gar nicht mehr wahrgenommen haben. Beispielsweise berichtet ein Klient *„Mein Avatar hat etwas getrunken, daraufhin habe ich selbst keinen Durst mehr verspürt."*

Besonders bei Onlinerollenspielen, in denen der Spieler seinen Avatar selbst gestalten kann, entwickelt sich zwischen dem Spieler und seiner Spielfigur oft eine hohe Bindung. Der Spieler investiert viel Zeit in die Gestaltung, Entwicklung und Optimierung seines Avatars. Dieser erwirbt immer neue Fähigkeiten und Eigenschaften, die auch nach außen hin sichtbar sind. Der Avatar gewinnt zusehends an Individualität, was sich in der Wahrnehmung des Betroffenen folgendermaßen äußert *„Nur ich besitze diesen Avatar, kein anderer Avatar sieht so aus wie meiner!"* Die zeitliche Investition sorgt auch dafür, dass der Avatar immer erfolgreicher wird, wodurch das Ansehen bei den Mitspielern steigt und die Position innerhalb einer Spielergemeinschaft gestärkt werden kann.

Aufgrund der hohen Bindung zur eigenen virtuellen Identität wird die Präsentation dieser Identität in das gruppentherapeutische Setting implementiert. Dem Betroffenen soll diese emotionale Bindung durch die Präsentation bewusst werden. Die Bedeutung der virtuellen Identität kann in der Interaktion mit den anderen Gruppenteilnehmern reflektiert werden. Für viele Betroffene scheint die Präsentation der virtuellen Identität in der Gruppe ein bedeutender Schritt in der Therapie zu sein. Die Therapiemotivation wird auf den Prüfstand gestellt, Gedanken an einen Therapieabbruch treten zu diesem Zeitpunkt besonders oft auf.

Indikative Angebote bei komorbiden Störungen

Aus bisherigen Untersuchungen zu Komorbidität bei Medienabhängigkeit ergaben sich u.a. hohe Korrelationen mit Depressionen, Angsterkrankungen und ADHS (Yen et al., 2007; te Wildt, 2007). Die Auswertung des Selbstbeurteilungsbogens SCL-90, der bei den Patienten der Ambulanz für Spielsucht der Universität Mainz abgenommen wurde, ergab insgesamt eine deutlich höhere psychische Pathologie bei den medienabhängigen Patienten im Verhältnis zu einer gesunden Vergleichsgruppe. Vor allem auf den Skalen Depressivität, Zwanghaftigkeit, soziale Unsicherheit und Psychotizismus wurden signifikant höhere Werte festgestellt (Wölfling & Beutel, 2009).
Stationäre Entwöhnungsbehandlungen bei stoffgebundenen Abhängigkeitserkrankungen beinhalten in der Regel indikative Therapieangebote für Betroffene mit komorbiden Störungen. In Anlehnung an die wissenschaftlichen Erkenntnisse sollten Medienabhängigen mit einer komorbiden Störung ebenfalls indikative Therapieangebote, z.B. eine Indikativgruppe für Patienten mit zusätzlichen depressiven Störungen oder Angststörungen, bereitgestellt werden. Bei einigen Patienten zeichnet sich ab, dass eine gegebenenfalls bestehende komorbide Störung vorrangig behandelt werden sollte. In diesem Fall wäre die Option der Beantragung einer psychosomatischen Therapie wünschenswert, d.h. die stationäre Behandlung Medienabhängiger sollte (ähnlich dem pathologischen Glücksspiel) variabel an das individuelle Störungsbild angepasst werden können.

Soziales Kompetenztraining bei Medienabhängigkeit

Viele Medienabhängige leben sozial isoliert und haben kaum noch soziale Kontakte im realen Leben. Ängste im Kontakt mit anderen bis hin zur Sozialen Phobie treten häufig im Zusammenhang mit Medienabhängigkeit auf. Im Rahmen des Sozialen Kompetenztrainings sollen Medienabhängige lernen, Kontakt mit ihrer Umgebung aufzunehmen, Gespräche zu führen und ihre Emotionen zu kommunizieren. Gerade die männlichen Betroffenen scheuen besonders den realen Kontakt zum anderen Geschlecht. Durch das Kompetenztraining können sie mehr Selbstsicherheit im Kontakt erwerben.

Ein weiterer wichtiger Aspekt, den es im Rahmen des Sozialen Kompetenztrainings zu berücksichtigen gilt, zielt auf die Unterschiede zwischen der Kommunikation mit einem unmittelbaren Gegenüber und der Kommunikation mittels der modernen Medien ab. Für die unmittelbare Verständigung zwischen Menschen spielen neben der verbalen Kommunikation auch non-verbale Botschaften, wie Mimik, Gestik und Körperhaltung, eine wichtige Rolle. Im Verhältnis können non-verbal sogar mehr Signale gesendet werden als verbal. Non-verbale und verbale Botschaften werden von dem Gesprächspartner gleichermaßen decodiert und miteinander in Zusammenhang gebracht.

Im Gegensatz dazu reduziert sich die mediale Kommunikation heute überwiegend auf den Austausch verbaler Botschaften, z.B. über Teamspeak, Skype, Chat, Twitter oder E-Mails. Da kein unmittelbarer Kontakt mit einem Gesprächspartner gegeben ist, muss die mediale Kommunikation ohne die Vermittlung non-verbaler Signale auskommen, eine Ausnahme bildet der Einsatz von Web-Cams. Medienabhängige, die über einen langen Zeitraum hinweg fast ausschließlich über die Medien mit anderen kommuniziert haben, weisen daher mitunter eine verarmte non-verbale Kommunikation auf. Im Rahmen des Sozialen Kompetenztrainings bei Medienabhängigkeit sollte die En- und Decodierung non-verbaler Botschaften thematisiert und geübt werden, damit die Betroffenen auch bezüglich ihrer non-verbalen Kommunikation wieder an Selbstsicherheit gewinnen.

Intensive Körper- und Sinneswahrnehmung

Die Entwicklung einer Medienabhängigkeit geht mit zunehmenden Medienkonsumzeiten und einer Vernachlässigung anderer Interessen und Freizeitaktivitäten einher. Der Aspekt der Vernachlässigung wird als so fundamental angesehen, dass viele Wissenschaftler sich für die Aufnahme dieses Aspektes als Kriterium zur Diagnostik bei Medienabhängigkeit aussprechen.

Des Weiteren führen die hohen Medienkonsumzeiten aufgrund der mangelnden körperlichen Aktivität zu gesundheitlichen Folgeschäden, z.B. Fehl- oder Mangelernährung, Haltungsschäden und Reduktion der körperlichen Belastungsfähigkeit. Zur Reaktivierung und Wiederherstellung körperlicher Fitness ist folglich die Integration sporttherapeutischer Angebote in die Behandlung besonders wichtig.

Sporttherapie zur Reaktivierung und Wiederherstellung der körperlichen Fitness stellt bei stoffgebundenen Abhängigkeitserkrankungen ebenfalls einen wesentlichen Baustein in der Behandlung dar. Worin liegt also der Unterschied zu der Behandlung von Medienabhängigen?

Medienkonsum führt vorrangig zu visuellen und auditiven Sinneswahrnehmungen – auch wenn mit den neuesten medialen Entwicklungen, z.B. der *Wii* oder der *X-box*, zunehmend ganzheitliche Körper- und Sinneswahrnehmungen gefördert werden sollen. Bei der Abhängigkeitsentwicklung von den modernen Medien berichten Betroffene daher oft von einer völligen Vernachlässigung des Körpers und der übrigen Sinne: *„Beim Spielen habe ich gar nicht mehr gemerkt, ob ich selbst Durst oder Hunger hatte."* Die mangelnde Aktivität und die Einschränkung der Sinneswahrnehmung scheinen bei Medienabhängigen aus diesem Grund noch stärker gegeben zu sein als bei den stoffgebundenen Abhängigkeitserkrankungen, wodurch die Umsetzung sporttherapeutischer Angebote zusätzlich an Bedeutung gewinnt. Ziel der sporttherapeutischen Interventionen ist demzufolge auch eine Sensibilisierung der Körper- und Sinneswahrnehmung.

Sportliche Aktivität kann aber nur zur positiven Erfahrung werden und erfolgversprechend sein, wenn eine graduelle Reaktivierung unter Berücksichtigung der individuellen Ressourcen und Bedürfnisse der Betroffenen erfolgt. Da junge Medienabhängige sich durch Misserfolgserleben im realen Leben (Rehbein et al., 2009), Unzufriedenheit in vielen Lebensbereichen und eine geringe Selbstwirksamkeitserwartung (Jäger & Moormann, 2008) kennzeichnen, ist es umso wichtiger, dass die sporttherapeutischen Interventionen zu konträren Erfahrungen führen. Der Betroffene soll erleben, dass Bewegung Freude bereiten und zur Steigerung des Selbstbewusstseins und der Selbstwirksamkeitserwartung führen kann. Zudem sollen verschiedene Möglichkeiten der alternativen Freizeitgestaltung aufgezeigt werden. Die sporttherapeutischen Interventionen sollten daher innovativ sein und an das Alter und die Bedürfnisse der Betroffenen angepasst werden, z.B. durch die Umsetzung von Trendsportarten wie Klettern, Inline-Skaten, Waveboard fahren und Parcour-Training.

Dennoch gibt es Betroffene, die jeglicher sportlichen Betätigung ablehnend gegenüberstehen, so dass Sport und Bewegung zum Frustrationserlebnis wird. In diesem Fall führt die Sporttherapie nicht zu den angestrebten Behandlungszielen. Dennoch bleibt die Bedeutung der bereits genannten Faktoren, wie intensive Körper-und Sinneswahrnehmungen, Ressourcenaktivierung und Aufbau einer alternativen Freizeitgestaltung für eine erfolgversprechende Behandlung bestehen. Um auch diesen Patienten adäquate Behandlungsangebote machen zu können, sprechen sich viele Experten für den Einsatz von gestalterischen Tätigkeiten, wie Kunst-, Musik- und Tanztherapie und Theatergruppen, aus.

Entspannungstraining

Entspannungstraining wird in der Behandlung stoffgebundener Abhängigkeitserkrankungen zumeist als Methode zur Stressregulation eingesetzt. Hierbei werden die Betroffenen vorrangig in der Progressiven Muskelentspannung nach Jacobson instruiert. Viele Betroffene berichten, von dem Einsatz des Entspannungstrainings zu profitieren.

Über die Effektivität von Entspannungsverfahren bei Medienabhängigen sind sich Berater und Therapeuten noch uneinig. Einige meinten, dass sie mit dem Einsatz von Progressiver Muskelentspannung zur Stressregulation in ihren Therapiegruppen für Medienabhängige eher negative Erfahrungen gemacht haben. Imaginations- und Körperwahrnehmungsmethoden scheinen sich bei der Arbeit mit Mediensüchtigen als geeigneter zu erweisen. Aufgrunddessen sollte beim Einsatz und der Auswahl eines Entspannungsverfahrens der individuelle Hintergrund des medienabhängigen Patienten beachtet werden. Zudem scheinen in Anbetracht der unterschiedlichen Erfahrungen spezifische Studien zum effektiven Einsatz verschiedener Entspannungsverfahren in der Behandlung Medienabhängiger angezeigt.

Integration der Angehörigen in den therapeutischen Prozess

Anhand der systemischen und sozialen Modelle der Abhängigkeitsentwicklung wurde bereits dargestellt, dass die Angehörigen eine wesentliche Rolle bei der Entwicklung und Aufrechterhaltung einer Abhängigkeit spielen. Im Fall von Medienabhängigkeit ist die Rolle der Angehörigen meist von noch größerer Bedeutung, da der Medienkonsum einerseits unter den Augen der Angehörigen stattfindet und nicht außerhalb des Systems. Ande-

rerseits konsumieren die Angehörigen in der Regel selbst Medien, so dass die Reflektion des eigenen Medienkonsums mitberücksichtigt werden sollte. Diese Faktoren sprechen für eine deutlich intensivere Einbindung der Angehörigen in die Behandlung Medienabhängiger, als es bisher bei den stoffgebundenen Abhängigkeitserkrankungen der Fall ist. Denkbar wäre eine intensivere Einbindung der Angehörigen mithilfe spezieller Wochenendseminare. Inhaltlich sollten in derartigen Seminaren folgende Themen reflektiert werden:
– die Erläuterung der Faktoren, welche die Entwicklung und Aufrechterhaltung einer Medienabhängigkeit begünstigen
– die Bedeutung co-abhängiger Verhaltensweisen
– die Reflektion des eigenen Medienkonsums
– die Erarbeitung alternativer Handlungs- und Verhaltensmöglichkeiten im zukünftigen Umgang mit Medien

Auch ambulante Therapieangebote sollten die Angehörigenarbeit miteinbeziehen.

III. Störungsspezifische Behandlungsmodule und -inhalte

Anhand der Erfahrungen von Beratern und Therapeuten zeigt sich, dass eine Integration der Behandlung Medienabhängiger in die bestehenden Behandlungsstrukturen für stoffgebundene Abhängigkeitserkrankungen unter Berücksichtigung spezifischer Inhalte und der Unterbringung in einer eigenen Therapiegruppe möglich ist. Dennoch gibt es einige Aspekte, die für die Behandlung Medienabhängiger immanent sind und eine deutliche Abgrenzung zu den bestehenden Behandlungsstrukturen darstellen.

Der Umgang mit Abstinenz

Ziel der Behandlung bei stoffgebundenen Abhängigkeitserkrankungen ist der Aufbau einer stabilen Abstinenz von Suchtmitteln. Der Antritt einer Therapie ist gleichbedeutend mit der Absichtserklärung, den Suchtmittelkonsum endgültig zu beenden. Jedweder zukünftige Suchtmittelkonsum wird als Rückfall angesehen. Der Konsum anderer Suchtmittel, die von dem Betroffenen bisher nicht konsumiert wurden, wird als Suchtverlagerung bezeichnet. Dementsprechend ist die Auseinandersetzung mit verschiedenen Methoden zur Stabilisierung des Abstinenzvorhabens und zum Umgang mit Rückfällen und Rückfallgedanken ein wichtiger Baustein in der Behandlung.

Wie aber soll mit dem Thema Abstinenz bei der Behandlung Medienabhängiger umgegangen werden? Mediennutzung ist in unserer Gesellschaft ein fester und bedeutender Bestandteil des Lebensalltags. Die völlige Abstinenz von jedwedem Medienkonsum ist somit gleichbedeutend mit gesellschaftlicher Isolation, Arbeits- und möglicherweise sogar Lebensunfähigkeit. Dementsprechend kann völlige Abstinenz nicht das Ziel der Behandlung Medienabhängiger sein. Vielmehr erscheint anhand bisheriger Erkenntnisse *das Konzept des integrierten Medienkonsums* als ein sinnvolles und erstrebenswertes Behandlungsziel. Diesem Konzept zufolge soll der Betroffene lernen, Medien zweckgebunden und in einem festen Zeitrahmen zu nutzen und seinen Medienkonsum selbständig zu kontrollieren. Zudem muss im Rahmen der Behandlung für jeden Betroffenen individuell erarbeitet werden, welche Medien und Medieninhalte weiterhin problemlos genutzt werden können und welche Nutzungsmuster das Risiko in sich bergen, in abhängige Verhaltensstrukturen zurückzufallen, sowie ob die Abstinenz von bestimmten Medieninhalten für einen „gesunden" Medienkonsum notwendig ist.

Anstelle einer völligen Medienabstinenz als Behandlungsziel erscheinen zurzeit zwei andere Konzepte bezüglich des Umgangs mit dem jeweiligen individuell problematischen Medienkonsum praktikabel: Die kontrollierte Nutzung problematischer Medien(-inhalte) und die Umsetzung einer Teil- oder Punktabstinenz. Bei der Teilabstinenz zielt die Behandlung auf die stabile Abstinenz von individuell abgesteckten Medieninhalten, z. B. einem bestimmten Computerspiel bzw. -genre. Punktabstinenz beinhaltet die Abstinenz für einen begrenzten Zeitraum bzw. einen an bestimmte Bedingungen geknüpften Konsum, z.B. Verzicht für drei Monate, Konsum nur samstags, nur in bestimmten Mengen, nur wenn bestimmte Voraussetzungen erfüllt sind (z.B. im Sinne von *erst die Arbeit, dann das Vergnügen*).

Eine völlige Abstinenz erscheint lediglich über einen kurzen Zeitrahmen zu Beginn einer stationären Behandlung als Methode wirksam, um Abstand zum Medienkonsum zu bekommen und sich der Bedeutung des eigenen

Medienkonsums bewusst zu werden. Offen ist hierbei allerdings noch, wie der Zeitrahmen für eine vorübergehende völlige Abstinenz gesteckt werden sollte, um therapeutisch effektiv zu sein.

Zugangsvoraussetzung für die Behandlung bei Medienabhängigkeit

Neben dem Aufbau einer stabilen Abstinenz als Therapieziel ist bei den stoffgebundenen Abhängigkeitserkrankungen eine dem Therapieantritt vorausgehende Abstinenzphase Voraussetzung für die Bewilligung bzw. den Antritt einer Therapie. Der Betroffene soll bereits im Vorfeld der Behandlung beweisen, dass er den Willen hat, zukünftig suchtmittelfrei zu leben. Manche Kliniken bieten Betroffenen die Möglichkeit einer kurzfristigen Entzugsbehandlung vor Therapiebeginn an, um die Durchführung der Therapie nicht zu gefährden.
Bisherige Erfahrungen zeigen, dass Medienabhängige in der Regel selten therapiemotiviert sind. Nur wenige werden aus eigener Initiative bei einer Beratungsstelle mit ihrer Problematik vorstellig und noch seltener können sie sich zu einer Therapie entschließen. Den Medienkonsum aufzugeben scheint vielen undenkbar. Die Idee, vor Antritt einer Therapie abstinent von Medien leben zu müssen, würde die meisten Betroffenen abschrecken. Zudem wurde bereits aufgezeigt, dass die völlige Abstinenz von jedwedem Medienkonsum kein Behandlungsziel darstellen kann und die Entscheidung für eine Punkt- oder Teilabstinenz individuell im Rahmen der Behandlung erfolgen sollte. Im Vorfeld der Behandlung ist in den meisten Fällen das Behandlungsziel folglich noch unklar. Die Forderung nach völliger Abstinenz vor Therapieantritt würde somit eine deutlich höhere Hürde für den Betroffenen darstellen als das anschließende Behandlungsziel. Daher sollte für die Behandlung Medienabhängiger von Medienabstinenz als Voraussetzung für den Antritt einer Therapie abgesehen werden.

Aufbau von Medienkompetenz statt Rückfallprävention

Da völlige Medienabstinenz kein Behandlungsziel ist, muss auch das in der Behandlung stoffgebundener Abhängigkeitserkrankungen klassische Konzept des Rückfalls und der Rückfallprävention für die Behandlung Medienabhängiger anders definiert werden. Der Konsum von Medien an sich ist nicht gleichbedeutend mit einem Rückfall. Vielmehr sollte *Rückfall* in diesem Zusammenhang als Regression/Wiederaufnahme lebenseinschränkender Medienkonsummuster verstanden werden. Strategien zur Rückfallprävention sollten sich dementsprechend darauf konzentrieren, Betroffene für Mediennutzungsmuster zu sensibilisieren, die das Risiko in sich bergen, in alte „süchtige" Konsummuster zurückzufallen.

Während in der Behandlung stoffgebundener Abhängigkeitserkrankungen das Thema *Rückfallprävention* oft ein eigenständiges Behandlungsmodul darstellt, sollte in die Behandlung Medienabhängiger anstelledessen das spezifische Modul *Medienkompetenztraining* integriert werden. Im Rahmen dieses Trainings sollen sich die Betroffenen mit den Inhalten ihres pathologischen Medienkonsums auseinandersetzen. Sie sollen lernen, für sie unbedenkliche Medieninhalte von Inhalten mit Rückfallrisiko zu diskriminieren, und somit zum Experten ihrer eigenen Mediensozialisation werden. Ein wesentlicher Bestandteil der kritischen Reflektion ist dabei die Auseinandersetzung mit der Entscheidung für einen zukünftigen kontrollierten Medienkonsum oder eine Teil- oder Punktabstinenz.

Zum Erwerb eines kontrollierten Medienkonsums soll den Betroffenen zusätzlich die Nutzung von Stopp- und Kontrollprogrammen (Shutdown-Programmen) nähergebracht werden.

Trauerarbeit in der Behandlung

Bei der Auseinandersetzung mit den Inhalten der Gruppentherapie wurde bereits beschrieben, dass viele Betroffene eine intensive Bindung zu ihrem Internetauftreten oder ihrem Avatar aufbauen, die mitunter symbiotische Züge annehmen kann. Die Löschung der Internetpräsenz oder des Avatars als ein Behandlungsziel stellt somit für die meisten einen enormen Verlust dar. Manchen erscheint ein Leben ohne den Medienkonsum sinn- und wertlos. Dieser Verlust bedarf einer Thematisierung in der Behandlung und sollte gegebenenfalls therapeutisch mit den Methoden der Trauerarbeit aufgearbeitet werden.

Erlebnispädagogik als Behandlungsmodul

Bei stoffgebundenen Abhängigkeitserkrankungen stellt der Einsatz erlebnispädagogischer Elemente bisher keinen festen Bestandteil der Behandlung dar. Bezüglich der Entwicklung von Behandlungskonzepten für Medienabhängigkeit wird über die Integration von Erlebnispädagogik als substantiellem Bestandteil der Behandlung allerdings intensiv diskutiert.

Es wurde bereits dargestellt, dass der Inhalt des pathologischen Medienkonsums wichtige Informationen über die Wünsche, Bedürfnisse, aber auch die Ressourcen der Betroffenen liefert. Zu den Motiven für einen exzessiven Medienkonsum und somit die Abhängigkeitsentwicklung zählen unter anderem der Abwechslungsreichtum virtueller Welten, der Wunsch nach Erfolg und Herausforderung, das Erleben von Abenteuern, die Integration in eine soziale Gemeinschaft und die Übernahme einer klar definierten Funktion innerhalb der Gemeinschaft. Erlebnispädagogische Ansätze bieten die Möglichkeit, an die Funktion der virtuellen Welten im Leben der Betroffenen anzuknüpfen und eine Übertragung der Bedürfnisse und Ressourcen in das reale Leben herzustellen. Mithilfe erlebnispädagogischer Methoden können die Betroffenen intensive Körper- und Sinneserfahrungen machen, wodurch eine Verbesserung der eigenen Körper- und Sinneswahrnehmungen gefördert werden kann. Aktivitäten im Rahmen erlebnispädagogischer Therapieangebote sind oft auch Grenzerfahrungen, die dazu führen, die eigenen Fähigkeiten und Ressourcen kennen und einschätzen, aber auch seine Einschränkungen akzeptieren zu lernen. Durch die Grenzerfahrung erleben die Betroffenen, dass auch das reale Leben Herausforderung und Abenteuer bieten kann. Sie bekommen die Gelegenheit, Ideen für eine alternative Freizeitgestaltung zu entwickeln und ihren Platz innerhalb einer Gruppe zu finden. Die Erfahrungen anhand der im Rahmen der Erlebnispädagogik durchgeführten Aktivitäten werden anschließend kritisch reflektiert und fördern somit die Übernahme von Eigenverantwortung und einer realistischen Selbstwahrnehmung.

Bisherigen Erfahrungen von Beratern und Therapeuten zufolge, sollte allerdings auf den Einsatz von Life-Rollenspielen als Alternative zu Online-Rollenspielen im Rahmen erlebnispädagogischer Therapieansätze bei Medienabhängigkeit verzichtet werden, da diese eine zu große Ähnlichkeit mit den virtuellen Welten aufweisen. Dadurch könnte ein Rückfall in einen erneuten lebenseinschränkenden Medienkonsum initiiert werden.

Geschlechtsspezifische Aspekte der Behandlung

Soziale Modelle der Abhängigkeitsentwicklung erklären den Einfluss von Störungen in der Sozialisation auf die Entwicklung und Aufrechterhaltung einer Abhängigkeit. Dazu zählen auch Defizite in der Vermittlung von sozialen Rollen und Fähigkeiten. Bei der Untersuchung des Phänomens Medienabhängigkeit fällt auf, dass Männer häufiger betroffen zu sein scheinen als Frauen. Rehbein et al. (2009) fanden bei 0,3% der von ihnen untersuchten weiblichen Jugendlichen eine Medienabhängigkeit, bei den männlichen Jugendlichen wurde dagegen bei 2,3% der Untersuchten eine Medienabhängigkeit festgestellt. Die Ursachen für die höhere Anzahl Medienabhängiger unter Männern im Vergleich zu Frauen sind bisher spekulativ. Neben Erklärungen, die sich auf Ergebnisse zur stärkeren mesokortikolimbischen Aktivität bei männlichen Computerspielern während des Spielen beziehen (Rehbein et al., 2009), benennen einige Behandler auch den Mangel an männlichen Vorbildern und an Möglichkeiten einer jungengerechten Entwicklung in der heutigen Gesellschaft als Ursachen für eine höhere Prävalenz von Medienabhängigkeit unter Männern.

In den virtuellen Welten werden dagegen häufig archaische, stereotype Rollenbilder aufgebaut. Der männliche Protagonist wird als Held und unbesiegbarer Kämpfer dargestellt. Das Äußere des Avatars ist zumeist gekennzeichnet durch einen muskelbepackten, wohlgeformten Körper. *„In Bezug auf die Repräsentation von weiblichen Figuren in virtuellen Spielwelten kommen die Untersuchungen übereinstimmend zu dem Ergebnis, dass weibliche Figuren wesentlich seltener in Bildschirmspielen zu finden sind als männliche. Sie verfügen in der Regel über wenig Handlungsrelevanz und werden eher als Nebenfigur, denn als Hauptfigur eingesetzt. Dabei werden sie häufig in stereotyper, sexualisierter Form dargestellt."* (Witting, 2006)

Der Mangel an realen Vorbildern einerseits und der idealisierten, stereotypen Darstellung der Geschlechterrollen in den Medien, insbesondere den Computerspielen, führt bei vielen Medienabhängigen zu einer verzerrten Wahrnehmung der eigenen Geschlechterrolle, aber auch des anderen Geschlechts. Diese Verzerrungen in der Wahrnehmung aufgrund des exzessiven Medienkonsums sollten in der Behandlung aufgegriffen und modifiziert werden.

Altersspezifische Behandlungsangebote

Das Suchthilfesystem bietet für Erwachsene mit einer stoffgebundenen Abhängigkeitserkrankung umfangreiche ambulante und stationäre Hilfsangebote. Die Behandlungskosten werden dabei in der Regel vom Rentenversicherungsträger übernommen. Jugendlichen Betroffenen stehen im Beratungssetting in der Regel dieselben Anlaufstellen wie den Erwachsenen zur Verfügung. Die Behandlung erfolgt für diese Altersgruppe zumeist in spezifischen Einrichtungen. Für die Kostenübernahme bei der Behandlung Jugendlicher mit einer stoffgebundenen Abhängigkeitserkrankung ist gewöhnlich die Krankenkasse zuständig. Komplexer gestaltet sich die Unterbringung in den bestehenden Behandlungsstrukturen des Suchthilfesystems für Betroffene, die sich altersbezogen auf der Schwelle vom Jugendlichen zum Erwachsenen befinden (ca. die Zeit zwischen dem 17. bis zum 21. Lebensjahr). Für die suchtspezifischen Behandlungsangebote der Kinder- und Jugendpsychiatrien sind sie teilweise zu alt, die Kostenübernahme für eine Entwöhnungsbehandlung durch den Rentenversicherungsträger ist nicht gesichert, da dieser die Einzahlung in die Rentenversicherung über einen längeren Zeitrahmen (in der Regel 5 Jahre) für die Bewilligung einer Therapie voraussetzt. Durch die häufig unklare Zuständigkeit für diese Altersgruppe verlängern sich oftmals die Wartezeiten von der Beantragung bis zur Bewilligung einer Behandlung, wodurch die Therapiemotivation der Betroffenen erheblich gefährdet wird. Für adoleszente Drogenabhängige gibt es mittlerweile einige spezifische Einrichtungen, bei denen die Kostenübernahme mittels einer *Mischfinanzierung* durch verschiedene Kostenträger geregelt ist.

Bezüglich der Problematik Medienabhängigkeit zeigt sich anhand von Untersuchungen zum Altersdurchschnitt der männlichen Betroffenen, die im Beratungs- und Behandlungssetting vorstellig werden, dass 70% im Alter von 15 bis 24 Jahren sind (Petersen et al., 2009). Auch die Patienten der Institutsambulanz für Spielsucht an der Universität Mainz befinden sich zu 60% im Alter zwischen 17 und 25 Jahren (Wölfling, 2009). Diesen Ergebnissen zufolge scheint die Anzahl der Betroffenen unter Adoleszenten besonders hoch zu sein. Aus diesem Grund sollte der Entwicklung von Behandlungskonzepten für adoleszente Betroffene besondere Beachtung geschenkt werden. Denkbar sind spezifische Behandlungsangebote für Medienabhängige dieser Altersgruppe. Dabei sollte auch die Kostenübernahme zur Reduktion der Bewilligungszeiten bei Beantragung einer Behandlung überdacht und möglicherweise neu definiert werden.

IV. Schlussfolgerungen für die Beratung und Behandlung von Medienabhängigkeit in Deutschland

Diverse wissenschaftliche Untersuchungen und die Erfahrungen von Beratern und Therapeuten zeigen, dass zwischen Medienabhängigkeit und der stoffgebundenen Abhängigkeitserkrankungen hohe Übereinstimmungen bestehen. Für den Aufbau eines Hilfsnetzwerkes bedeuten diese Erkenntnisse, dass die Beratung und Behandlung von Medienabhängigkeit in das Netzwerk für stoffgebundene Abhängigkeitserkrankungen, das Suchthilfesystem, integriert werden kann. Viele therapeutische Ansätze der Suchthilfe können auf den Umgang mit Medienabhängigkeit übertragen werden. Dennoch sollten die spezifischen Besonderheiten von Medienabhängigkeit Beachtung finden, indem einige Behandlungsmodule inhaltlich an die Pathologie Medienabhängigkeit angepasst werden und zusätzlich problemspezifische Behandlungsmodule ergänzend in die Beratung und Behandlung integriert werden.

Literatur

Baier, D. & Rehbein, F. (2009). Computerspielabhängigkeit im Jugendalter. In C. J. Tuly (Hrsg.), Virtuelle Raumüberwindung (S. 139-155). Weinheim: Juventa Verlag.

Drogenbeauftragte der Bundesregierung (2009). Drogen- und Suchtbericht 2009. Verfügbar unter: http://www.bmg.bund.de/SharedDocs/Downloads/DE/Drogen-Sucht/drogen_und_suchtbericht2009,templateId=raw,property=publicationFile.pdf/drogen_und_suchtbericht2009.pdf [verfügbar seit 08.05.2009].

Feuerlein, W. & Küfner H. (1989). A prospective multicentre study of in-patient treatment for alcoholics: 18- and 48-months follow-up (Munich Evaluation for Alcoholism treatment, MEAT). Europ Arch Psych Neurolog Sciences, 239, 144-157.

Gever, J. (2010). DSM-V Draft Promises Big Changes in Some Psychiatric Diagnoses. Verfügbar unter: http://www.medpagetoday.com/Psychiatry/GeneralPsychiatry/18399 [12.04.2010].

Grüsser, S. M., Thalemann, R., Albrecht, U. & Thalemann, C. N. (2005). Exzessive Computernutzung im Kindesalter – Ergebnisse einer psychometrischen Erhebung. Wien Klinische Wochenschrift, 117 (5-6), 188-195.

Hahn, A. & Jerusalem, M. (2001). Internetsucht: Jugendliche gefangen im Netz. In Raithel, J. (Hrsg.), Risikoverhaltensweisen Jugendlicher. Erklärungen, Formen und Prävention. Opladen: Leske und Budrich.

Jäger, R.S. & Moormann, N. (2008). Merkmale pathologischer Computerspielnutzung im Kindes- und Jugendalter. Landau: Verlag Empirische Pädagogik.

Miller, W.R. & Rollnick, S. (2009). Motivierende Gesprächsführung. Freiburg: Lambertus Verlag.

Mößle, T., Kleimann, M. & Rehbein, F. (2007). Bildschirmmedien im Alltag von Kindern und Jugendlichen: Problematische Mediennutzungsmuster und ihr Zusammenhang mit Schulleistungen und Aggressivität (1.Aufl. Bd. 33). Baden-Baden: Nomos.

Petersen, K., Schelb, Y. & Trautmann-Lengsfeld, S. (2009). Expertentagung im Rahmen des Forschungsprojekts „Beratungs- und Behandlungsangebote zum pathologischen Internetgebrauch in Deutschland" am 29.10.2009, Hamburg Protokoll.

Petersen, K. U., Weymann, N., Schelb, Y., Thiel, R. & Thomasius, R. (2009). ZWISCHENBERICHT an das Bundesministerium für Gesundheit (BMG) zum Projekt „Beratungs- und Behandlungsangebote zum pathologischen Internetgebrauch in Deutschland": Pathologischer Internetgebrauch – eine Übersicht zum Forschungsstand. Verfügbar unter: http://www.bmg.bund.de/cln_178/nn_1508200/SharedDocs/Downloads/DE/Drogen-Sucht/Onlinesucht/Zwischenbericht_20Onlinesucht,templateId=raw,property=publicationFile.pdf/Zwischenbericht%20Onlinesucht.pdf [17.04.2009].

Prochaska, J. & Di Clemente, C.C. (1992). Stages of change in the modification of problem behaviors. In Hersen M., Eisler R. & Miller P. (Eds.), Progress in behavior modification. New York: Academic Press.

Quandt, T. & Wimmer, J. (2008). Online-Spieler in Deutschland 2007: Befunde einer repräsentativen Befragungsstudie. In T. Quandt, J. Wimmer & J. Wolling (Hrsg.), Die Computerspieler. Studien zur Nutzung von Computergames (S. 169-192). Wiesbaden: Verlag für Sozialwissenschaften.

Rehbein, F., Kleimann, M. & Mößle, T. (2009). Computerspielabhängigkeit im Kindes- und Jugendalter. Empirische Befunde zu Ursachen, Diagnostik und Komorbiditäten unter besonderer Berücksichtigung spielimmanenter Abhängigkeitsmerkmale, Forschungsbericht 108. Verfügbar unter: http://www.kfn.de/versions/kfn/assets/fb108.pdf [17.04.2009].

Saß, H., Wittchen, H.-U. & Zaudig, M. (2003). Diagnostisches und Statistisches Manual Psychischer Störungen. (DSM-IV-TR): Textrevision (Taschenbuch). Göttingen: Hogrefe Verlag.

te Wildt, B.T., Putzig, L., Zedler, M. & Ohlmeier, M. (2007). Internetabhängigkeit als ein Symptom depressiver Störungen. Psychiatrische Praxis, 34 (3), 1-5.

Thalemann, R., Wölfling, K. & Grüsser, S. M. (2007). Specific Cue Reactivity on Computer Game Related Cues in Excessive Gamers. Behavioral Neuroscience, 121 (3), 614-618.

Valler-Lichtenberg, A. (2010). Familientherapie – Systemische Therapie. Verfügbar unter: http://www.dgsf.org/themen/was-heisst-systemisch/familientherapie-systemisch_therapie.html [17.04.2009].

Witting, T. (2006). Virtuelle Spielfiguren in Bildschirmspielen. Verfügbar unter: http://snp.bpb.de/referate/witt_spil.htm [17.04.2009].

Wölfling, K. & Beutel, M. E. (2009). Wenn die virtuelle Welt zum realen Alltag wird. Neurologie & Psychiatrie, 11 (2), 36-41.

Wölfling, K., Müller, K.W. & Beutel, M.E. (2009). Ambulanz für Spielsucht – Wissenschaftliches Arbeitspapier zur Tagung „Identität und virtuelle Beziehungen" Ein Quellentext.

Wölfling, K. & Müller, K.W. (2009). Computerspielsucht. In Batthýany, D. & Pritz, A.: Rausch ohne Drogen, Wien: Springer.

Wölfling, K., Bühler, M., Leménager, T., Mörsen, C. & Mann, K. (2009). Glücksspiel- und Internetsucht – Review und Forschungsagenda. Nervenarzt, 80, 1030-9.

World Health Organization. (2000). The ICD-10 classification of mental and behavioural disorders: clinical descriptions and diagnostic guidelines. Geneva: World Health Organization.

Yen et al. (2007). The comorbid psychiatric symptoms of Internet addiction: attention deficit and hyperactivity disorder (ADHD), depression, social phobia, and hostility. Journal of Adolescent Health, 41 (1), 93-8.

Anhang

Die Gestaltung der Behandlung Medienabhängiger im Suchthilfesystem am Beispiel der ambulanten Rehabilitation

Die ambulante Behandlung Medienabhängiger sollte in Anlehnung an die gängige ambulante Suchtbehandlung für einen Zeitraum von einem Jahr mit der Option auf Verlängerung um ein halbes Jahr angesetzt werden. Die Übernahme der Struktur bestehend aus Einzel- und Gruppengesprächen wird für den Therapieerfolg ebenfalls als wichtig erachtet. Medienabhängige leben gewöhnlich sehr sozial isoliert und zeichnen sich durch Kommunikations- und soziale Kompetenzdefizite aus. Sie profitieren daher deutlich vom Kontakt mit Gleichgesinnten. Allerdings fällt ihnen der Einstieg in das Gruppensetting aufgrund der genannten Defizite oft sehr schwer. Daher sollte die Eingliederung schrittweise erfolgen. Die ambulante Behandlung sollte zunächst in Form von mehreren aufeinanderfolgenden Einzelgesprächen stattfinden, in denen der Betroffene langsam auf den Einstieg in die Gruppe vorbereitet wird. Zudem dienen die Einzelgespräche der Definition individueller Behandlungsziele und dem Beziehungsaufbau zwischen Patient und Therapeut. Um den Betroffenen den Einstieg in das Gruppensetting weiter zu erleichtern und die Hemmschwelle für den Beginn einer Therapie zu senken, kann im Vorfeld die Teilnahme an psychoedukativen Gruppen angeboten werden, bei denen die Betroffenen nicht zwangsläufig in direkte Interaktion miteinander treten müssen, aber ein erster Kontakt hergestellt wird. Hauptakteur bei den psychoedukativen Ansätzen ist der Therapeut, was den Druck, sich in der Gruppe äußern zu müssen, von den Patienten nimmt. Der Einsatz psychoedukativer Angebote zur Förderung der Therapiemotivation erscheint erfolgversprechend, bedarf zur Umsetzung aber der Entwicklung spezifischer Curricula.
Neben den Gruppen- und Einzeltherapiesitzungen sind auch indikative Gruppenangebote und der Einsatz bewährter Therapiemanuale (Soziales Kompetenztraining, Training emotionaler Kompetenzen) unter Berücksichtigung der Entwicklungs- und Aufrechterhaltungsmechanismen einer Medienabhängigkeit notwendig.
Zusätzlich zu den bestehenden Behandlungsinhalten bei einer ambulanten Entwöhnungsbehandlung wird bei Medienabhängigkeit der Einsatz erlebnispädagogischer Inhalte als therapierelevant angesehen und sollte dement-

sprechend in das therapeutische Angebot implementiert sein. Die Bedeutung erlebnispädagogischer Inhalte ergibt sich im Grunde aus dem Störungsbild „Medienabhängigkeit".

4 Anhang

4.1 Diagnostische Testverfahren

Die Internetsuchtskala (ISS): Psychometrische Eigenschaften und Validität

André Hahn und Matthias Jerusalem

Geschichte und Definition des Konstrukts „Internetsucht"

Ist Internetsucht eine Erfindung der Medien, die Internetnutzern die Möglichkeit bietet, schwer fassbare persönliche Probleme zu benennen, oder ist Internetsucht ein reales psychologisches Phänomen, dessen sich Psychologen, Pädagogen und Suchttherapeuten annehmen sollten (Hünerfauth, 2000)? Internetsucht wurde tatsächlich 1995 als scherzhafte Scheindiagnose von dem New Yorker Psychiater Ivan Goldberg erfunden (Eichenberg & Ott, 1999). Goldberg, übrigens heute einer der Kritiker der Internetsucht, veröffentlichte in Anspielung auf diagnostische Richtlinien im DSM-IV (Saß, Wittchen & Zaudig, 1996) eine Liste mit Symptomen der Internetsucht in der Experten-Mailingliste "Psychology of the Internet" (Suler, 1996). Anstelle der erwarteten belustigten Reaktionen der Kollegen erhielt Goldberg jedoch eine Vielzahl von E-Mails von Personen, die meinten, von der Störung betroffen zu sein. Zum Selbstläufer wurde der Scherz, als die *New York Times* im Dezember 1996 (Belluck, 1996) Internetsucht zum Thema eines längeren Artikels machte.
Seither haben international zahlreiche Wissenschaftler das Thema aufgegriffen und einer empirischen Prüfung zuzuführen versucht. Die ersten, sehr bekannt gewordenen Arbeiten stammen von der amerikanischen Psychologin Kimberly Young (1996, 1998a).

Young hat den Grundgedanken Goldbergs aufgegriffen und die Definitionsmerkmale des Pathologischen Spielens aus dem DSM-IV (Saß et al., 1996; Petry, 1996) auf den Bereich des Internet übertragen. Analog der Diagnostik der Spielsucht klassifiziert Young diejenigen Personen als internetabhängig, auf die im Jahresverlauf mindestens fünf von acht Kriterien zutreffen (z.B. starkes Eingenommensein vom Internet, Unfähigkeit zur Abstinenz, Toleranzentwicklung, Entzugssymptome). Neben Young entwarfen auch andere Autoren Instrumente, die sich an der Definition des Pathologischen Spielens orientieren (Morahan-Martin & Schumacher, 1997; Zimmerl, Panosch & Masser, 1999). Auf den ersten Blick überraschend, stützen sich Autoren wie Brenner (1997), Scherer (1997) oder Griffiths (1999) bei der Merkmalsbestimmung der Internetsucht auf die Kriterien der "Abhängigkeit von psychotropen Substanzen", wie sie sich im DSM-IV (Saß et al., 1996, S. 227) oder vergleichbar im ICD 10 der WHO als klinisch-diagnostische Leitlinien des Abhängigkeitssyndroms (Dilling et al., 1999, S. 92f.) finden. Trotz Orientierung an der Definition substanzgebundener Abhängigkeiten ist eine weitgehende inhaltliche Entsprechung der abgeleiteten Internetsuchtmerkmale festzustellen. Diese Vergleichbarkeit ist auf die historischen Wurzeln der Glückspielsucht zurückzuführen, die sich ihrerseits an der Definition der Alkoholabhängigkeit orientiert hat (Petry, 1996, 1998).

Ohne an dieser Stelle auf die Unterschiede der in der Literatur vorgefundenen Definitionsmerkmale und diagnostischen Erhebungsinstrumente einzugehen, lassen sich fünf abstraktere Suchtkriterien erkennen, die in allen Arbeiten aufzufinden sind. Entsprechend des gemeinsamen Nenners definieren wir Internetsucht oder Internetabhängigkeit als eine stoffungebundene Abhängigkeit, die dann als vorhanden gilt, wenn:

– über längere Zeitspannen der größte Teil des Tageszeitbudgets zur Internetnutzung verausgabt wird (hierzu zählen auch verhaltensverwandte Aktivitäten wie beispielsweise Optimierungsarbeiten am Computer) (Einengung des Verhaltensraums),
– die Person die Kontrolle über ihre Internetnutzung weitgehend verloren hat bzw. Versuche, das Nutzungsausmaß zu reduzieren oder die Nutzung zu unterbrechen, erfolglos bleiben oder erst gar nicht unternommen werden (obwohl das Bewusstsein für dadurch verursachte persönliche oder soziale Probleme vorhanden ist) (Kontrollverlust),

- im zeitlichen Verlauf eine Toleranzentwicklung zu beobachten ist, d.h. die "Verhaltensdosis" zur Erreichung der angezielten positiven Stimmungslage gesteigert wird,
- Entzugserscheinungen als Beeinträchtigungen psychischer Befindlichkeit (Unruhe, Nervosität, Unzufriedenheit, Gereiztheit, Aggressivität) und psychisches Verlangen ("craving") nach der Internetnutzung als Folge zeitweiliger, längerer Unterbrechung der Internetnutzung auftreten,
- wegen der Internetaktivitäten negative soziale Konsequenzen in den Bereichen Arbeit und Leistung sowie soziale Beziehungen (z.b. Ärger mit Freunden oder Arbeitgeber) eingetreten sind.

Die vorgeschlagenen Kriterien verstehen sich als normativ-deskriptive Merkmale der Phänomenologie der Internetsucht und thematisieren – wie dies im Übrigen auch für substanzgebundene Abhängigkeiten wie die Alkoholabhängigkeit gilt – keine ätiologischen Merkmale. Deshalb greift auch das am häufigsten genannte Gegenargument von Kritikern wie Grohol (1997, 1999) oder Eichenberg und Ott (1999) nicht, die einen eigenständigen Störungsbegriff "Internetsucht" mit dem Hinweis ablehnen, dass das Internet nicht die Ursache der Störung sei. Vielmehr sei die Störung Ausdruck und Symptom verborgener persönlicher Probleme oder Primärerkrankungen wie beispielsweise einer Depression.

In der Tat suggerieren unglücklicherweise die in der Literatur vorzufindenden Begriffe "Online Addiction", "Internet Addiction Disorder (IAD)", "Pathological Internet Use (PIU)" oder "Cyberdisorder", dass das Internet Ursprung und Ursache der Verhaltensstörung sei. Dennoch soll mit den Begriffen nur zum Ausdruck gebracht werden, dass die Verhaltensstörung an das Internet als Austragungsort gebunden ist. Über den rein deskriptiven Charakter der Definition der Internetsucht besteht nicht nur weitgehend Konsens unter den Autoren, die Deskription ist auch Voraussetzung für die Bestimmbarkeit von auslösenden Bedingungen. Ätiologieforschung kann nur zu sinnvollen Ergebnissen führen, wenn Bedingungen und Folgen (hier Internetsucht) diagnostisch eindeutig getrennt werden können (Westmeyer, 1972).

In Anlehnung an Hand (1999) verzichten wir daher auch auf die Einordnung der Internetsucht in die bestehenden, ätiologiegebundenen Kategorien der Klassifikationssysteme (ICD 10/ DSM IV) als "Störungen der Impulskontrolle" oder Zwangsstörung oder gar psychosomatische Erkrankung. Stattdessen schlagen wir vor, Internetsucht als eine moderne Verhaltensstörung und eskalierte Normalverhaltensweise im Sinne eines exzessiven und auf ein Medium ausgerichteten Extremverhaltens zu verstehen. Klassifikatorisch könnte Internetsucht dann – wie von Griffiths (1995) vorgeschlagen – als spezifische Form technologischer Süchte eingeordnet werden, die durch Mensch-Maschine-Interaktion gekennzeichnet sind (zu der dann auch beispielsweise Computerabhängigkeit oder Fernsehsucht zählen würde). Technologische Abhängigkeiten wären in dieser inhaltlichen Klassifikation selbst eine Unterkategorie verhaltensbezogener, stoffungebundener Abhängigkeiten, wie sie beispielsweise von Marks (1990) als Systematik angeregt wurde.

Messung ohne Diagnoseinstrument: Unzureichende Forschungslage

Kaum zu glauben, aber bereits die Frage nach der Häufigkeit des Merkmals Internetsucht in der Population der Internetnutzer kann die bisherige Forschung nicht zufriedenstellend beantworten. Warum sind Aussagen zur Prävalenz der Internetsucht so schwer zu treffen?
Erstens beruhen alle veröffentlichten Studien auf Gelegenheitsstichproben. Da die Befragungsteilnehmer nicht zufällig aus der definierten Grundgesamtheit der Internetnutzer gezogen wurden, kann keine Arbeit Repräsentativität für sich in Anspruch nehmen. Die Generalisierung der Befunde auf die Population der Internetnutzer ist daher nicht möglich. Vielmehr wurden die Teilnehmer per Aufruf in Tageszeitungen, in einschlägigen elektronischen Foren (z.B. Young, 1996, 1998b) oder auf einzelnen hochfrequentierten Websites (z.B. Greenfield, 1999; Zimmerl et al., 1996) angeworben. So nahmen beispielsweise an der ersten je durchgeführten Internetsucht-Studie von Young (1996, 1998b) innerhalb von drei Monaten 496 Teilnehmer per Online-Fragebogen oder Offline-Telefoninterview teil. Youngs Internetsucht-Kriterien wurden von 396 oder 79,8 Prozent aller Befragten erfüllt. Auch wenn es nicht Youngs Ziel war, die Prävalenz zu schätzen, so macht die Studie doch überdeutlich auf ein weiteres Problem aller Studien aufmerksam, nämlich die (potentiell) selbstselektive Verzerrung der Stichprobe durch die überproportionale Beteiligung von vermeintlich Betroffenen (vgl. auch Brenner, 1997). Am geringsten ist diese

Verzerrung in der Studie von Greenfield (1999) zu befürchten, da die Teilnehmer auf der Hauptseite des reichweitenstarken, amerikanischen Nachrichtensenders *ABC News* um Teilnahme gebeten wurden. Binnen zweier Wochen beantworteten 17 251 Teilnehmer die Fragen Greenfields. Ähnlich wie Young legte auch Greenfield eine einfache Checkliste der Diagnostik zugrunde und identifizierte nur 990 oder 5,7 Prozent der (vornehmlich amerikanischen und kanadischen) Internetnutzer als internetsüchtig. Damit hat Greenfield nicht nur die Studie mit den meisten Teilnehmern durchgeführt, er berichtet auch mit deutlichem Abstand die geringste Prävalenzrate der publizierten Studien (z.B. Scherer (1997): 13 Prozent der befragten Studenten; Morahan-Martin und Schumacher (1997): 8,1 Prozent der befragten College-Studenten).

Aussagen zur Prävalenz sind aber auch deshalb schwierig, weil in jeder Untersuchung andere, selbstentwickelte Erhebungsinstrumente zum Einsatz kamen und zudem unterschiedliche, mehr oder weniger willkürliche Kriterien (Cut-Off-Punkte) festgelegt wurden, ab deren Erfüllung die Befragungsteilnehmer als internetsüchtig klassifiziert wurden. Schließlich werden Aussagen zur Prävalenz der Internetsucht auch durch die formalen Eigenschaften der eingesetzten diagnostischen Instrumente erschwert. Anstelle von diagnostischen Instrumenten, die nach etablierten methodischen Kriterien der Psychometrie konstruiert wurden (Rost, 1996), werden einfache – meist mit "ja" versus "nein" zu beantwortende – Checklisten zur Beantwortung vorgelegt. Damit stehen weder Informationen zur Reliabilität der Instrumente zur Verfügung, die zur Korrektur von Prävalenzschätzungen herangezogen werden könnten, noch gibt es Hinweise auf die Konstruktvalidität der Instrumente. Einen umfassenden Überblick bieten Chou, Condron & Belland (2005).

Konstruktion des Messinstruments Internetsucht: Pilotstudie

Zur Überwindung dieser diagnostischen Probleme und um erste Informationen für die Bundesrepublik Deutschland – für die bislang keine Studie zu diesem Thema vorlag – bereitzustellen, wurde von Anfang Juli bis Ende September 1999 eine erste große Pilotstudie durchgeführt.

Im Rahmen einer internetbasierten Online-Befragung beantworteten im dreimonatigen Untersuchungszeitraum insgesamt 8 859 Personen 158 Fragen, die auf 30 Fragebogenseiten verteilt waren. Die Teilnehmer wurden per Aufruf in Tageszeitungen und Magazinen sowie im Rahmen von Radio- und TV-Interviews zur Teilnahme im Internet unter der URL http://www.internetsucht.de aufgefordert. Ausdrücklich wurde darauf hingewiesen, dass sich möglichst alle Internetnutzer angesprochen fühlen sollten, nicht nur solche, die vermeintlich zu viel Zeit mit Internetaktivitäten verbringen. Die Ausschöpfungsquote dieser Gelegenheitsstichprobe ist für Online-Surveys mit 62.4% als hoch zu bezeichnen. So berichten beispielsweise Knapp und Heidingsfelder (1999) für neun Online-Studien, die zwischen Mai und Juli 1999 (Gesamt N = 16 222) durchgeführt wurden, Abbruchquoten zwischen 13 und 63 Prozent oder durchschnittlich 46,9 Prozent (eigene Berechnung). Wird ferner berücksichtigt, dass in den Untersuchungen von Knapp und Heidingsfelder nur 12 bis 35 Fragen gestellt wurden, deren Beantwortung im Schnitt sechs bis 12 Minuten in Anspruch nahm, so ist die erreichte Beteiligung an der vorliegenden Untersuchung als erfreulich hoch zu bezeichnen. Im Durchschnitt benötigten die Teilnehmer für die vollständige Beantwortung des Fragebogens 28 Minuten.

Reliabilität und Konstruktvalidität eines mehrdimensionalen und hierarchischen Konstrukts

Ziel der vorgestellten Pilotstudie war die Konstruktion einer reliablen und konstruktvaliden psychometrischen Skala zur Erfassung des mehrdimensionalen Konstrukts Internetsucht (Rost, 1996). Aufbauend auf der oben aufgeführten Definition der Internetsucht wurden für jedes Kriterium Items konstruiert, die den Definitionsvorgaben inhaltlich so weit wie möglich entsprechen sollten. Entwickelt wurden für vier Inhaltsbereiche insgesamt 48 Items (Kontrollverlust: 13 Items; Entzugserscheinungen: 11 Items; Toleranzentwicklung und Einengung des Verhaltensraums: 11 Items; negative Konsequenzen der Internetnutzung: 13 Items), die als Ausgangspunkt von allen Befragungsteilnehmern mit Hilfe einer vierstufigen Likert-Ratingskala zu beantworten waren („trifft nicht zu" [1], „trifft kaum zu" [2], „trifft eher zu" [3] und „trifft genau zu" [4]). Konstruktionsziel war die Bildung einer 20 Items umfassenden Internetsucht-Gesamtskala bestehend aus vier Subskalen, welche distinkte und partiell unabhängige Merkmale der Internetsucht erfassen. Der theoretischen Vorgabe folgend wurde in einem ersten Analyseschritt eine exploratorische Faktorenanalyse (PCA) durchgeführt.

Herausgekommen ist abweichend von der geplanten vierfaktoriellen eine fünffaktorielle Lösung (Eigenwertkriterium > 1). Das Internetsuchtkriterium „negative soziale Konsequenzen" zergliedert sich in zwei partiell unabhängige inhaltliche Dimensionen: negative Konsequenzen im Bereich Arbeit und Leistung sowie negative Konsequenzen im Bereich soziale Beziehungen. Kriterium für die Auswahl der Items einer Subskala war das Prinzip der faktoriellen Einfachstruktur, d.h., ein Item der Subskala Kontrollverlust soll hoch auf den Faktor Kontrollverlust laden, darf aber keine hohen Fremdladungen auf den verbleibenden vier Faktoren aufweisen. Wenn mehr als die angezielten vier Items pro Subskala dieses Kriterium erfüllten, wurden die vier trennschärfsten Items einer Subskala selektiert. Lediglich bei der Subskala Toleranzentwicklung erfüllten genau vier Items das Kriterium der Einfachstruktur, so dass keine Items wegen vergleichsweise geringer Trennschärfen eliminiert wurden. Die Itemschwierigkeiten, Itemtrennschärfen sowie die internen Konsistenzen (Cronbachs Alpha) der resultierenden Skalen finden sich in Tabelle 1.

Tabelle 1 zeigt, dass alle fünf Subskalen der Internetsucht gute interne Konsistenzen mit Koeffizienten über $\alpha = .80$ aufweisen. Dies gilt insbesondere, wenn die Kürze der Subskalen mit je vier Items berücksichtigt wird. Die Gesamtskala verfügt über eine sehr gute interne Konsistenz von Cronbachs Alpha = .93. Die Gesamtskala verfügt daher über eine hohe Zuverlässigkeit, so dass Klassifikationsfehler etwa „falsch positiv"-Internetsüchtiger minimiert werden können. Bleibt nur die Frage, ob das Instrument auch kontruktvalide ist, d.h. ob sich die theoretisch unterstellte mehrdimensionale und hierarchische Struktur des Instruments belegen lässt. Diese Frage haben wir mit Hilfe einer in Abbildung 1 dargestellten hierarchischen konfirmatorischen Faktorenanalyse (Jöreskog & Sörbom, 1993) zu beantworten gesucht.

Das geprüfte Modell weist eine eher schlechte Passung auf (Chi^2 [df = 165] = 211.31, p = .008; RMR = 0.07; $SRMR$ = 0.07; GFI = 0.84; $AGFI$ = 0.80). Dafür spricht nicht nur der signifikante Chi^2-Test, sondern auch eine Reihe weiterer Indizes, die in LISREL 8 zur Verfügung steht. So

Tab. 1: Reliabilitätsanalyse der fünf Subskalen der Internetsucht (N=7091)

Item (Itemnummer der a priori Zuordnung)	M	SD	r (x, T)
Kontrollverlust (Cronbachs Alpha = .82)	8.03	3.08	
Beim Internet-Surfen ertappe ich mich häufig dabei, dass ich sage: Nur noch ein paar Minuten, und dann kann ich doch nicht aufhören. (KV09)	2.31	1.01	.62
Ich verbringe oft mehr Zeit im Internet, als ich mir vorgenommen habe. (KV11)	2.37	.95	.69
Ich habe schon häufiger vergeblich versucht, meine Zeit im Internet zu reduzieren. (KV10)	1.71	.90	.68
Ich gebe mehr Geld für das Internet aus, als ich mir eigentlich leisten kann. (KV06)	1.64	.98	.55
Entzugserscheinungen (Cronbachs Alpha = .83)	6.04	2.40	
Ich beschäftige mich auch während der Zeit, in der ich nicht das Internet nutze, gedanklich sehr viel mit dem Internet. (EE09)	1,88	.89	.60
Meine Gedanken kreisen ständig um das Internet, auch wenn ich gar nicht im Netz bin. (EE10)	1,44	.72	.73
Wenn ich längere Zeit nicht im Internet bin, werde ich unruhig und nervös. (EE04)	1.41	.72	.63
Wenn ich nicht im Internet sein kann, bin ich gereizt und unzufrieden. (EE05)	1.31	.63	.65
Toleranzentwicklung (Cronbachs Alpha = .81)	8.88	3.23	
Mittlerweile verbringe ich mehr Zeit im Internet als zu Beginn meiner Online-Aktivitäten. (TS03)	2.58	1.16	.70
Die Zeit, die ich im Internet verbringe, hat sich im Vergleich zur Anfangszeit ständig erhöht. (TS04)	2.36	1.02	.73
Mein Verlangen danach, mehr Zeit im Internet zu verbringen, hat sich im Vergleich zu früher ständig erhöht. (TS09)	1.82	.97	.67
Mein Alltag wird zunehmend stärker durch Internet-Aktivitäten bestimmt. (TS10)	2.11	.95	.46
Negative Konsequenzen Arbeit und Leistung (Cronbachs Alpha = .83)	5.72	2.40	
Ich bin so häufig und intensiv mit dem Internet beschäftigt, dass ich manchmal Probleme mit meinem Arbeitgeber oder in der Schule bekomme. (NK05)	1.39	.73	.69
Meine Leistungen in der Schule/im Beruf leiden unter meiner Internet-Nutzung. (NK12)	1.43	.75	.72
Ich vernachlässige oft meine Pflichten, um mehr Zeit im Internet verbringen zu können. (NK10)	1.60	.83	.69
Wegen des Internets verpasse ich manchmal wichtige Termine/Verabredungen. (KV07)	1.31	.63	.55
Negative Konsequenzen soziale Beziehungen (Cronbachs Alpha = .82)	5.60	2.28	
Mir wichtige Menschen sagen, dass ich mich zu meinen Ungunsten verändert habe, seitdem ich das Netz nutze. (NK06)	1.27	.62	.67
Seitdem ich das Internet nutze, haben sich einige Freunde von mir zurückgezogen. (NK02)	1.21	.55	.64
Mir wichtige Menschen beschweren sich, dass ich zu viel Zeit im Netz verbringe. (NK11)	1.52	.82	.64
Seitdem ich die Online-Welt entdeckt habe, unternehme ich weniger mit anderen. (NK04)	1.60	.84	.61
Gesamtskala (Cronbachs Alpha = .93)	34.27	10.75	

Anmerkung: M = Itemschwierigkeit (Mittelwert), SD = Itemstandardabweichung, r(x,T) = korrigierte Trennschärfe (Itemkorrelation mit der Summe der verbleibenden Items der Subskala). Die Angaben zur Gesamtskala und den Subskalen beziehen auf die Summe der Einzelitems.

4.1 Diagnostische Testverfahren

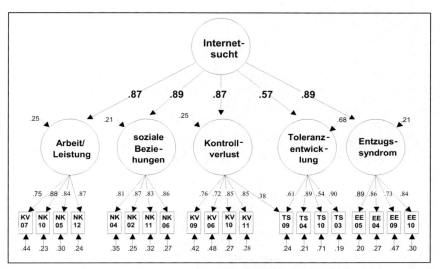

Abb. 1: Standardisierte Lösung der hierarchischen konfirmatorischen Faktorenanalyse der 20 Items der Internetsuchtskala (ISS)

betrug Akaike's Information Criterion *AIC* = 306.45, was im Vergleich zum Independence *AIC* („unabhängiges" Modell, d.h. es wird angenommen, dass alle beobachteten Variablen unkorreliert sind) von 1972.72 zwar befriedigend, jedoch im Vergleich zum Saturated *AIC* („gesättigtes" Modell mit $k(k+1)/2$ Parametern und null Freiheitsgraden, wobei *k* der Anzahl der beobachteten Variablen entspricht) von 420.00 gut, aber dennoch leicht erhöht ist. *AIC* sollte dem Saturated *AIC* so nahe wie möglich kommen oder es sogar noch unterschreiten (Jöreskog, 1994). Allerdings fällt der Root Mean Square Error of Approximation *(RMSEA)* mit .053 nicht signifikant aus (p = .40). Er gibt das Maß an, zu dem das Untersuchungsergebnis „approximativ" in der Population gültig ist (im Gegensatz zu „exakt" in der *Chi²* Statistik). Nach Jöreskog (1994) sollte eine Grenze von .08 nicht überschritten werden.

Dieses Ergebnis weist darauf hin, dass im Modell noch Restriktionen sind, die nicht mit den Daten übereinstimmen. Bei der Betrachtung der Residuen des Modells erweist sich eine einzige Modifikation als notwendig, um zu einer befriedigenden Passung von Daten und Modell zu gelangen. Abweichend von der ursprünglichen Restriktion wird – den Residualwerten folgend – nunmehr zugelassen, dass Varianz in dem Toleranzentwicklungs-Indikator TS09 („Mein Verlangen danach, mehr Zeit im Internet zu verbringen, hat sich im Vergleich zu früher ständig erhöht.") zusätzlich durch den Faktor Kontrollverlust erklärt wird. Unter Berücksichtigung der vorgenommenen Modifikation können die Parameter unverzerrt geschätzt werden. Die Modellanpassungswerte (Modell 2) sind nun sehr gut und signifikant besser (Der Chi^2-Differenzen-Test ist bei einer Differenz von einem Freiheitsgrad und einer Reduktion des Chi^2-Wertes um 27.1 signifikant ($p < .001$).) als diejenigen von Modell 1 (Chi^2 [df = 165] = 184.21, p = .13; RMR = 0.07; $SRMR$ = 0.07; GFI = 0.86; $AGFI$ = 0.82). Der AIC unterschreitet mit 273.51 jetzt sogar den Saturated AIC von 420.00 und der $RMSEA$ liegt weiterhin mit .03 (p = .90) weit unterhalb der kritischen Grenze.

Abbildung 1 weist die standardisierten Faktorladungen erster und zweiter Ebene auf Basis der Maximum-Likelihood-Schätzung von Modell 2 aus. Die Anforderungen der theoretischen Vorgaben an die empirische Struktur werden fast idealtypisch erfüllt. Einzig die Subskala Toleranzentwicklung erweist sich als schwächeres Unterkonstrukt der Internetsucht. So wird die Varianz der Toleranzentwicklung gut, aber verglichen mit der Güte der anderen Faktoren schlecht durch das Konstrukt Internetsucht erklärt und enthält zudem einen „dirty indicator". Dennoch steht mit der vorgestellten Internetsuchtskala ein fast ideales Instrument zur Verfügung, da die Diagnostik der Internetsucht lediglich eindimensional auf der Basis der Werte der Gesamtskala erfolgt. Damit ist die aufgezeigte Optimierungsoption der Subskala Toleranzentwicklung für die Gesamtskala von untergeordneter Bedeutung.

Aussagen über die Prävalenz des Konstrukts in der Population

Als normatives Kriterium für die Klassifikation einer Person als internetsüchtig wurde festgelegt, dass der Skalenwert einer Person die Summe von 59 überschritten haben muss. Dies entspricht einer durchschnittlichen Antwort von "trifft eher zu" (3) auf allen 20 Items. Als "internetsuchtgefährdet" wird eine Person klassifiziert, wenn ihr Summenwert auf der

Tab. 2: *Absolute und relative Anzahl unauffälliger, gefährdeter und abhängiger Internetnutzer getrennt nach Altersgruppen und Geschlecht*

Alter	Internetsucht						
	unauffällig		gefährdet		süchtig		
	N	%	N	%	N	%	N
<= 19 Jahre	1261	82.80	153	10.05	109	7.16	1523
M	1064	82.74	128	9.95	94	7.31	1286
W	190	83.33	25	10.96	13	5.70	228
20-29 Jahre	3013	91.61	199	6.05	77	2.34	3289
M	2450	91.25	177	6.59	58	2.16	2685
W	545	93.16	21	3.59	19	3.25	585
30-39 Jahre	1526	92.54	92	5.58	31	1.88	1649
M	1136	92.58	70	5.70	21	1.71	1227
W	383	92.74	20	4.84	10	2.42	413
40-49 Jahre	420	93.54	22	4.90	7	1.56	449
M	298	94.60	14	4.44	3	.95	315
W	120	92.31	6	4.62	4	3.08	130
>= 50 Jahre	173	96.65	5	2.79	1	.56	179
M	133	95.68	5	3.60	1	.72	139
W	39	100.00					39
Summe	6393	90.18	471	6.64	225	3.17	7089
M	5081	89.90	394	6.97	177	3.13	5652
W	1277	91.54	72	5.16	46	3.30	1395

Anmerkung: Prozentangaben verstehen sich als bedingte Prävalenzraten der Internetsucht (innerhalb der kombinierten Alters- und Geschlechtsgruppe).

Suchtskala zwischen 50 und 59 liegt. Dies entspricht einem durchschnittlichen Itemwert von 2.5.
Insgesamt erfüllen 3.2 Prozent der Befragungsteilnehmer das formulierte normative Kriterium der Internetsucht. Diese Gruppe verbringt durchschnittlich 34.6 Stunden pro Woche online im Internet – 25% der Inter-

netsüchtigen bringen es sogar auf eine durchschnittliche Onlinezeit von 53 Stunden in der Woche. Weitere 6.6 Prozent mit einer durchschnittlichen Onlinezeit von 28.6 Stunden pro Woche wurden als Risikogruppe klassifiziert. Die Gruppe der unauffälligen Internetnutzer nutzt das Internet nach eigenen Angaben durchschnittlich 7.6 Stunden pro Woche.

Wie Tabelle 2 zeigt, gibt es erhebliche Unterschiede in Abhängigkeit vom Alter und Geschlecht der Teilnehmer. Dieser Befund bestätigt die Hypothese einiger Autoren und die Befunde von Greenfield (1999) sowie Petrie und Gunn (1998), nach denen Internetsucht vornehmlich als Jugendproblematik zu verstehen ist. So fällt die Rate der Internetabhängigen stetig von 7.2 % in der Gruppe der unter 20-Jährigen auf 2.3 % in der Gruppe der 20- bis 29-Jährigen. Gleichzeitig deuten sich differenzielle Geschlechtsunterschiede innerhalb der Altergruppen an (siehe Abbildung 2). Bis zum Alter von 20 Jahren sind Jungen deutlich häufiger als Mädchen unter den Internetabhängigen auszumachen. Dieser Unterschied kehrt sich bereits ab dem Alter von 20 Jahren überraschend um. Mit zunehmenden Alter sind proportional zur Gesamtzahl der Internetsüchtigen in der jeweiligen Altersgruppe vermehrt Frauen betroffen. Eine Schätzung der Präva-

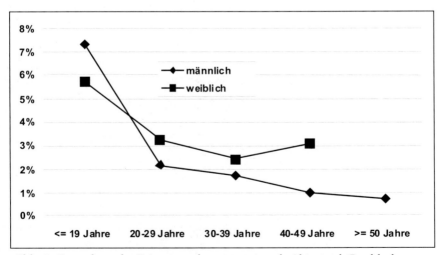

Abb. 2: Prävalenz der Internetsucht getrennt nach Alter und Geschlecht

lenz der Internetsucht in der Gruppe der über 50-jährigen Frauen ist aufgrund der geringen Zellfrequenzen nicht möglich.

Konvergente und diskriminante Validität des Konstrukts

Zur Beantwortung der Frage, ob die Internetsuchtskala auch das misst, was sie vorgibt zu messen, gibt es bereits in der vorgelegten Pilotstudie erste Hinweise. So korreliert beispielsweise die durchschnittliche wöchentliche Internetnutzungszeit mit $r = .40$ mit der Internetsuchtskala. Auch hängt Internetsucht mit hohen positiven Erwartungen zusammen, die mit der Nutzung des Internets verbunden werden (Hahn & Jerusalem, 2001). Internetsüchtige Nutzer versprechen sich von ihren Aktivitäten in hohem Maße soziale Beziehungen aufbauen zu können (z.b. „Im Internet kann ich Menschen kennenlernen, die meine Interessen teilen.") und sind auch in hohem Maße der Überzeugung, dass ihnen die Netznutzung Vorteile für Ausbildung oder Beruf bringt (z.B. „Wenn ich mich mit Internet-Inhalten beschäftige, kann ich in der Schule/im Beruf bessere Leistungen erzielen."). Damit befinden sich Internetsüchtige in einem für Abhängigkeitsproblematiken typischen Teufelskreis (Freitag & Hurrelmann, 1999). Auf der einen Seite sind durch die extensive Netznutzung deutliche Probleme im sozialen und beruflichen Umfeld aufgelaufen, auf der anderen Seite erhoffen sie sich durch ihre Aktivitäten genau diese Probleme überwinden zu können und vergrößern dadurch die realen Probleme nur weiter, was wiederum den motivationalen Druck erhöht weiteren Internetaktivitäten nachzugehen. Die Persistenz des Internetverhaltens wird zudem von einer selbst wahrgenommenen geringen internetspezifischen Verhaltensregulationskompetenz aufrechterhalten. Internetsüchtige glauben selbst angesichts anderer wichtiger Aufgaben (Barrieren) ihr Nutzungsverhalten weder einstellen noch einschränken zu können (Beispiel-Item: „Wenn wichtige Dinge zu erledigen sind, kann ich meine Internet-Aktivitäten aufschieben."). Damit ergibt sich ein mit den theoretischen Erwartungen der sozial-kognitiven Lerntheorie (Bandura, 1997) stimmiges Zusammenhangsmuster der Internetsuchtskala mit externen, theoriebezogenen Konzepten – ein deutlicher Hinweis auf die externe Validität der Skala.

4.1 Diagnostische Testverfahren

Die Prüfung der Validität der Internetsuchtskala war explizites Ziel einer zweiten Onlinestudie, an der sich zwischen April und Juni 2000 insgesamt 1045 Personen beteiligten (Niesing, 2000). Anja Niesing konnte zunächst die Reliabilität wie auch die faktorielle Struktur der Skala replizieren – die Kreuzvalidierung an einer zweiten Stichprobe gelang mit einer durch die fünf Faktoren erklärten Gesamtvarianz von 70.3%.

Bedeutender aber ist der hohe Zusammenhang der Internetsucht mit dem Persönlichkeitskonstrukt Impulsivität ($r = .47, p < .001, N = 1043$). In neueren Publikationen wird Impulsivität mit zahlreichen stoff- wie stoffungebundenen Suchterkrankungen, aber auch mit Essstörungen oder Aufmerksamkeits- und Hyperaktivitätsstörungen im Kindesalter in Zusammenhang gebracht (Herpertz & Saß, 1997). Impulsivität besteht aus den Komponenten impulsiver Antrieb und Impulskontrolle. Der impulsive Antrieb wird als dispositionell bestimmte stabile Temperamenteigenschaft einer Person aufgefasst und beschreibt die Eigenschaft einer Person auf kognitiver, emotionaler und aktionaler Ebene rasch und heftig zu reagieren. Impulskontrolle beschreibt hingegen all jene erlernten affektiven und ko-

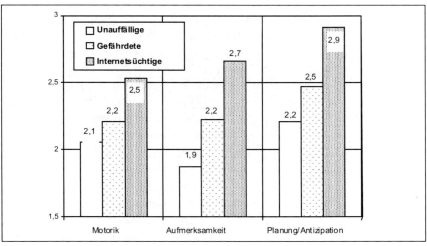

Abb. 3: Unterschiede von Unauffälligen, Gefährdeten und Internetsüchtigen im Hinblick auf die Impulsivitätsaspekte: Motorik, Aufmerksamkeit und Planung (Barratt, 1994; nach einer unveröffentlichten deutschen Übersetzung von Herpertz, et al., 1999).

gnitiven Kontrollmechanismen, die geeignet sind dem unmittelbaren Impuls Einhalt zu gebieten. Abbildung 3 zeigt Unterschiede von unauffälligen, gefährdeten und internetsüchtigen Befragungsteilnehmern im Hinblick auf drei von Barratt (1994) unterschiedenen Impulsivitätsaspekten. Internetsüchtige sind motorisch impulsiver, d.h., sie neigen zu Handlungen, ohne lange nachzudenken oder die Konsequenzen abzuwägen (Beispiel: „Ich handle aus dem Augenblick heraus"). Sie sind auch kognitiv impulsiver – sowohl im Hinblick auf die Aufmerksamkeitsspanne (hohes kognitives Verarbeitungstempo bei schneller Entscheidungsbereitschaft) wie auch im Hinblick auf den fehlenden Entwurf zukunftsorientierter Problemlösungen (Planung /Antizipation – Beispiel: „Ich plane meine Vorhaben sorgfältig").
Damit erfährt zum einen die theoretische Konzeption von Young (1998b), die Internetsucht in Anlehnung an das Pathologische Spielen als Störung der Impulskontrolle klassifiziert, empirische Unterstützung. Zudem stehen die Befunde mit all den bislang durchgeführten Studien und klinischen Erfahrungen in Einklang, die in einem hohen impulsiven Antrieb bzw. einer gestörten Impulskontrolle eine Entstehungsbedingung (Vulnerabilitätsfaktor) für Suchterkrankungen vermuten (Herpertz & Saß, 1997). Der Befund hat auch hohe klinische Relevanz, da spezielle verhaltenstherapeutische Verfahren, die auf Defizite in der Affektregulation fokussieren, empfohlen werden können (z.B. Linehahn, 1994).

Sozial erwünschtes Antwortverhalten als Quelle verringerter Validität?

Eine gegenüber der Methode der Online-Datenerhebung häufig erhobene Kritik betrifft die Annahme, dass die unkontrollierbare Erhebungssituation im Internet möglicherweise zu sozial erwünschtem Antwortverhalten beiträgt, womit die Validität der Befunde von Onlinestudien beeinträchtigt oder gar gänzlich in Frage gestellt sei. Obwohl grundsätzlich im Gegenteil davon auszugehen ist, dass mit zunehmender Anonymität der Erhebungssituation (CAPI > CATI > Online) sozial erwünschtes Antwortverhalten abnimmt (Paulhus, 1984), kann letztlich nie ausgeschlossen werden, dass soziale Erwünschtheit mit den Untersuchungsvariablen assoziiert ist. Um auszuschließen, dass Internetsucht auf sozial erwünschtes Antwortverhalten zurückzuführen ist, wurde in Studie 2 die Soziale-Erwünschtheitsskala-17 (SES-17) von Stöber (1999a) eingesetzt. Die Items der Skala erfragen Verhaltensweisen, die sozial erwünscht sind, aber mit geringer Wahrscheinlichkeit auftreten oder sozial unerwünscht sind, aber mit hoher Wahrscheinlichkeit auftreten (Beispiele: „Ich zögere niemals, jemandem in einer Notlage beizustehen"; „Ich lästere gelegentlich über andere hinter deren Rücken"). Im Schnitt geben die Teilnehmer der zweiten Internetsuchtstudie 10.6 sozial erwünschte Antworten (SD=3.1). Das ist eine im Vergleich zu den von Stöber (1999b) durchgeführten Studien (Durchschnittswerte variieren zwischen 6.32 und 9.12) leicht erhöht, aber im Vergleich zu einer sozial erwünschtes Antwortverhalten provozierenden Bedingung (Bewerbungsinstruktion) gering, die durchschnittlich 13.8 sozial erwünschte Antworten produzierte. Im Vergleich zu den Offline-Studien von Stöber könnte also tatsächlich im Online-Bereich von einer leicht erhöhten Bereitschaft zu sozial erwünschtem Antwortverhalten ausgegangen werden. Zur endgültigen Beurteilung sind allerdings sowohl Normdaten zur SES-17 notwendig als auch weitere Online-Offline-Vergleichsstudien.

Die SES-17 korreliert mit der Internetsuchtskala negativ zu $r = -.26$ ($N = 1045$, $p < .001$). Mit anderen Worten: Internetsüchtige geben seltener ($M = 8.5$) sozial erwünschte Antworten als unauffällige Befragungsteilnehmer ($M = 10.6$). Das bedeutet, dass knapp ein Prozent der Befragten nicht als Internetsüchtige klassifiziert werden, weil sie die Internetsuchtskala sozial erwünschter oder „unehrlicher" beantworten. Daher sind die berichteten Prävalenzen in Tabelle 2 konservativ, markieren sie doch eher die untere Grenze der tatsächlichen Häufigkeit.

Schlussbemerkung

Die Validität von Aussagen auf der Basis einer empirischen Studie hängt von einer Vielzahl von Eigenschaften ab (vgl. im Überblick Bortz und Döring, 1995). Neben den Eigenschaften der Stichprobe (**Units**) beschränken Eigenschaften einer unter Umständen vorgenommenen Intervention (**Treatment**), Eigenschaften der Beobachtungsinstrumente (**Observations**) und Eigenschaften der Umgebung (**Setting**) die Gültigkeit der Aussagen einer Studie. Cronbach (1982), der diese Dimensionen einer Studie kurz als **UTOS** bezeichnet und damit die Untrennbarkeit von Stichprobe, Intervention, Instrument und Setting hervorhebt, hat in vielen eindrucksvollen Reanalysen bekannter gewordener Untersuchungen gezeigt, zu welchen Fehlschlüssen Studien kommen können, die nur die Qualität eines dieser Merkmale optimieren. Was hilft eine teure bevölkerungsrepräsentative Stichprobe, wenn das gemessene Merkmal mit einem wenig reliablen Instrument erfasst wurde? Entsprechend versteht sich die vorgelegte Skala als Beitrag zur Optimierung der Messung/Diagnostik.

Zwar haben wir strenge psychometrische Maßstäbe an die Diagnostik des Merkmals gelegt, ohne jedoch alle methodologischen Mängel ausräumen zu können. So basieren die berichteten Zahlen letztlich auf einer Gelegenheitsstichprobe mit allen damit verbundenen Einschränkungen (vgl. hierzu ausführlicher Hahn & Jerusalem, 2003).

Zwar erleichtert es vielleicht, dass die hohen Prävalenzen der internationalen Studien, die meist von 10 Prozent und mehr betroffener Onliner ausgehen, nicht bestätigt wurden, dennoch geben auch unsere Zahlen trotz Stichprobenproblematik Anlass zur Besorgnis. Verhaltensbezogene Abhängigkeitserkrankungen wie die Glücksspielsucht sind in Deutschland eher selten – knapp 0.1% der Bevölkerung sind davon betroffen (Petry, 1996, 1998). Die Prävalenz der Internetsucht ist daher mit rund 3 Prozent überraschend hoch. Bezogen auf die absolute Zahl von heute knapp 46,3 Millionen deutschen Internetnutzern (Inititative D21 & TNS Infratest, 2010), wäre von mehr als 1 Millionen Betroffener auszugehen. Die berichteten Ergebnisse rechtfertigen unserer Auffassung nach den Aufwand einer repräsentativen (Offline-)Studie und sind auch sicherlich Anlass genug, sich von wissenschaftlicher Seite intensiver mit dem Thema Internetsucht zu beschäftigen – zumal insbesondere Jugendliche deutlich häufiger betroffen sind (Hahn & Jerusalem, 2001). Kein anderes Medium hat bisher eine derartige „magnetische Wirkung" auf seine Nutzer gehabt. Internetsucht ist dabei wahrscheinlich nicht – wie vielfach von Kritikern vorgetragen – ein temporäres Phänomen und als Neuheitseffekt des faszinierenden Mediums zu interpretieren. Zumindest haben weder wir noch andere Autoren (z.B. Greenfield, 1999; Brenner, 1997; Scherer, 1997) einen Zusammenhang mit der Länge der Interneterfahrung feststellen können. Langjährige Internetnutzer sind im gleichen Ausmaß wie Anfänger betroffen.

Literatur

American Psychiatric Association (1994). Diagnostic and Statistical Manual of Mental Disorders (4th ed.). Washington DC: American Psychiatric Association.

Bandura, A. (1997). Self-efficacy. The exercise of control. New York: Freeman.

Barratt, E.S. (1994). Impulsiveness and aggression. In Monahan, J. & Stedman, H. (Eds.), Violence and mental disorders: developments in risk assessment (pp. 61-80). University of Chicago Press: Chicago.

Belluck, P. (1996). The symptoms of Internet Addiction. New York Times. December 1.

Bortz, J. & Döring, N. (1995). Forschungsmethoden und Evaluation (2., vollst. überarb. und aktualisierte Aufl.). Berlin: Springer.

Brenner, V. (1997). Psychology of Computer Use XLVII. Parameters of Internet Use, Abuse and Addiction: The first 90 days of the Internet Usage Survey. Psychological Reports, 80 (3), 879-882.

Chou, C., Condron, L. & Belland, J.C. (2005). A review of the research on internet addiction. Educational Psychology Review, 17 (4), 363-388.

Cronbach, L.J. (1982). Designing evaluations in educational and social programs. San Francisco, CA: Jossey-Bass.

Dilling, H., Mombour, W. & Schmidt, M.H. (1999). Internationale Klassifikation psychischer Störungen: ICD-10, Kapitel V (F). Klinisch Diagnostische Leitlinien, 3. Auflage. Bern: Hans Huber.

Eichenberg, C. & Ott, R. (1999). Internetabhängigkeit: Massenphänomen oder Erfindung der Medien?. In: c't. Nr. 19, S. 106-111. URL: http://www.heise.de/ct/99/19/106/. 20.2.2003

Freitag, M. & Hurrelmann, K. (Hrsg.) (1999). Illegale Alltagsdrogen: Cannabis, Ecstasy, Speed und LSD im Jugendalter. Weinheim: Juventa.

Greenfield, D. (1999). The Nature of Internet Addiction: Psychological Factors in Compulsive Internet Use. Presentation at the 1999 meetings of the American Psychological Association, Boston, Massachusetts, August 20,1999. URL: http://www.virtual-addiction.com/internetaddiction.htm. 20.2.2003

Griffiths, M.D. (1995). Technological addictions. Clinical Psychology Forum, 76, 14-19.

Griffiths, M.D. (1999). Internet addiction: Fact or fiction? The Psychologist, 12 (5), 246-250.

Grohol, J.M. (1997). Internet addiction disorder: An examination of the facts. In: Mental Health Net. URL http://www.cmhc.com/archives/editor22.htm. 1.8.1997.

Grohol, J.M. (1999). Internet Addiction Guide. In: Mental Health Net. URL: http://psychcentral.com/netaddiction/. 20.2.2003

Hahn, A. & Jerusalem, M. (2001). Internetsucht: Jugendliche gefangen im Netz. In Raithel, J. (Hrsg.), Risikoverhaltensweisen Jugendlicher: Erklärungen, Formen und Intervention. Berlin: Leske + Budrich.

Hahn, A. & Jerusalem, M. (2003). Reliabilität und Validität in der Onlineforschung. In A. Theobald, M. Dreyer & T. Starsetzki (Hrsg.), Online-Marktforschung. Beiträge aus Wissenschaft und Praxis (2. vollst. überarb. Aufl.). Wiesbaden: Gabler.

Hand, I. (1999). „Zwangsspektrum-Störungen" oder „Nicht-stoffgebundene Abhängigkeiten"? Heidelberg: HVA.

Herpertz, S. & Saß, H. (1997). Impulsivität und Impulskontrolle: Zur psychologischen und psychopathologischen Konzeptionalisierung. Nervenarzt, 68, 178-183.

Hünerfauth, T. (2000). Onlinesucht – Ein Arbeitsfeld für Klinische Psychologen? Mitgliederrundbrief der Sektion Klinische Psychologie im BDP. Nr. 29, S. 5-6.

Inititative D21 & TNS Infratest (2010). (N)onliner Atlas 2009 – Eine Topographie des digitalen Grabens durch Deutschland. URL http://www.initiatived21.de/category/nonliner-atlas/. 5.5.2010.

Jöreskog, K. & Sörbom, D. (1993). New features in LISREL 8. Chicago, IL: Scientific Software International.

Jöreskog, K. (1994). Testing structural equation models. In Bollen, K.A. (Ed.), Testing structural equation models. New York: Sage.

Knapp, F. & Heidingsfelder, M. (1999). Drop-Out-Analyse: Wirkungen des Untersuchungsdesigns. In Reips, U. (Hrsg.), Aktuelle Online Forschung. URL: http://dgof.de/tband99/. 20.2.2003.

Linehahn, M.M. (1994). Dialektische Verhaltenstherapie bei Borderline-Persönlichkeitsstörungen. In Zielke, M. & Sturm, J. (Hrsg.), Handbuch der stationären Verhaltenstherapie (S. 796-804). Weinheim: PsychologieVerlagsUnion.

Marks, I. (1990). Non-chemical (behavioural) addictions. British Journal of Addiction, 85, 1389-1394.

Meier, G. & Hansen, J. (1999). Die Quotenstichprobe. In ADM e.V. & AG.MA e.V. (Hrsg.), Stichproben-Verfahren in der Umfrageforschung (S. 103-112). Opladen: Leske + Budrich.

Morahan-Martin, J.M. & Schumacher, P. (1997). Incidence and correlates of pathological internet use. Paper presented at the 105th Annual Convention of the American Psychological Association. Chicago, IL, August.

Niesing, A. (2000). Zusammenhang des Persönlichkeitsmerkmals Impulsivität und Internetsucht. Unveröffentlichte Diplomarbeit. Berlin: Technische Universität. URL: http://psilab.educat.hu-berlin.de/ssi/publikationen/Diplomarbeit_Niesing_Internetsucht_20001201.pdf

Paulhus, D. L. (1984). Two-component models of socially desirable responding. Journal of Personality and Social Psychology, 46, 598-609.
Petry, J. (1996). Psychotherapie der Glücksspielsucht. Weinheim: Beltz/Psychologie Verlags Union.
Petry, J. (1998). Diagnostik und Behandlung der Glücksspielsucht. Psychotherapeut, 1, 53-64.
Petrie, H. & Gunn, D. (1998). Internet „addiction": the effects of sex, age, depression and introversion. Paper presented at the British Psychological Society London Conference, 15.12.1998. URL: http://phoenix.herts.ac.uk/SDRU/Helen/ inter.htm.
Rost, J. (1996). Lehrbuch Testtheorie Testkonstruktion. Bern: Huber.
Saß, H., Wittchen, H.-U. & Zaudig, M. (1996). Diagnostisches und Statistisches Manual Psychischer Störungen DSM-IV. Übersetzt nach der vierten Auflage des Diagnostic and statistical manual of mental disorders der American Psychiatric Association. Göttingen: Hogrefe.
Scherer, K. (1997). College life on-line: Healthy and unhealthy internet use. Journal of College Student Development, 38, 655-665.
Suler, J. (1996). Internet Addiction Support Group. Is there truth in jest? The Psychology of Cyberspace. URL: http://www.rider.edu/users/suler/psycyber/supportgp.html. 20.2.2003.
Schwarzer, R. (1997). Psychologie des Gesundheitsverhaltens. Göttingen: Hogrefe.
Stöber, J. (1999a). Die Soziale-Erwünschtheitsskala-17 (SES-17): Entwicklung und erste Befunde zur Reliabilität und Validität. Diagnostica, 4, 173-177.
Stöber, J. (1999b). The Social Desirability Scale-17 (SDS-17): Convergent validity, discriminant validity, and relationship with age. European Journal of Psychological Assessment.
Young, K. S. (1996). Addictive use of the Internet: A case that breaks the stereotype. Psychological Reports, 79, 899-902.
Young, K. S. (1998a). Caught in the net: How to recognize the signs of internet addiction – and a winning strategy for recovery. New York: Wiley.
Young, K. S. (1998b). Internet addiction: The emergence of a new clinical disorder. Cyberpsychology & Behavior, 1, 237-244.
Westmeyer, H. (1972). Logik der Diagnostik. Grundlagen einer normativen Diagnostik. Stuttgart: Kohlhammer.
Zimmerl, H.D., Panosch, B. & Masser, J. (1998). Internetsucht – Eine neumodische Krankheit? URL: http://gin.uibk.ac.at/gin/thema/gin.cfm?nr=11267. 20.2.2003.

Computerspielabhängigkeitsskala – KFN-CSAS-II

Florian Rehbein, Mathias Kleimann & Thomas Mößle

Die Computerspielabhängigkeitsskala KFN-CSAS-II (Rehbein, Kleimann, & Mößle, 2009a, 2009b, 2010) basiert auf der Internetsuchtskala ISS-20 (Hahn & Jerusalem, 2001), die jedoch dem speziellen Gegenstandsbereich entsprechend modifiziert und erweitert wurde. Wie die ISS-20 lehnt sich die KFN-CSAS-II eng an die Abhängigkeitsklassifikation des ICD-10 an (zur Frage der Übertragbarkeit klassischer „Suchtmerkmale" auf Computerspielabhängigkeit siehe Rehbein, et al., 2009a). Erhoben werden die Dimensionen *Einengung des Denkens und Verhaltens, Negative Konsequenzen, Kontrollverlust, Entzugserscheinungen und Toleranzentwicklung* (siehe Tabelle 1).

Die in Tabelle 1 aufgeführten statistischen Kennwerte basieren auf den Angaben von insgesamt 10.402 Jugendlichen im Alter von durchschnittlich 15 Jahren, die im Rahmen einer deutschlandweit repräsentativen Erhebung des Kriminologischen Forschungsinstituts Niedersachsen in den Jahren 2007 und 2008 befragt wurden (für eine ausführliche Methodenbeschreibung siehe Baier, Pfeiffer, Simonson, & Rabold, 2009). Da die Einschätzungen zwischen „1 – stimmt nicht" und „4 – stimmt genau" variieren konnten, deuten die Mittelwerte darauf hin, dass die meisten Jugendlichen die Aussagen als für sie nicht zutreffend bewertet haben. Die Items weisen damit dem Anwendungszweck entsprechend eine insgesamt hohe Itemschwierigkeit auf. Alle Items weisen zudem gute Trennschärfen auf ($r_{i(t-i)} >= 0.6$). Der Skala kann zudem mit einem *Cronbachs Alpha* von $\alpha = .92$ eine hohe interne Konsistenz zugesprochen werden.

Für die Diagnosestellung werden alle vierstufigen Items aufsummiert, sodass die Skala einen Wert zwischen 14 und 56 Punkten annehmen kann[1].

---

[1] Stimmt nicht = 1, stimmt kaum = 2, stimmt eher = 3, stimmt genau = 4.

4.1 Diagnostische Testverfahren

Tab. 1: *Itemkennwerte der Computerspielabhängigkeitsskala KFN-CSAS-II (n = 10.402)*

	M	SD	$r_{i(t-i)}$
Einengung des Denkens und Verhaltens			
Ich beschäftige mich auch während der Zeit, in der ich nicht Computer- und Videospiele mache, gedanklich sehr viel mit Spielen.	1.64	.87	.61
Meine Gedanken kreisen ständig ums Computer- und Videospielen, auch wenn ich gar nicht spiele.	1.26	.62	.69
Zu bestimmten Zeiten oder in bestimmten Situationen spiele ich eigentlich immer: Das ist fast zu einer Routine für mich geworden.	1.55	.90	.63
Es kommt vor, dass ich eigentlich etwas ganz anderes tue und dann, ohne zu überlegen, ein Computerspiel starte.	1.36	.73	.60
Negative Konsequenzen			
Meine Leistungen in der Schule leiden unter meinen Spielgewohnheiten.	1.31	.68	.64
Ich bin so häufig und intensiv mit Computer- und Videospielen beschäftigt, dass ich manchmal Probleme in der Schule bekomme.	1.35	.70	.70
Mir wichtige Menschen beschweren sich, dass ich zu viel Zeit mit Spielen verbringe.	1.55	.83	.64
Weil ich so viel spiele, unternehme ich weniger mit anderen.	1.38	.72	.63
Kontrollverlust			
Ich verbringe oft mehr Zeit mit Computer- und Videospielen, als ich mir vorgenommen habe.	1.50	.83	.65
Ich habe das Gefühl, meine Spielzeit nicht kontrollieren zu können.	1.42	.79	.64
Entzugserscheinungen			
Wenn ich nicht spielen kann, bin ich gereizt und unzufrieden.	1.39	.71	.70
Wenn ich längere Zeit nicht spiele, werde ich unruhig und nervös.	1.23	.59	.67
Toleranzentwicklung			
Ich habe das Gefühl, dass Video- und Computerspiele für mich immer wichtiger werden.	1.47	.78	.73
Ich muss immer länger spielen, um zufrieden zu sein.	1.30	.68	.65
Skala	Cronbachs Alpha = .92		

Anmerkungen: M = Mittelwert. SD = Standardabweichung. ri(t-i) = Trennschärfe entsprechend Item-Rest-Korrelation. Mittelwerte basieren auf vierstufigem Antwortformat (1 = stimmt nicht, 2 = stimmt kaum, 3 = stimmt eher, 4 = stimmt genau).

Tab. 2: Statistische Kennwerte der Computerspielabhängigkeitsskala KFN-CSAS-II (n = 10.402)

Range	M	SD	SE	95%-Konfidenz-IV	
				Unterer Wert	Oberer Wert
14 - 56	19.81	7.42	.07	19.67	19.96

Anmerkungen: M = Mittelwert, SD = Standardabweichung, SE = Standardfehler des Mittelwerts.

Der Skalenmittelwert liegt für unser repräsentatives Sample fünfzehnjähriger Jugendlicher bei 19,8 Punkten mit einer Standardabweichung von 7,4 (siehe Tabelle 2).
Die diagnostischen Cut-off-Werte wurden in Übertragung der Klassifikationslogik der ISS-20 (vgl. Hahn & Jerusalem, 2001) wie folgt festgelegt:
Ab 35 Punkten (35 - 41) besteht der **Verdacht einer Abhängigkeitsgefährdung**, da die Items der Computerspielabhängigkeitsskala im Mittel nicht mehr abgelehnt werden (14 x 2,5 = 35). Personen, die diesen Wert erreichen, liegen bereits zwei Standardabweichungen über dem Mittelwert der Population. Dennoch kann hier noch nicht von einer Abhängigkeit ausgegangen werden, da Personen dieser Gruppe rein rechnerisch nicht allen Items des CSAS in der Tendenz zustimmen (14 x 3 = 42) und damit nicht alle Kriterien erfüllen (können). Dabei kann jedoch keine Aussage darüber gemacht werden, ob Personen dieser Gruppe in Zukunft die Schwelle zur Abhängigkeit tatsächlich überschreiten werden.
Ab 42 Punkten (42 - 56), womit im Mittel eine Zustimmung zu allen Items vorliegt (14 x 3 = 42), kann verdachtsdiagnostisch von dem **Vorliegen einer Computerspielabhängigkeit** ausgegangen werden. Personen, die diesen Wert erreichen, liegen bereits drei Standardabweichungen über dem Mittelwert.
Auf den nachfolgenden Seiten findet sich eine Layoutfassung der KFN-CSAS-II für den praktischen Einsatz im klinisch-diagnostischen Kontext. Hierfür wurde die Reihenfolge der Items zufällig variiert. Da es sich um ein in der Erforschung und Erprobung befindliches Instrument handelt, welches zukünftig weiterentwickelt wird, sollten bei Anwendung des Verfah-

rens unbedingt die folgenden **Hinweise zum praktischen Einsatz der KFN-CSAS-II** beachtet werden:

1. Die KFN-CSAS-II wurde bislang nicht klinisch validiert. Mit den vergleichsweise strengen Cut-off-Werten (siehe oben) sollte deshalb dem sensiblen Gegenstand in der Weise Rechnung getragen werden, dass zugunsten einer höheren diagnostischen Spezifität eine geringere diagnostische Sensitivität des Verfahrens in Kauf genommen wird. Jedoch liegen bislang noch keine Erkenntnisse zu der Frage vor, mit welcher Wahrscheinlichkeit eine bestehende Computerspielabhängigkeit mit dem Instrument nicht als solche erkannt wird und mit welcher Wahrscheinlichkeit eine nicht pathologische Computerspielnutzung zu Unrecht als abhängige Nutzung klassifiziert wird. Die mit dem Einsatz der KFN-CSAS-II verbundenen diagnostischen Informationen sollten deshalb immer vor dem Hintergrund eines in der Entwicklung befindlichen Screening-Instruments interpretiert und durch weitere Verfahren bzw. klinische Interviews abgesichert werden.
2. Das Instrument darf von qualifizierten Diagnostikern nach eigener Expertise frei genutzt werden. Im Kontext von wissenschaftlichen Studien und Publikationen sind jedoch die entsprechenden Quellen korrekt zu zitieren.
3. Das Instrument wurde für den Einsatz im Kindes- und Jugendalter konzipiert. Für erwachsene Personen, die sich nicht mehr in der Schule befinden, ist das Instrument aufgrund der Itemformulierungen nicht geeignet.
4. Das Instrument wird aktuell weiterentwickelt. Es wäre sehr hilfreich für uns, wenn Sie uns Ihre Erfahrungen in der Anwendung der KFN-CSAS-II zurückmelden könnten:

Kriminologisches Forschungsinstitut Niedersachsen, Lützerodestraße 9, 30161 Hannover

Dr. Florian Rehbein (Dipl.-Psych.)
frehbein@kfn.uni-hannover.de
0511-3483619

Dr. Thomas Mößle (Dipl.-Psych.)
moessle@kfn.uni-hannover.de
0511-3483617

KFN-CSAS-II

Gefragt wird nach deinen persönlichen Erlebnissen und Meinungen. Es gibt also keine richtigen oder falschen Antworten. Kreuze bitte für jede Aussage genau ein Antwortkästchen an. Kreuze bitte nie zwischen den Kästchen an, sondern immer nur an den vorgesehenen Stellen. Sollte es vorkommen, dass keine der vorgegebenen Antwortmöglichkeiten genau auf dich zutrifft, dann kreuze bitte das an, was am ehesten auf dich zutrifft.

	stimmt nicht	stimmt kaum	stimmt eher	stimmt genau
1. Ich beschäftige mich auch während der Zeit, in der ich nicht Computer- und Videospiele mache, gedanklich sehr viel mit Spielen.	☐	☐	☐	☐
2. Ich habe das Gefühl, dass Video- und Computerspiele für mich immer wichtiger werden.	☐	☐	☐	☐
3. Ich habe das Gefühl, meine Spielzeit nicht kontrollieren zu können.	☐	☐	☐	☐
4. Ich muss immer länger spielen, um zufrieden zu sein.	☐	☐	☐	☐
5. Wenn ich nicht spielen kann, bin ich gereizt und unzufrieden.	☐	☐	☐	☐
6. Mir wichtige Menschen beschweren sich, dass ich zu viel Zeit mit Spielen verbringe.	☐	☐	☐	☐
7. Ich bin so häufig und intensiv mit Computer- und Videospielen beschäftigt, dass ich manchmal Probleme in der Schule bekomme.	☐	☐	☐	☐
8. Weil ich so viel spiele, unternehme ich weniger mit Anderen.	☐	☐	☐	☐
9. Wenn ich längere Zeit nicht spiele, werde ich unruhig und nervös.	☐	☐	☐	☐

4.1 Diagnostische Testverfahren

	stimmt nicht	stimmt kaum	stimmt eher	stimmt genau
10. Meine Leistungen in der Schule leiden unter meinen Spielgewohnheiten.	☐	☐	☐	☐
11. Meine Gedanken kreisen ständig ums Computer- und Videospielen, auch wenn ich gar nicht spiele.	☐	☐	☐	☐
12. Ich verbringe oft mehr Zeit mit Computer- und Videospielen, als ich mir vorgenommen habe.	☐	☐	☐	☐
13. Es kommt vor, dass ich eigentlich etwas ganz anderes tue und dann, ohne zu überlegen, ein Computerspiel starte.	☐	☐	☐	☐
14. Zu bestimmten Zeiten oder in bestimmten Situationen spiele ich eigentlich immer: Das ist fast zu einer Routine für mich geworden.	☐	☐	☐	☐

Literatur

Baier, D., Pfeiffer, C., Simonson, J. & Rabold, S. (2009). Jugendliche in Deutschland als Opfer und Täter von Gewalt. Erster Forschungsbericht zum gemeinsamen Forschungsprojekt des Bundesministerium des Innern und des KFN (No. 107). Hannover: Kriminologisches Forschungsinstitut Niedersachsen.

Hahn, A. & Jerusalem, M. (2001). Internetsucht: Reliabilität und Validität in der Online-Forschung. In A. Theobald, M. Dreyer & T. Starsetzki (Hrsg.), Handbuch zur Online-Marktforschung. Beiträge aus Wissenschaft und Praxis (S. 1-21). Wiesbaden: Gabler.

Rehbein, F., Kleimann, M. & Mößle, T. (2009a). Computerspielabhängigkeit im Kindes- und Jugendalter: Empirische Befunde zu Ursachen, Diagnostik und Komorbiditäten unter besonderer Berücksichtigung spielimmanenter Abhängigkeitsmerkmale (No. 108). Hannover: Kriminologisches Forschungsinstitut Niedersachsen.

Rehbein, F., Kleimann, M. & Mößle, T. (2009b). Exzessives Computerspielen und Computerspielabhängigkeit im Jugendalter: Ergebnisse einer deutschlandweiten Repräsentativbefragung. Die Psychiatrie, 6, 140-146.

Rehbein, F., Kleimann, M. & Mößle, T. (2010). Prevalence and Risk Factors of Video Game Dependency in Adolescence: Results of a German Nationwide Survey. CyberPsychology & Behavior, im Druck. Retrieved from http://www.liebertonline.com/doi/abs/10.1089/cpb.2009.0227?prevSearch= allfield%253A%2528rehbein%2529&searchHistoryKey=.

4.1 Diagnostische Testverfahren

Die Skala zum Onlinesuchtverhalten bei Erwachsenen (OSVe-S)

Klaus Wölfling, Kai W. Müller & Manfred E. Beutel

SKALA ZUM ONLINESUCHTVERHALTEN BEI ERWACHSENEN (OSVe-S)
(Wölfling, K., Müller, K.W. & Beutel, M.E., 2008)

Im Folgenden finden Sie einige Fragen dazu, wie Sie im Allgemeinen mit dem Internet und verschiedenen Onlineangeboten umgehen. Bitte beantworten Sie alle Fragen so wahrheitsgemäß und vollständig wie möglich. Denken Sie bitte daran, dass es keine richtigen oder falschen Antworten gibt. Überlegen Sie bei der Beantwortung der einzelnen Fragen also nicht allzu lange, sondern kreuzen Sie diejenige Antwort an, welche Ihnen spontan als die Passende erscheint.

Bitte beachten Sie, dass sich die im Folgenden aufgeführten Fragen nach Ihrem Onlineverhalten nur auf die Nutzung des Internet in Ihrer <u>Freizeit</u> beziehen und <u>nicht</u> etwa auf eine mögliche Nutzung des Internet aus beruflichen Gründen.

Ia) Wie alt sind Sie? ☐ Jahre

Ib) Seit wie vielen Jahren nutzen Sie das Internet? seit ca. ☐ Jahren

Ic) Wie ist Ihre derzeitige berufliche Situation?

☐ berufstätig in Vollzeit
☐ berufstätig in Teilzeit
☐ selbständig
☐ derzeit in keinem Anstellungsverhältnis
☐ in Ausbildung zu: _____
☐ im Studium; Studienfach _____
☐ sonstiges, nämlich _____

Id) Welche Onlineangebote nutzen Sie?

nie (0)	selten (1)	oft (2)	sehr oft (3)	
☐	☐	☐	☐	Onlinespiele (Rollenspiele, Ego-Shooter etc.)
☐	☐	☐	☐	Einkaufen
☐	☐	☐	☐	Chatten
☐	☐	☐	☐	Emails schreiben
☐	☐	☐	☐	Onlinesex-Angebote
☐	☐	☐	☐	Online-Glücksspiele
☐	☐	☐	☐	Online-Communities
☐	☐	☐	☐	Informationsrecherche

4.1 Diagnostische Testverfahren

Frage 1 Wie viele Stunden sind Sie durchschnittlich pro Wochentag (Mo.-Fr.) online?
_____ Stunden

Frage 2 Wie viele Stunden sind Sie durchschnittlich pro Tag am Wochenende / Ferien / Feiertag online? _____ Stunden

Frage 3 Wie häufig sind Sie online?

- jeden Tag (1) ☐
- 2-3 mal pro Woche (2) ☐
- 1 mal pro Woche (3) ☐
- 1 mal im Monat (4) ☐
- weniger als 1 mal im Monat (5) ☐

Frage 4 Wie lange sind Sie in der Regel online?

- weniger als 1 Stunde (1) ☐
- 1-2 Stunden (2) ☐
- 2-4 Stunden (3) ☐
- 4-6 Stunden (4) ☐
- mehr als 6 Stunden (5) ☐

Frage 5 Wie stark sind Sie am Tag <u>gedanklich</u> mit Onlineangeboten /-aktivitäten beschäftigt?

☐	☐	☐	☐	☐
0	1	2	3	4
gar nicht				sehr stark

Frage 6 Wie häufig sind Sie online, obwohl Sie sich vorgenommen hatten, dies nicht zu sein <u>oder</u> waren Sie häufiger bzw. länger online, als Sie eigentlich beabsichtigt hatten?

☐	☐	☐	☐	☐
0	1	2	3	4
nie				sehr oft

Frage 7 Fühlen Sie sich schlecht, wenn Sie nicht online sein können?

☐	☐	☐	☐	☐
0	1	2	3	4
nie				sehr oft

Frage 8 Haben Sie bemerkt, dass Sie immer <u>häufiger</u> oder <u>länger</u> online sein müssen, um sich wieder gut oder entspannt zu fühlen?

☐	☐	☐	☐	☐
0	1	2	3	4
nie				sehr oft

Frage 9 Wie stark ist Ihr <u>durchschnittliches</u> Verlangen nach Onlineaktivitäten?

☐	☐	☐	☐	☐
0	1	2	3	4
nicht vorhanden				sehr stark vorhanden

4.1 Diagnostische Testverfahren

Frage 10 Wie häufig erscheint Ihnen Ihr Verlangen nach Onlineaktivitäten so übermächtig, dass Sie diesem nicht widerstehen können?

☐ 0 nie	☐ 1	☐ 2	☐ 3	☐ 4 sehr oft

Frage 11 Wie häufig vermeiden Sie <u>negative</u> Gefühle (z.B. Langeweile, Ärger, Trauer) durch Onlineaktivitäten?

☐ 0 nie	☐ 1	☐ 2	☐ 3	☐ 4 sehr oft

Frage 12 Wie häufig haben Sie bisher versucht, Ihr Onlineverhalten <u>aufzugeben</u> bzw. <u>einzuschränken</u>?

☐ 0 nie	☐ 1	☐ 2	☐ 3	☐ 4 sehr oft

<u>wenn</u> Sie schon einmal versucht haben, Ihr Onlineverhalten zu ändern: Haben Sie es geschafft?

ja ☐
nein ☐

Frage 13 Wie häufig haben Sie etwas Wichtiges vergessen (z.B. bzgl. Beruf / Ausbildung), weil Sie Onlineaktivitäten nachgegangen sind?

☐ 0 nie	☐ 1	☐ 2	☐ 3	☐ 4 sehr oft

Frage 14 Wie häufig hatten Sie das Gefühl, dass Sie zu viel oder zu lange online waren?

☐ 0 nie	☐ 1	☐ 2	☐ 3	☐ 4 sehr oft

Frage 15 Sind aufgrund Ihres Onlineverhaltens negative Folgen bzw. Probleme in folgenden Bereichen aufgetreten?

ja	nein	
☐	☐	Probleme mit der Arbeit / Ausbildung / Schule (z.B. schlechtere Beurteilungen)
☐	☐	Probleme mit der Familie/ mit dem Partner bzw. der Partnerin (z.B. Streit)
☐	☐	Geldprobleme (Schulden?)
☐	☐	Vernachlässigung von anderen Freizeitaktivitäten
☐	☐	Vernachlässigung von Freunden/ des Partners bzw. der Partnerin
☐	☐	Probleme mit Ihrer Gesundheit (zu wenig Schlaf, Ernährung)

4.1 Diagnostische Testverfahren

Auswertungsblatt (OSV e-S)

Item-Nr.	Item	kritische Antwort	Wertung der Antwort
Ia - Id	Demografische bzw. Nutzungsangaben	entfällt	ohne Wertung
Item 1	Wie viele Stunden sind Sie durchschnittlich pro Wochentag online?	ab 4 Stunden	1 Punkt
Item 2	Wie viele Stunden sind Sie durschnittlich pro Tag am Wochenende online?	entfällt	ohne Wertung
Item 3	Wie häufig sind Sie online?	1	2 Punkte
Item 4	Wie lange sind Sie in der Regel online?	5 4	2 Punkte 1 Punkt
Item 5	Wie stark sind Sie am Tag gedanklich mit Onlineaktivitäten beschäftigt?	4 3	2 Punkte 1 Punkt
Item 6	Wie häufig sind Sie schon online gewesen, obwohl Sie sich vorgenommen hatten …?	4 3	2 Punkte 1 Punkt
Item 7	Fühlen Sie sich schlecht, wenn Sie nicht online sein können?	4 3 2	2 Punkte 1 Punkt 1 Punkt
Item 8	Haben Sie bemerkt, dass Sie immer häufiger oder länger online sein müssen …?	4 3	2 Punkte 1 Punkt
Item 9	Wie stark ist Ihr durchschnittliches Verlangen nach Onlineaktivitäten?	4 3	2 Punkte 1 Punkt
Item 10	Wie häufig erscheint dir dein Verlangen nach Onlineaktivitäten so übermächtig, dass …?	4	1 Punkt
Item 11	Wie häufig vermeidest du negative Gefühle durch Onlineaktivitäten?	4 3	2 Punkte 1 Punkt
Item 12	Wie häufig haben Sie bisher versucht, Ihr Onlineverhalten aufzugeben/einzuschränken? → Wertung nur in Kombination mit: „Wenn Sie es schon einmal versucht haben, haben Sie es geschafft?"	4 3 „nein"	2 Punkte
Item 13	Wie häufig haben Sie etwas Wichtiges vergessen, weil Sie mit Onlineaktivitäten beschäftigt waren?	4 3	2 Punkte 1 Punkt
Item 14	Wie häufig hatten Sie das Gefühl, dass Sie zu viel oder zu lange online waren?	4 3	2 Punkte 1 Punkt
Item 15	Sind auf Grund Ihres Onlineverahltens negative Folgen aufgetreten?	pro „ja"	0.5 Punkte

Maximal erreichbare Gesamtpunktzahl: **27**

Klinische Cutoffs:
    7,0 bis 13,0 Punkte   = Missbrauch
    ab 13,5 Punkte   = Abhängigkeit

4.2 Auswahl von Buchpublikationen zum Thema Medienabhängigkeit

Batthyány, D. & Pritz, A. (Hrsg.) (2009). Rausch ohne Drogen: Substanzungebundene Süchte. Wien: Springer.

Baier, D. & Rehbein, F. (2008). Computerspielabhängigkeit im Jugendalter. In Tuly, C.J. (Hrsg.), Virtuelle Raumüberwindung. Weinheim: Juventa Verlag.

Bergmann, W. & Hüther, G. (2006). Computersüchtig. Kinder im Sog der Medien. Düsseldorf: Walter.

Dittler, U. & Hoyer, M. (Hrsg.) (2010). Kompetenzerwerb und Mediensucht: Chancen und Gefahren des Aufwachsens in digitalen Erlebniswelten aus medienpsychologischer und medienpädagogischer Sicht. München: Kopäd.

Farke, G. (2003). OnlineSucht: Wenn Mailen und Chatten zum Zwang werden. Freiburg: Kreuz-Verlag.

Greenfield, D.N. (2000). Virtual Addiction. Oakland: New Harbinger.

Grünbichler, B. (2009). Lost in Cyberspace? Chancen und Risiken von Online-Rollenspielen als Herausforderung für die Soziale Arbeit. Norderstedt: Books on Demand.

Grüsser, S.M. & Thalemann, R. (2006). Computersüchtig? Rat und Hilfe. Bern: Hogrefe.

Grüsser, S. M. & Thalemann, C. N. (2006). Verhaltenssucht: Diagnostik, Therapie, Forschung (1. Aufl.). Bern: Huber.

Hahn, A. & Jerusalem, M. (2001). Internetsucht: Jugendliche gefangen im Netz. In Raithel, J. (Hrsg.), Risikoverhalten Jugendlicher. Opladen: Leske & Budrich.

Hahn, A. & Jerusalem, M. (2001a). Internetsucht: Reliabilität und Validität in der Online-Forschung.

Hardt, J., Cramer-Düncher, U. & Ochs, M. (2009). Verloren in virtuellen Welten. Computerspielsucht im Spannungsfeld von Psychotherapie und Pädagogik. Göttingen: V. & R.

Lober, A. (2007). Virtuelle Welten werden real. Second Life, World of Warcraft & Co: Faszination, Gefahren, Business. Hannover: Telepolis.

Petry, J. (2009). Dysfunktionaler und pathologischer PC- und Internet-Gebrauch. Göttingen: Hogrefe.

4.2 Auswahl von Buchpublikationen zum Thema Medienabhängigkeit

Rehbein, F., Kleimann, M. & Mößle, T. (2009). Computerspielabhängigkeit im Kindes- und Jugendalter. Hannover: Kriminologisches Forschungsinstitut, Forschungsbericht Nr. 108.

Rehbein, F., Mössle, T. & Kleimann, M. (2006). Kinderzimmer im Cyberspace – Herausforderungen für Kinderzimmer im Cyberspace. In Lehner, F. (Hrsg.), Cyberspace in Schule und Kinderzimmer (S. 21-48). Passau: Universität Passau.

Spitzer, M. (2005). Vorsicht Bildschirm. Stuttgart: Klett.

te Wildt, B.T. (2007). Pathological Internet Use: Abhängigkeit, Realitätsflucht und Identitätsverlust im Cyberspace. In Lober, A. (Hrsg.), Virtuelle Welten werden real (S. 68-77). Hannover: Heise.

te Wildt, B.T. (2009). Internetabhängigkeit – Symptomatik, Diagnostik und Therapie. In Batthyany, D. & Pritz, A. (Hrsg.), Rausch ohne Drogen – Substanzungebundene Süchte. Wien: Springer.

Wölfling, K. & Müller, K.W. (2009). Computerspielsucht. In Batthyany, D. & Pritz, A. (Hrsg.), Rausch ohne Drogen – Substanzungebundene Süchte. Wien: Springer.

Young, K.S. (1998). Caught in the Net. New York: John Wiley & Sons, Inc.

Wlachojiannis, J. (2008). Computerspiel- und Internetsucht in der BRD: Eine Bestandsaufnahme und die Rolle der sozialen Arbeit. Saarbrücken: VDM Dr. Müller.

4.3 Autorenverzeichnis

Sebastian Giralt studierte Psychologie an der Johannes-Gutenberg-Universität Mainz und arbeitete dann als wissenschaftlicher Mitarbeiter am Institut für Neuroradiologie der Universitätsmedizin Mainz. Seit Januar 2009 ist er wissenschaftlicher Mitarbeiter und Doktorand in der Ambulanz für Spielsucht an der Klinik und Poliklinik für Psychosomatische Medizin und Psychotherapie. Als Projektkoordinator ist er für das Modellprojekt *Regionale Fachstellen Glücksspielsucht* in Rheinland-Pfalz verantwortlich. Zu seinen Aufgaben gehören u. a. die wissenschaftliche Qualifizierung und Begleitung der Suchthilfeeinrichtungen in Rheinland-Pfalz und die wissenschaftliche Evaluation von Präventions- und Interventionsstrategien bei Pathologischem Glücksspiel. Weiterhin ist er an verschiedenen Forschungsprojekten zur Glücksspiel- und Internetsucht der Ambulanz für Spielsucht beteiligt. Als Diplompsychologe ist er für die Diagnostik und psychologische Beratung bei Patienten mit Verhaltenssüchten und deren Angehörigen sowie bei Patienten mit psychosomatischen Erkrankungen zuständig.
Kontakt: Dipl.-Psych. Sebastian Giralt, Projektkoordinator – Forschung und Beratung Path. Glücksspiel RLP, Universitätsmedizin der Johannes-Gutenberg-Universität Mainz, Klinik und Poliklinik für Psychosomatische Medizin und Psychotherapie, Ambulanz für Spielsucht, Untere Zahlbacher Str. 8, 55131 Mainz, sebastian.giralt@unimedizin-mainz.de

André Hahn schloss 1990 als Diplom-Psychologe in Berlin ab. Von 1990 bis 1997 war er wissenschaftlicher Mitarbeiter am Institut für Psychologie der Freien Universität Berlin, von 1997 bis 1999 am Institut für Pädagogische Psychologie der Humboldt Universität zu Berlin. Von Dezember 1999 bis November 2001 war André Hahn als Senior Research Manager bei der Pixelpark AG für den Aufbau der Online-Marktforschung verantwortlich. Im November 2001 wechselt er als Gründungsmitglied einer neuen Niederlassung zum weltgrößten ad hoc Marktforschungsinstitut Research International. Heute ist er nach dem globalen Merger mit TNS wissenschaft-

licher Direktor bei TNS Infratest Forschung mit Sitz in Hamburg. Er ist Autor zahlreicher nationaler und internationaler Publikationen zu den Themen Marktforschung, Online-Forschung, Internet, Evaluationsforschung, Gesundheitsverhalten, Risikokognitionen und Stress.
Kontakt: Dipl.-Psych. André Hahn, Senior Consultant Models and Methods, TNS Infratest Forschung GmbH, Borselstr. 20, 22765 Hamburg, andre.hahn@tns-infratest.com

Matthias Jerusalem studierte von 1973-1978 Psychologie an der RWTH Aachen. Im Jahre 1983 folgte die Promotion und im Jahre 1989 die Habilitation an der FU Berlin. Seit 1992 ist er Inhaber des Lehrstuhls für Pädagogische Psychologie und Gesundheitspsychologie an der Humboldt-Universität zu Berlin. Von 1992-1994 war Prof. Dr. Jerusalem Präsident der Internationalen Stress and Anxiety Research Society (STAR) und von 1995-2001 Sprecher der Fachgruppe Gesundheitspsychologie in der Deutschen Gesellschaft für Psychologie. Er ist Herausgeber und Autor zahlreicher internationaler Publikationen zum Themenspektrum Emotion, Motivation, Gesundheit, Persönlichkeit und Leistung.
Kontakt: Prof. Dr. Matthias Jerusalem, Geschwister-Scholl-Str. 7, 10099 Berlin, jerusalem@hu-berlin.de

Dorothee Mücken hat das Studium der Rehabilitationspsychologie an der Hochschule Magdeburg-Stendal 2005 abgeschlossen und arbeitete daraufhin zunächst in einer stationären Suchttherapieeinrichtung. Berufsbegleitend absolvierte sie den postgraduierten Masterstudiengang *Suchthilfe* mit integrierter verhaltenstherapeutisch orientierter Suchttherapeutenausbildung (VDR) an der Katholischen Hochschule Köln. Im Rahmen der Masterthesis beschäftigte sie sich mit der Phänomenologie der Computerspielabhängigkeit unter Berücksichtigung von Peergroupeinflüssen. Seit 2007 leitet sie das Präventionsprojekt Online-Sucht an der Fachstelle für Suchtprävention der Drogenhilfe Köln e.V. und organisiert öffentlich wirksame Veranstaltungen, führt schwerpunktmäßig Elternabende, Elternseminare sowie Schulungen zum Thema Online-Sucht durch. Seit 2008 ist sie stellvertretende Vorsitzende des Fachverbandes Medienabhängigkeit.
Kontakt: Dorothee Mücken, Fachstelle für Suchtprävention, Hans-Böckler-Str. 5, 50354 Hürth, d.muecken@praevention.drogenhilfe-koeln.de

Florian Rehbein studierte in den Jahren 1998 - 2004 Psychologie in Bremen. Nach seinem Diplom arbeitete er ab 2005 zunächst als Promotionsstipendiat und dann als wissenschaftlicher Mitarbeiter im Projekt *Mediennutzung und Schulleistung* des Kriminologischen Forschungsinstituts Niedersachsen (KFN). Im Jahre 2010 promovierte er am Institut für Psychologie der Universität Hildesheim mit *summa cum laude* zum Thema „Mediengewalt und Kognition – Eine experimentelle Untersuchung der Wirkungen gewalthaltiger Bildschirmmedien auf Gedächtnis- und Konzentrationsleistung am Beispiel der Computerspielnutzung". Im Rahmen seiner Habilitation untersucht er aktuell die klinisch-psychologische Bedeutung exzessiver Mediennutzung und Computerspielabhängigkeit.
Kontakt: Dr. Florian Rehbein, Kriminologisches Forschungsinstitut Niedersachsen (KFN), Lützerodestr. 9, 30161 Hannover
frehbein@kfn.uni-hannover.de

Annette Teske studierte Psychologie an der Georg-August-Universität Göttingen, an der Universität Uppsala (Schweden) und zuletzt bis 2003 an der Universität Groningen (Niederlande). Anschließend war sie als Diplom-Psychologin in Schwerin im Bereich Abhängigkeitserkrankungen tätig. Von 2006 bis 2009 arbeitete sie bei der Evangelischen Suchtkrankenhilfe Mecklenburg im Kompetenzzentrum und der Beratungsstelle für exzessive Mediennutzung und Medienabhängigkeit sowie in der Klinik für Abhängigkeitserkrankungen in der HELIOS Klinik Schwerin. Im Rahmen der Tätigkeit in der Mediensuchtberatung führte sie neben der Beratung Mediensüchtiger und ihrer Angehörigen auch Präventionsveranstaltungen in Schulen und Fortbildungen für Multiplikatoren aus den Bereichen Suchtberatung und Familienhilfe zum Thema Mediensucht und Medienkompetenz durch. Im vergangenen Jahr war sie in der Kurklinik Gut Holmecke, einem Projekt der Univita in Hemer-Ihmert, zur Erstellung eines Konzepts für die stationäre Behandlung mediensüchtiger Kinder und Jugendlicher angestellt. Seit Januar 2010 ist sie selbständig als Referentin zum Thema *Mediensucht* bei Fortbildungen, Tagungen und Präventionsveranstaltungen und als psychologische Psychotherapeutin in Ausbildung in einer Lehrpraxis in Hamm tätig. Sie gehört zu den Gründungsmitgliedern und zum Vorstand des Fachverbandes Medienabhängigkeit.
Kontakt: Annette Teske, Wermingser Str. 26, 58636 Iserlohn,
annette.teske@hotmail.de

Bert Theodor te Wildt ist Facharzt für Psychiatrie und Psychotherapie mit Weiterbildungen in Suchtmedizinischer Grundversorgung und Gruppenanalyse. Neben weiteren klinischen und wissenschaftlichen Aufgaben leitet er als Oberarzt der Klinik für Psychiatrie, Sozialpsychiatrie und Psychotherapie an der Medizinischen Hochschule Hannover die *Ambulanz für medienassoziierte psychische Erkrankungen*, die Arbeitsgruppe *Medien- und Glücksspielabhängigkeit* sowie stellvertretend das *Center for Addiction Research* (CARe). Seit Ende des Medizinstudiums an der Universität Witten/Herdecke beschäftigt er sich insbesondere mit den psychischen Wechselwirkungen zwischen Mensch und Medien. Für wissenschaftliche Arbeiten erhielt er den Preis der Stiftung Lebensnerv und den Wilhelm-Bitter-Preis. Seine aktuellen Forschungsprojekte und Publikationen beschäftigen sich vor allem mit den klinischen Implikationen von Medienabhängigkeit sowie dem exzessiven Konsum von gewalthaltigen Computerspielen. Im Jahre 2009 habilitierte sich PD Dr. med. Bert te Wildt mit der auf seinen Studien beruhenden Arbeit „Medialität und Verbundenheit – Zur psychopathologischen Phänomenologie und Nosologie von Internetabhängigkeit".
Kontakt: Dr. Bert Theodor te Wildt, Sozialpsychiatrische Tagesklinik der Medizinischen Hochschule Hannover (MHH), Podbielskistr. 160, 30177 Hannover, tewildt.bert@mh-hannover.de

Felix Wedegärtner absolvierte das Medizinstudium an der Medizinischen Hochschule Hannover (MHH) bis 1999. Im Rahmen dessen nahm er auch Auslandsstudien in Oxford und New York wahr. Im Jahre 2000 promovierte er an der MHH. In den Jahren 2002 bis 2004 studierte er in Hannover zudem Bevölkerungsmedizin mit dem Schwerpunkt Epidemiologie und schloss mit einem Master of Public Health ab. Seit 2006 ist Herr Dr. med. Wedegärtner Facharzt für Psychiatrie und Psychotherapie mit zusätzlicher Weiterbildung in Qualitätsmanagement. Der Arbeitsschwerpunkt liegt in der Behandlung der Glücksspielsucht und der psychiatrischen Versorgungsforschung. Im Jahre 2010 wurde er zum Oberarzt an der Klinik für Psychiatrie, Sozialpsychiatrie und Psychotherapie der MHH ernannt.
Kontakt: Dr. Felix Wedegärtner, MPH, Medizinische Hochschule Hannover, Klinik für Psychiatrie, Sozialpsychiatrie und Psychotherapie, 30623 Hannover, wedegaertner.felix@mh-hannover.de

Carolin Wedegärnter studierte an der Medizinischen Hochschule Hannover (MHH) Medizin, wo sie im Jahre 2007 auch promovierte. Nach einer fünfjährigen Tätigkeit in der Klinik für Psychiatrie, Sozialpsychiatrie und Psychotherapie der MHH, arbeitet sie nun seit 2010 in der kinder- und jugendpsychiatrischen Abteilung des Kinderkrankenhauses auf der Bult in Hannover. Das klinische und wissenschaftliche Interesse von Frau Dr. med. Wedegärtner gilt vor allem der Behandlung von Abhängigkeitserkrankungen.
Kontakt: Dr. Carolin Wedegärtner, Kinderkrankenhaus auf der Bult, Kinder- und Jugendpsychiatrie/Psychotherapie, Janusz-Korczak-Allee 12, 30173 Hannover, wedegaertner@hka.de

Klaus Wölfling absolvierte sein Diplom in Psychologie an der Humboldt-Universität zu Berlin. Zunächst war er als stellvertretende Leitung der Interdisziplinären Suchtforschungsgruppe Berlin (ISFB) an der Charité-Universitätsmedizin Berlin tätig. Im März 2008 übernahm er die Psychologische Leitung der *Ambulanz für Spielsucht* an der Klinik und Poliklinik für Psychosomatische Medizin und Psychotherapie der Universitätsmedizin der Johannes-Gutenberg-Universität Mainz. Ebenso ist er als Fachreferent und Ausbilder in Psychotherapie tätig. Seine Forschungsschwerpunkte umfassen die ätiopathologische Charakterisierung von substanzungebundenen Süchten, neurowissenschaftliche Korrelate von Abhängigkeitserkrankungen sowie Wirksamkeitsforschung von Psychotherapie.
Kontakt: Dipl.-Psych. Klaus Wölfling, Psychologische Leitung – Ambulanz für Spielsucht, Klinik und Poliklinik für Psychosomatische Medizin und Psychotherapie, Universitätsmedizin der Johannes-Gutenberg-Universität Mainz, Untere Zahlbacher Str. 8, 55131 Mainz, woelfling@uni-mainz.de

Arnhild Zorr-Werner, verheiratet, Mutter von drei Kindern, leitet die Fachstelle für medienassoziierte Störungen in Lüneburg. Nach dem Studiengang zur Fachberaterin für Kleinkindpädagogik arbeitete sie in den Bereichen der Mädchen- und Frauenarbeit. Im Jahre 2007 hat sie die ‚*Stiftung Medien- und Onlinesucht*' ins Leben gerufen. In der Fachstelle der Stiftung sind ihre Schwerpunkte die Beratung und die Projektentwicklung.
Kontakt: Arnhild Zorr-Werner, Stiftung Medien- und Onlinesucht, Engstr. 1, 21339 Lüneburg
arnhild.zorr-werner@stiftung-medienundonlinesucht.de

Nachruf
Günter Mazur

Am 4. Januar 2010 verstarb der Vorsitzende des Fachverbands Medienabhängigkeit e.V. nach kurzer, schwerer Krankheit. Günter Mazur hat sich intensiv für die Gründung und die ersten Aktivitäten des Verbandes engagiert. Als Experte für stoffungebundene Abhängigkeitserkrankungen erkannte und erlebte der Diplompädagoge und Suchttherapeut frühzeitig, wie immer mehr Betroffene und deren Angehörige mit der Abhängigkeit von Internet und Computerspielen konfrontiert wurden. Nach seinem langjährigen Engagement für pathologische Glücksspieler hat er sich vor seinem Tod dafür eingesetzt, dass Medienabhängigkeit als eigenständiges Krankheitsbild anerkannt wird, um die Betroffenen angemessen behandeln zu können.
Günter Mazur hat mit seinem großen Erfahrungsschatz dem Verband als Vorsitzender den nötigen Rückhalt gegeben, ihn kompetent etabliert und als Person bereichert. In tiefer Dankbarkeit erinnert sich der Vorstand des Fachverbands Medienabhängigkeit an seinen ersten Vorsitzenden, dessen Pioniergeist und Menschlichkeit er sich verpflichtet fühlt.

Dorothee Mücken, Florian Rehbein, Bert te Wildt, Annette Teske,
Jannis Wlachojiannis, Arnhild Zorr-Werner

Silvia Kratzer

Pathologische Internetnutzung
eine Pilotstudie zum Störungsbild

Internetsucht bzw. korrekterweise pathologische Internetnutzung wurde ursprünglich als eine durch das Medium selbst verursachte Abhängigkeit bei zunächst "gesunden" Menschen gesehen. Im Laufe der Zeit hat die Forschung dann Persönlichkeitsmerkmale - z. B. Impulsivität - in den Fokus genommen, die zu einer pathologischen Internetnutzung führen könnten, und bereits vorhandene psychische Beeinträchtigungen oder Störungen in Betracht gezogen.

Die bisherigen Forschungsergebnisse ermöglichen eine Einteilung des Phänomens der pathologischen Internetnutzung. Auf der einen Seite steht - besonders bei Jugendlichen - ein zwar exzessives Verhalten, das aber zeitlich begrenzt ist und insofern als normal gelten kann. Auf der anderen Seite steht ein pathologisches Verhalten mit suchtähnlichem Charakter, das in Zusammenhang mit subklinischen depressiven Verstimmungen und mit einem Gefühl der Einsamkeit oder mit psychischen Störungen steht oder stehen kann. Die Pilotstudie untersucht, wie häufig die Diagnose einer psychischen Störung bei Personen mit pathologischer Internetnutzung auftritt. Im deutschsprachigen Raum ist dies der erste Versuch, diese Frage zu klären. Bislang liegen hierzu nur zwei amerikanische Untersuchungen aus den Jahren 1999 und 2000 vor.

Untersucht wurden 61 Personen, die sich entweder in der "Münchner Ambulanz für Internet-Abhängige" gemeldet hatten oder über Aushänge rekrutiert werden konnten. Die Gruppe der pathologischen Nutzer erfüllten mindestens fünf der sechs erforderlichen Kriterien. Bei den nicht-pathologischen Internetnutzern der Vergleichsgruppe trafen höchstens zwei dieser sechs Kriterien zu.

Anders als bei den meisten Untersuchungen auf dem Gebiet der pathologischen Internetnutzung, wurden die Befragung und Testung nicht online durchgeführt, sondern persönlich und mit einem standardisierten computergestützten Diagnostik-Instrument (Munich Composite International Diagnostic Interview von Wittchen und Pfister).

Als zentrales Ergebnis stellt die Studie einen signifikanten Unterschied zwischen den beiden Probandengruppen fest: Unter den pathologischen Internetnutzern wurde bei 27 von 30 Personen eine psychische Störung diagnostiziert, in der 31-köpfigen Vergleichsgruppe der nicht-pathologischen Nutzer war dies nur bei 7 Personen der Fall. Charakteristisch für die Gruppe der pathologischen Nutzer ist zudem eine Bevorzugung der Kommunikationsangebote (Chatten) im Internet.

112 Seiten, ISBN 978-3-89967-317-3, Preis: 20,- Euro

PABST SCIENCE PUBLISHERS
Eichengrund 28, D-49525 Lengerich, Tel. 05484-308, Fax 05484-550,
E-Mail: pabst.publishers@t-online.de – Internet: www.pabst-publishers.de

344 Seiten, ISBN 978-3-89967-663-1
Preis: 30,- Euro

*Kay Uwe Petersen,
Rainer Thomasius*

Beratungs- und Behandlungsangebote zum pathologischen Internetgebrauch in Deutschland

Zunehmend ist neben stoffgebundenen Süchten durch intensive Nutzung des Mediums Internet weltweit eine Form der Verhaltenssüchte festzustellen, die mit wachsendem Ausmaß insbesondere bei Kindern und Jugendlichen zu dramatischen psychosozialen Konsequenzen führen kann.

Die Problematik zeigt sich vor allem in einer hohen Komorbidität des Phänomens mit anderen psychiatrischen Störungen. Geeignete reliable und valide diagnostische Untersuchungsinstrumente des sogenannten "pathologischen Internetgebrauchs" fehlen jedoch in Deutschland. Eine evidenzbasierte Behandlungsempfehlung ist mangels aussagekräftiger Studien derzeit nicht möglich.

Wesentliches Anliegen der vorliegenden Studie ist, einen Überblick zum aktuellen Forschungsstand sowie zu bestehenden "good practice"-Ansätzen zu geben und dringlichste Forschungsund Praxisbedarfe zu verdeutlichen. Eine Bestandsaufnahme und kritische Betrachtung und Bewertung der seit dem Jahre 1996 publizierten wissenschaftlichen Literatur wird in Abschnitt I im Rahmen eines systematischen Reviews dargelegt. Befunde zu Beratungs- und Behandlungseinrichtungen werden in Abschnitt II vorgestellt und diskutiert.

PABST SCIENCE PUBLISHERS
Eichengrund 28
D-49525 Lengerich
Tel. ++ 49 (0) 5484-308
Fax ++ 49 (0) 5484-550
pabst.publishers@t-online.de
www.psychologie-aktuell.com
www.pabst-publishers.de

Maja Pivec, Michela Moretti (Eds.)

Game-based learning
Discover the pleasure of learning

148 pages, Price: 15,- Euro
ISBN 978-3-89967-521-4

PABST SCIENCE PUBLISHERS
Eichengrund 28
D-49525 Lengerich,
Tel. ++ 49 (0) 5484-308,
Fax ++ 49 (0) 5484-550,
pabst.publishers@t-online.de
www.pabst-publishers.de

The primary target-group of these guidelines is practitioners i.e. all pedagogues, teachers and trainers that teach children age 10 - 15 and wants to implement game-based learning in their classes. Various educational games for children are outlined to spark the ideas and present the possibilities of applying games for learning. The chapter reflections support the reader's focus on the conditions, pre-requisites and constraints related to her/ his specific educational setting. Many of the activities presented in the different chapters can be taken to the classroom environment.

In chapter one introductory thoughts are given to games as educational experience and possible additional activities to motivate students. With help of short reflection within the chapter, the reader is encouraged to think about his/her personal experiences with and about game-based learning and how to establish a dialogue about the games in the class.

Chapter two presents learning through time and culture. The key characteristics of game-based learning are described, as well as different types of learning while playing games.

The substantial part of chapter three is focused on quality perspectives of games, outlining pedagogical and context criteria, content criteria and technical criteria that practitioners can consider when selecting a game.

By defining steps for educational game design, providing guidelines for gender appropriate design, software tools for implementation of ideas and how to evaluate player enjoyment, chapter four sparks ideas on how to use game design as a motivating classroom activity and how to modify the activities for your class.

Kurt Seikowski (Hrsg.)

Sexualität und Neue Medien

PABST SCIENCE PUBLISHERS
Eichengrund 28
D-49525 Lengerich,
Tel. ++ 49 (0) 5484-308,
Fax ++ 49 (0) 5484-550,
pabst.publishers@t-online.de
www.pabst-publishers.de

"Medien und Sexualität" - das ist kein neues Thema. Aber "Neue Medien und Sexualität" stellt etwas dar, was für Millionen von Menschen weltweit schon zur Realität dazu gehört, was aber für andere Millionen von Menschen eher als etwas Unheimliches reflektiert wird. Sexualität bezieht sich nicht mehr nur auf reales Sexualverhalten oder die Anregung von Sexualität etwa durch Sex- und Pornofilme. Die Palette ist vielfältiger geworden. Und das Internet spielt in diesem Zusammenhang eine zunehmende Rolle. So äußern sich Menschen über Chaträume anonym zu ihren sexuellen Wünschen und Phantasien, verabreden sich zu schnellen sexuellen Kontakten, oder schreiben Sex-Tagebücher, die vielen anderen Personen zur Verfügung gestellt werden. Kinderpornographie wird vertrieben, konsumiert und weitergereicht. Und selbst Krankheiten in Form von etwa einer Kinderpornographieinternetsucht können die Folge sein. Es ist ein spannendes Gebiet, in dem sich alle Facetten menschlichen Seins und Fühlens in einer neuen Art und Weise potenzieren.

Davon handeln die verschiedenen Beiträge - aus der Sicht verschiedener Fachdisziplinen und einem komplexen Blick auf neue Formen des Auslebens von Sexualität.

168 Seiten, ISBN 978-3-89967-231-2
Preis: 15,- Euro

Bert T. te Wildt

Medialität und Verbundenheit

Zur psychopathologischen Phänomenologie und Nosologie von Internetabhängigkeit

Während sich Internetabhängigkeit zunächst als neuartiges Syndrom im Rahmen bekannter psychischer Störungen darstellte, wird zunehmend deutlich, dass diese neuartige Form substanzungebundener Abhängigkeit durchaus phänomenologische Parallelen zu Suchterkrankungen aufweist

Vor allem junge Männer sind betroffen, die auf dem Weg von der Adoleszenz in ein selbstbestimmtes Erwachsenenleben schulisch, beruflich oder privat scheitern und sich gekränkt, selbstunsicher und depressiv in virtuelle Parallelwelten zurückziehen, um dort die Helden zu spielen, die sie in der konkreten Welt nicht sein können.

Solange die Bereitschaft besteht, sich mit den virtuellen Lebens- und Störungswelten dieser Patienten zu beschäftigen, kann prinzipiell jede/r Psychiater/in und Psychotherapeut/in eine Internetabhängigkeit diagnostizieren und behandeln. Das Buch will hierzu einen Beitrag leisten, indem es einerseits die nosologische Eigenständigkeit des Krankheitsbildes herausarbeitet und es andererseits im Kontext charakteristischer komorbider Störungen untersucht.

PABST SCIENCE PUBLISHERS
Eichengrund 28
D-49525 Lengerich
Tel. + + 49 (0) 5484-308
Fax + + 49 (0) 5484-550
pabst.publishers@t-online.de
www.psychologie-aktuell.com
www.pabst-publishers.de

**384 Seiten, ISBN 978-3-89967-609-9,
Preis: 35,- Euro**